地方政府教育管理绩效评价研究

余 奇 著

广东高等教育出版社
Guangdong Higher Education Press
·广州·

图书在版编目（CIP）数据

地方政府教育管理绩效评价研究/余奇著. —广州：广东高等教育出版社，2021.7

ISBN 978－7－5361－7056－8

Ⅰ. ①地… Ⅱ. ①余… Ⅲ. ①地方教育－教育管理－研究－中国 Ⅳ. ①G527

中国版本图书馆 CIP 数据核字（2021）第 134073 号

DIFANG ZHENGFU JIAOYU GUANLI JIXIAO PINGJIA YANJIU

出版发行	广东高等教育出版社 地址：广州市天河区林和西横路 邮政编码：510500 电话：（020）87554152 87551163 http://www.gdgjs.com.cn
印　　刷	广州市友盛彩印有限公司
开　　本	787 毫米×1 092 毫米 1/16
印　　张	13.5
字　　数	250 千
版　　次	2021 年 7 月第 1 版 2021 年 7 月第 1 次印刷
定　　价	39.00 元

前　言

政府教育管理绩效评价属于多维、交叉学科的复杂研究主题。它既是教育管理研究范畴，也是公共行政问题，还涉及政治学、教育学等领域。从目前理论研究看，无论是政府绩效评价还是教育评价的成果都颇为丰硕，是学术研究和实践应用的热点问题。自雷蒙德·鲍尔于1966年提出“社会指标”概念后，全球范围内很快掀起“社会指标运动”，教育领域随后更是从社会中独立呈现，教育指标体系很快风靡全球。从实践看，对县级政府教育工作的评价在我国也一直受到追捧。绩效评价多年来一直是管理科学与公共管理研究热点，长盛不衰。比较而言，缺乏地方政府教育管理绩效评价这样一个聚焦于教育行业中观的绩效评价相关研究。

2020年10月，中共中央、国务院印发了《深化新时代教育评价改革总体方案》，这是新时代教育评价的纲领性文件，政府教育工作评价是其中的重要内容。从我国对地方政府教育工作评价实践看，政府教育工作评价是上级政府对地方政府发展教育的一种自上而下的管理手段及技术工具，呈现出明显的封闭式、权威性特征，评价的工具属性得到极大彰显，带有明显的管理主义特征。此外，广为诟病的是诸多“指标体系”其实只是一种指标的松散集合，并不是真正意义上的“体系”。指标体系的概念模式或评估模型指的是指标体系的基本分析框架，是构建教育指标体系的方法论基础，只有将评估模式和具体指标结合起来，才算是完整的教育指标体系。一些风靡全球、存在广泛影响的指标体系都是建立在某种理论或评估模型基础上，如广为应用的CIPP模式、“投入—产出”模式等。

基于这些考虑，本研究首先在公共价值概念理解及结构分类研究基础上，根据马克·莫尔的“战略三角”理论模型以及凯利·盖尔文的进一步优化，引入鲍曼等人提出的关系绩效概念，试图推演出“过程绩效—结果绩效—关系绩效”的县级政府教育管理绩效评价三维理论分析框架。其次，考虑到县级政府在我国教育改革发展中的重要地位及作用，从县级政府教育督政评价指标体系中挑选研究样本，采集并识别评价指标所蕴含的价值元素，根据新公共服务理论、公共价值管理理论等治理理论的新发展，补充必要且符合当代认知及共识的价值元素，并借助专家深度访谈，在此基础上确定县级政府教育管理绩效公共价值账户的具体价值元素，从公共价值视角完成县级政府教育管理绩效评价模型构建。最后，基于对二级指标即价值元素的内涵解析，借鉴相关教育评价指标，确定三级指标备选库并进行遴选；通过调查问卷确定指标的权重及要素分配。在以上三个步骤的研究基础上，完成县级政府教育管理绩效评价指标体系的构建。本研究最终构建了基于公共价值的县级政府教育管理绩效评价三维理论分析框架，运用混合研究方法完成县级政府教育管理绩效评价公共价值的识别、排序、测量。

在研究方法方面，本研究采用混合方法。在理论研究阶段，运用现存统计资料分析、二次分析等文献研究法；在评价模型构建阶段，主要运用深度访谈及扎根理论“贴标签”技术；在指标体系构建阶段，运用专家访谈法、问卷调查法、层次分析法等完成三级指标遴选、指标要素权重分配等。

根据以上分析，本研究对提高地方政府教育管理绩效提出如下政策建议：让教育利益相关者的利益诉求能得到充分表达，重视评价中的“共同构建”“多元参与”；承认、关注、回应不同教育利益主体的价值取向，倾听利益相关者的意见并予以应答，让每一个利益相关者群体都能根据自身的价值观，用自己内在的语言说出自己的看法、主张、兴趣或意见；打破县级政府与其他层级政府的教育职责同构，形成不同层级政府教育权责明确、各有分工、协同提供教育公共产品与服务的教育“善治”体系；等等。

本书的出版也受益于谢绍熺同志主持的华东师范大学委托课题“教育现代化监测评价指标体系研究”的引领和支持。

余　奇

2021 年 3 月

目　录

第一章　绪论

第一节　问题提出与研究意义

我们处在一个强调责任的时代，也处在一个崇尚评价的时代。全球范围内政府、企业、第三方机构等组织在管理过程中，强烈感受到绩效评价对达到组织目标的重要作用，在管理实践中积极主动推行绩效评价，由此也推动了绩效评价理论不断丰富发展。20 世纪 60 年代，知识经济社会的发展让人们意识到人在现代社会发展中所起到的作用，特别是随着舒尔茨等人创立的人力资本理论的兴起，大家认识到，人可以作为一种重要资本来进行投资并将获得长期超值回报，因此对教育及职业培训愈加重视并有着很高期待。教育事业发展需要有巨额财政经费、人力资本及其他各种资源投入。由于具有提高资源使用效率、提高学校办学质量、促成教育目标达成的重要功能，绩效评价在教育事业发展中得到了探索实践。各种类型的教育教学评估、教育评估报告都引起了社会的广泛关注。相对于个人及社会对教育需求的不断快速增长，各种人力、物力、财力及社会资源在一定时期内总是相对有限的，因此学校理应更好地对委托代理人（政府及办学者）、服务对象（学生）、顾客（用人单位）等各利益相关者负责，将有限的教育资源更充分合理科学利用并进行全面客观的评价成为必需。政府及社会希望能通过绩效评价提高学校特别是高等学校的资源使用效率及办学质量，由此产生了教育绩效的评价结果与高等学校所获得的经费支持相挂钩的情形，在此形势下，教育绩效评价实践不断发展并取得了一定的成就。以高校为教育绩效评价对象的实践也已广泛存在，如英国《泰晤士报》推出的“优秀大学指南”（Good University Guide）等各种大学排行榜，美国对高等教育绩效评价主要采用了绩效评估、绩效报告与绩效拨款等形式。在此背景下，运用管理学、经济学、统计学等相关交叉学科的理论及方法研究教育绩效成为一门新兴的、具有前景及挑战的领域。

一、问题提出

（一）研究领域为什么聚焦“地方政府教育管理绩效”

绩效评价是促使地方政府提高教育资源效率的现实需要。从 2012 年起，国家财政性教育经费占 GDP 比例连续 6 年超 4%。其中，2017 年国家财政性教育经费约为 3.4 万亿元，比 2016 年增长 8.95%。全国普通小学、普通初中、普通高中生均一般公共预算公用经费支出增幅分别为 4.64%、6.47%、6.18%。连续数年的数据显示，全国一般公共预算教育经费、各级教育生均一般公共预算教育事业费支出等多项关键数据不断增长。因此，如何科学提高教育资源利用效率效益成为关键。2016 年全国财政性教育经费中，16 583 亿元用于义务教育，占比 52.8%。① 由于我国人口基数大，接受教育的适龄儿童多，与经济合作与发展组织［简称“经合组织”（OECD）］发达国家相比，我国基础教育的生均成本指数还显著偏低。姚继军等通过定量的方法分析“后 4% 时代”我国财政性教育投入的总量与结构，认为我国当前财政性教育投入水平低于国际平均水平，而且财政性教育经费投入仍存在重高等教育、轻基础教育的问题。② 可以预计，随着教育在人才培养和科技创新中的关键作用不断显现以及社会对教育质量的期盼要求，我国教育特别是基础教育的投入规模会进一步扩大，这也是社会进步发展的必然路径。如何保障巨额教育财政经费使用效率以及完善经费分配结构等是全社会都在关注的重大问题。公共选择理论也认为，政府在提供公共产品时总是会带来某些方面不可避免的失败，包括成本增加、存在浪费、不能高效提供公共产品，权力容易造成寻租及腐败，政府机构部门不断膨胀导致效率低下，等等。开展政府教育管理绩效评价，可以科学评价巨额教育资源投入是否带来了相应的产出，有助于政府树立成本意识，改进组织管理，科学合理配置教育资源。

---

① 李小健．中国财政教育投入“明细表”［J］．中国人大，2018（1）：29.

② 姚继军，马林琳．“后 4% 时代”财政性教育投入总量与结构分析［J］．教育发展研究，2016（5）：17－20.

绩效评价是促使地方政府提升教育质量的重要保障。2016 年，我国学前教育毛入园率为 77.4%，小学净入学率为 99.9%，初中阶段毛入学率为 104%，九年义务教育巩固率为 93.4%，高中阶段教育毛入学率达到 87.5%。① 我国教育改革发展的主要矛盾已从“有学上”转变为“上好学”问题。内涵式发展就是要实现规模、质量、结构、效益、公平等方面的协调统一。② 由于巨额的教育财政支出，将单纯重视投入转向有效管理，即如何将资源进行有效合理配置等应成为对政府教育工作评价的重要思想。从现实情况看，尽管反复强调、宣传教育优先发展，但我国地方政府对提供教育公共产品服务的动力不足、重视不够、供给不足、配置不均、管理不当、效率不高的问题普遍存在。鉴于政府是提供社会公共服务的主体，县级政府更是向社会提供公共服务直接的责任组织，绩效评价除能提高教育资源管理效率外，还能在强化对象教育责任、促进教育质量提升等方面发挥积极作用。教育兴则国家兴，教育强则国家强。西方国家高等教育绩效评价早于 20 世纪六七十年代开始大范围推行，时至今日，英美等发达国家的高等教育仍以绩效报告、绩效评价、大学排行榜等不同的绩效评价方式形式存在。

此外，我国并没有建立地方政府教育管理绩效评价的理论及实践。政府绩效包括宏观、中观和微观三个层面。从已有实践发展来看，宏观政府绩效评价得到了广泛重视并在全球范围内得到发展，包括内涵界定、评价主体、评价内容、技术方法、指标体系等。着眼个人绩效的研究及实践也有所涉及。聚焦政府某项具体公共事务行业的中观层面绩效评价研究及实践成果都较少，特别是关于政府教育管理绩效评价的研究更是空白。本研究将定位于地方政府教育管理绩效评价，聚焦于教育行业这样一个中观层面，以新公共管理理论、治理理论、公共价值管理理论等作为研究理论基础，从管理学、统计学、教育学跨学科的角度出发对县级政府教育管理绩效评价基本问题进行系统研究，能够系统构建我国县级政府教育管理绩效评价的理论基础、评价模型及技术方法，丰富绩效评价的理论及实践。

（二）研究视角为什么要聚焦“公共价值”

“评价 = 测量 + 价值判断”。从评价的英文“evaluation”的词根“value”来看，评价就源于“价值”。威廉·N. 邓恩（William N. Dunn）认为，评

① 李小健. 中国财政教育投入“明细表”[J]. 中国人大，2018（1）：29 – 30.

② 瞿振元. 高等教育内涵式发展的实现途径[J]. 中国高等教育，2013（2）：12.

价主要关注的就是“价值”。[①] 大桥正夫认为教育评价就是对照教育目标，对教育行为产生的变化进行价值上的判断。[②] 价值从来都是哲学关心的重要范畴，并在评价中占据重要位置。社会主体总是根据价值判断来决定个人行为取舍。在掌握了强有力的工具后，如若没有终极价值的引导，我们就会在关键时刻不知所措。[③] 价值取向在评价中具有内隐性并处于相当重要的地位。价值取向具有社会规范功能。价值取向一旦形成就具有某种稳定性，规定着社会主体所进行的价值评价、价值选择、价值创造等活动，成为社会主体认识世界或改造世界的内在尺度。[④] 评价本质上是带有个人主观价值取向的判断行为。绩效评价的价值取向直接关系到评价原则、评价内容及评价主体参与等选择，是选择以什么样的价值观进行评价的问题，是绩效评价的前提和基础。价值取向的实质决定了绩效评价的理论模型、评价内容及指标体系等。

价值选择是评价指标体系的核心关照。尽管我们需要构建教育指标体系，需要用数据对教育发展进行评价，但教育发展绝不是冷冰冰的数据，它需要价值关怀，而这种价值关怀最恰切的方式就是价值维度的表达。回顾公共行政发展史，每一个公共行政范式都是关注价值的，所不同的是价值在其理论体系中的地位。[⑤] 尽管各类教育发展评价都内隐包含价值取向，但并没有呈现、聚焦价值取向。价值取向是政府教育管理绩效评价的内核，决定了政府发展教育所采取的方式以及教育产品或服务的最终结果形态，也就是“怎样发展教育”以及想要“什么样的教育”。县级政府教育管理绩效评价指标体系必定蕴含一定的价值选择。这些价值选择是县级政府教育管理绩效评价的“灵魂”，贯穿整个指标体系的构建及运用。本研究试图从价值选择维度构建县级政府教育管理绩效评价指标体系，从价值达成状况来衡量政府教育管理绩效水平。

绩效评价的重要理论基础及思想来源是新公共管理理论，其诞生自西方国家，一开始就带有典型的“管理主义”色彩。其出发点是借鉴企业的管理

---

① 威廉·N. 邓恩. 公共政策分析导论［M］. 谢明，等译. 4版. 北京：中国人民大学出版社，2011：332－334.

② 牧口常三郎. 价值哲学［M］. 马俊峰，江畅，译. 北京：中国人民大学出版社，1989：11.

③ 翟振明. 价值理性的恢复［J］. 哲学研究，2002（5）：16.

④ 阮青. 价值取向：概念、形成与社会功能［J］. 中共天津市委党校学报，2019（5）：62.

⑤ 包国宪，道格拉斯·摩根. 政府绩效管理学［M］. 北京：高等教育出版社，2015：20.

思想，将企业管理的流程、技术、方法应用到政府管理中来，以提高政府管理效能及产出。无疑，这场政府自我改革的技术革命在减少政府不必要甚至浪费的开支、提升政府运行效率、增加政府公共产品供给等方面表现出积极的成果，因而也风靡全球，成为各国政府竞相推行的改革路径。从历史发展看，传统绩效评价往往更多关注评价的工具属性，从最初借鉴私营企业“效率”为核心价值取向，经过历史演绎又融合进公平、人本等价值取向。尽管发展到后期，绩效评价的价值取向逐渐多元，已逐渐从单一的“机械效率”转向“机械效率”与“公平效率”并存，但政府绩效评价本质上具有工具性，即试图通过管理技术提升带来效率的提高。然而，也正是因为其自身的工具性，其不可避免地具有天然缺陷。学者们观察到，尽管政府的绩效水平通过系列绩效评价得到了有效提升，但公民对政府的满意度以及信任水平并不一定得到增加。同时，政府在关注自身绩效提升的同时并没有提升应对不断快速变迁的经济社会及自然环境的相应能力。自此，政府绩效评价在多年发展中似乎突然陷入了某种困境。如何突破这种困境，寻找政府绩效评价的目的价值或理性价值，而不是单一的工具价值，就成为关键。与此同时，全球化的快速发展，不同文化的冲击碰撞、价值冲突，也似乎有越演越烈之势。如何处理不同价值观念之间的摩擦与冲突，使之和谐共生，并建构一种具有普遍意义且能够共同认同的普遍价值原则①，就成为大家共同面临的重要话题。从西方国家政府绩效评价看，对政府绩效评价特别是公共服务评价已从最初的单一“效率”观逐渐转向呈多元价值取向趋势。

1995 年，马克·莫尔（Mark Moore）正式提出公共价值（public value）的概念后，公共价值很快成为西方公共管理理论研究的前沿领域，形成一种新的公共行政学范式。柯林·塔尔博特（Colin Talbot）认为，公共价值的出现是公共管理界的大事件，是顺应时代发展的产物。② 在格里·斯托克（Gerry Stoker）看来，公共价值管理理论已成为继传统公共行政和新公共管理之后的又一种新的理论范式。王学军等认为，要将公共价值置于政府决策和管理的中心位置，作为判断政府绩效是否达成的关键依据。③ 公共价值是一个包含公平、质量、民主等多种价值取向元素的价值集合，是对新公共管理的价值困境、工具困境的一种全新超越。现代政府应追求并创造公共价

---

① 刘芳. 全球化时代的价值认同［J］. 甘肃理论学刊，2004（5）：47.

② TALBOT C. Public Value：The Next “Big Thing” in Public Management？［J］. International Journal Public Administration，2009，32（3－4）：167－170.

③ 王学军，张弘. 公共价值的研究路径与前沿问题［J］. 公共管理学报，2013（2）：134.

值，绩效的改进不仅要关注组织效率的提升，更重要的是要寻求在不同情境下公共价值的创造和实现。在绩效评价实践中，公共价值管理理论很好地解决了新公共管理纯粹技术理性的不足，有效融合了工具理性与价值理性，为县级政府教育管理绩效评价提供了全新的理论框架。公共价值对于政府绩效是如此之重要，包国宪等认为，失去了公共价值基础的政府绩效犹如无源之水、无本之木。① 对于包括政府教育管理绩效评价在内的政府绩效评价来讲，公共价值不仅对公共行政具有价值引导作用，而且能起到指导并规范公共行政行为的重要作用，对于社会、企业、个人亦是如此。缺乏公共价值的县级政府教育管理绩效发展必定受限，必定难以引起社会及公众的共鸣、支持和合力前行。公共组织和公共管理的终极目的，就是为社会创造公共价值。② 公共价值理论可以弥补新公共管理技术理性的不足，有效实现价值理性和工具理性相结合，为绩效评价提供全新的理念及视角。与此同时，公共价值更好地符合了现代社会发展理念，更好地借鉴了治理理论和实践，诸如强调民主、协商共治、民众参与等。随着公共行政理论的发展，重视民众的诉求成为政府绩效评价新的关注点，但民众表达价值诉求的渠道、空间、方式等均没有充分体现。在新治理范式下，公众的价值诉求被提高到了一个新的层面。

（三）研究主题为什么要聚焦“指标体系”

有效的绩效评估指标有利于改善公共组织的内部管理，有利于增强公共组织的责任感，有利于指引员工行为走上正确的方向。③ 指标体系是绩效评价的核心，是价值的显性载体，它承担着双重任务：内在地承载价值内涵，外在地显示获取事实依据的方向和范围。指标体系的结构本质上反映了绩效的内涵、评价的理念、目的和层次，甚至方法都能在指标体系结构中得以体现。④ 从某种意义看，指标体系就是价值体系，规定着政府教育管理绩效评价什么、不评价什么，反映的是一定时期的价值观念以及评价的价值取向。指标能帮助人们更准确地认识政治、经济、教育等社会生活各个方面的运行

① 包国宪，王学军. 以公共价值为基础的政府绩效治理——源起、架构与研究问题［J］. 公共管理学报，2012（2）：90.

② 马克·莫尔. 创造公共价值：政府战略管理论［M］. 北京：清华大学出版社，2003：13.

③ ISAAC-HENRY K，PAINTER C，BARNES C. Management in the Public Sector：Challenge and Change［M］. London：Thomson Business Press，1997：89－92.

④ 牛奉高，邱均平. 基于效率指标体系的高校绩效评价研究［J］. 高教发展与评估，2013（6）：51.

状况。

指标体系具有重要意义及功能。联合国教科文组织在提出建构“世界教育指标”（World Education Indicators）构想时，对于教育指标体系的功能有如下看法：描述教育系统有关学生学习成就与结果的表现；提供学术研究或教育决策者评估教育系统，实现预期学习成就与结果的标杆（benchmark）或标准；提供教育系统未来变化及发展趋势的信息；提供教育系统关于输入与过程的特征信息；提供教育系统难以觉察的潜在问题；提供教育决策所需的信息，作为判断政策效果的依据；能协助了解教育系统概况。总的来看，指标具有多种功能，借助指标能够监控、分析教育系统状态；能够了解教育相关信息以及教育目标实现程度；能够有效促进教育质量提升；等等。① 对于各级政府来说，指标体系是一种有效的政策工具，能够有效监测本地区教育改革发展状况，与其他国家或地区教育进行横向比较，反思教育政策成效，判断教育是否朝着“正确的方向”前进，根据需要调整教育政策，优化教育管理，达到教育改进目的。此外，指标监测数据的公布，能够满足社会公众对教育改革发展状况的了解和期望，督促政府促进教育改革发展。

（四）研究对象范围为什么限定为“县级政府”

我国政府分为中央、省、地级市、县（区）、镇（街道）五级。虽五级政府都有履行教育管理职能，但不同层级政府履行教育管理职能的范围、内容及方式方法等都有差别，并显示出差异性、层次性特征。县集而郡，郡集而天下，郡县治，天下无不治。县级政府是我国行政管理体系中的重要基础，是国家对国民经济社会发展进行宏观调控的重要基本单位。县是中国自古以来地方政府体制中的基本单元，县以下地方政府单位置废不常，领导县的地方政府单位不断改变，与县同级的地方政府单位也多有变动，只有县始终如一，行政地位也一直没有大的改变。② 县级政府作为公共服务的主要提供者，承担着提供公共教育服务的主体责任。

在我国中央、省、地级市、县（区）、镇（街道）五级政府中，县级政府职能全面又直接联系乡镇一级政府，在教育公共服务特别是基础教育公共服务中地位独特，是教育公共服务重要且直接的提供者。县级政府对基础教育改革发展起着关键基础性作用。2001 年，国务院召开改革开放后的第一次全国基础教育工作会议，确定了基础教育“以县为主”的管理体制，强化了

① 孙继红．我国区域教育发展状况评价的实证研究［D］．南京：南京航空航天大学，2014：9－10.

② 李四林，曾伟．地方政府管理学［M］．北京：北京大学出版社，2010：35.

县级政府在基础教育改革发展中的主体责任。在2006年新修订的《中华人民共和国义务教育法》中，明确地规定“义务教育实行国务院领导，省、自治区、直辖市人民政府统筹规划实施，县级人民政府管理为主的体制”，将义务教育“以县为主”的管理体制正式以法律形式确定下来。本研究认为，我国教育优先发展的战略地位是否能够真正落实、教育法律法规是否能够执行，教育规划目标是否能够实现，以及整个基础教育事业改革发展均取决于地方政府尤其是县级政府的理念、意识、能力及履职。作为提供教育公共产品及服务的直接责任主体，地方政府特别是县级政府在教育资源配置、教育公平保障、教育质量提升、促进人的全面发展中起着基础性、决定性作用，对基础教育改革发展起着直接关键作用。特别是“以县为主”的基础教育管理体制逐渐形成后，对县级政府教育工作及教育发展状况的评价就成为基础教育改革发展的关键。从此层面看，县级政府对基础教育改革发展具有关键作用。因此，本研究将研究范畴限定在基础教育领域。

二、研究意义

（一）理论意义

本研究对推动公共价值理论纵深发展具有积极意义。国际公共管理学会会长斯蒂芬·奥斯本认为，把公共价值管理理论整合进绩效评价中，使得平等、社会公正等价值和经济绩效一样成为服务系统判断的一部分，是在未来十年甚至更长时间的公共管理的研究议题。① 现代政府应追求并创造公共价值，绩效改进不仅要关注组织效率的提升，更重要的是要寻求在不同情境下公共价值的创造和实现。公共价值管理理论逐渐成为近年来西方公共学界探讨的热点。② 2012年，《公共行政评论》就公共价值研究组织专刊，征稿的主题只有两个，其中之一就是“关于识别、测量和评估公共价值的路径及公共价值的创造方式的研究”。③ 本研究积极推动公共价值管理理论纵深发展，包括将公共价值与政府教育管理绩效评价结合，尝试识别、测量县级政府教

① OSBORNE S P. Public Governance and Public Services Delivery：A Research Agenda for the Future ［M］ //The New Public Governance? Emerging Perspectives on the Theory and Practice of Public Governance. London：Rout Ledge，2010：413－428.

② WILLIAMS I，SHEARER H. Appraising Public Value：Past Present and Futures ［J］. Public Administration，2011，89 （4）：1367－1384.

③ BRYSON J M. Creating Public Value in a Multi-Sector，Shared-Power World，PAR Special Issue ［J］. Public Administration Review，2012，72 （1）：166－167.

育管理绩效评价公共价值，是对当前公共价值理论研究前沿重要问题的回应、关注，有助于推动政府去创造、实现公共价值；在为政府教育管理绩效评价提供一个全新的理论视角的同时，也增强了公共价值理论的现实解释力。

公共价值研究需要通过具体领域来不断推进丰富发展。公共价值概念提出的历史并不长，真正开始研究也就是近十几年的事。从最初的概念内涵、理论模型，到公共价值的分类、标准以及冲突管理，再到如何测量，尽管公共价值是一个模糊的哲学概念，但人们对公共价值的研究却在不断深入。作为公共治理理论丛林中的重要流派，公共价值理论由于在多元主体参与、分享共治等方面契合了政府治理理念及社会治理实际，学者们对公共价值管理理论投入了大量关注，公共价值在中国语境下的应用问题得到了重视。韩兆柱、翟文康认为，公共价值理论对我国公共管理大有裨益，对包括价值评判或追求的多元化、社会结构网络化、治理时代的来临、政府改革的需要在内的四个方面做了可行性分析，认为公共价值管理理论应该应用到我国公共管理实践。① 公共价值管理理论属于公共行政学领域前沿理论话题，目前的研究主要集中于概念内涵理解、结构分类等研究初期发展阶段，需要与具体的领域结合、延伸，推进其在我国语境下的应用前行。结合公共价值理论开展政府教育管理绩效评价研究，将为绩效评价提供一个全新的研究视角。指标体系是“表”，评价模型是“核”，公共价值是“魂”。研究目标是最终构建县级政府教育管理绩效评价模型及指标体系。与此同时公共价值研究也贯穿构建指标体系的全过程，即研究如何理解、识别、测量县级政府教育管理绩效评价的公共价值实现程度，这也是公共价值发展关注的前沿理论问题，如为什么要选择这个指标，其价值依据在哪里，理论依据或实践来源依据是什么，如何才能对某个具体价值元素进行测量，不同价值元素之间的结构是怎样的，为什么这样构建指标体系，等等，从而将公共价值管理理论整合进政府教育管理绩效评价中，为政府实现“创造公共价值”提供思维方法及实践路径。

（二）实践意义

本研究对丰富、深化我国绩效评价实践具有重要意义。开展政府教育管理绩效评价研究，有利于丰富绩效评价研究“本土化”实践。本研究探索县级政府教育管理绩效评价，将进一步拓展我国绩效评价的实践应用范围。鉴

① 韩兆柱，翟文康. 公共价值管理理论及其在中国语境下的应用研究［J］. 公共管理与政策评论，2016（4）：79.

于教育作为一种特殊的公共产品有其自身特殊的属性，尽管一般整体意义上的政府绩效评价能为政府教育管理绩效评价提供基本的参考借鉴，但由于评价对象领域的完全不同，所以政府教育管理绩效评价存在自身逻辑。此外，教育绩效评价也同样得到了较快发展及应用。在资源相对有限条件下，世界各国都在努力提高教育资源分配效率。在此情形下，教育绩效评价相关研究主要包括大学教师绩效评价、中小学教师绩效评价、高校绩效评估和中小学校绩效评估，其中前两类是针对个体的学校教师而言的，后两类是针对整体的学校组织（或院系）而言的。[①] 目前相关理论及实践基本集中在对教师个体绩效、高校组织绩效方面。

由于地方政府特别是县级政府在我国基础教育改革发展中的重要地位及作用，对县级政府教育发展评价或教育工作评价的实践在我国早就有之并以多种历史样态存在，但政府教育管理绩效还没有成为理论和实践关注的话题。尽管存在多种不同的历史实践样态，但比较起整体意义上的政府绩效评价有着系统的理论、技术、方法，作为聚焦某个具体领域的政府教育管理绩效评价并没有构建起相应的理论或实践系统框架。本研究以公共价值管理理论为基础，通过借鉴国内外政府绩效评价及教育绩效评价的理论成果及实践经验，系统研究县级政府教育管理绩效评价问题。本研究将系统研究县级政府教育管理绩效评价的理论基础、价值取向、评价模型、指标体系、技术方法及操作运用等，将进一步丰富绩效评价理论，拓宽绩效评价的应用领域，也为开展政府教育管理绩效评价实践提供系统的实践借鉴。与此同时，与传统的对区域教育发展评价或地方政府教育工作评价相比，运用绩效评价的方式能够更好地激发地方政府教育管理的积极性、创造性，达到提高区域教育发展整体水平的目的。

第二节　基本概念界定

一、价值、价值取向与公共价值的概念及内涵分析

对概念的理解是认识事物的前提，从概念开始是一种逻辑选择。概念是理智的工具，运用它可以把感觉和回忆的材料集中起来，以便澄清含糊的事

① 钟柏昌，李艺．教育绩效管理论纲［J］．教育学报，2009（1）：76.

实，使看起来似乎是混乱的东西变得有秩序，使不连续的零碎的东西统一起来。① 理解“价值”是理解“公共价值”概念的前提和基础。同时，价值取向和公共价值也是两个相近却又不同的容易混淆的概念。三者既有联系又并不相同。因此，在理解公共价值之前，有必要先理解澄清价值、价值取向的概念内涵。

（一）价值的概念及内涵

价值概念具有丰富而深刻的内涵，是哲学关注的对象，同时也广泛存在于日常生活中。包括众多学者在内，大家对“什么是价值”观点纷呈，莫衷一是。其中，“客体说”“主体说”“关系说”三种观点影响较为广泛。“客体说”认为价值具有客观属性。马克思认为价值是“从人们对待满足他们需要的外界事物的关系中产生的”。② 哲学家莫尔认为“许多不同的东西本身就是善的或者恶的”③。“客体说”认为价值是事物的某种属性，是客观的存在。如认为价值是价值客体固有的一种性质，无论主体的状态如何以及对它的看法如何，都不会影响价值存在的质和量。④ 某个事物是否有价值取决于自身拥有怎样的属性。“客体说”是一种机械的唯物主义。“主体说”认为价值是完全主观的，是主体兴趣欲望的产物。哲学家罗素等人就持此类观点。“关系说”影响最为普遍，认为价值实质是一种关系，价值的产生完全是因为主客体之间相互作用，由相互之间的关系所决定。持“关系说”观点的人数众多，影响广泛。“关系说”不认为价值是某个客体固有的存在或属性，而是存在于主客体之间，是“作为主体的人的需要与作为需要对象的客体的属性之间的一种特殊关系”。⑤ 本研究倾向于“关系说”。即作为一种社会活动，客体自身具有什么样的属性在多数场景下是和认识主体——有主观能动性的人高度相关。离开了主体或离开了客体，价值都不复存在。即便是同一客体，对于不同人所具有的价值都不一致。同样，对于不同的人，价值也有着不同的意义。只有教育满足了主体的需要才是“有价值的”。

（二）价值取向的概念及内涵

对于价值取向是什么，学界无一致理解。有人认为价值取向是“价值标

---

① 约翰·杜威. 我们怎样思维［M］. 姜文闵，译. 北京：人民教育出版社，1991：149.

② 马克思，恩格斯. 马克思恩格斯全集［M］. 北京：人民出版社，2006：406.

③ G. E. 摩尔. 伦理学原理［M］. 陈德中，译. 北京：商务印书馆，2017：3.

④ 马俊峰. 价值论的视野［M］. 武汉：武汉大学出版社，2010：34.

⑤ 王坤庆. 现代教育哲学［M］. 武汉：华中师范大学出版社，2001：121.

准”，是指某一个人所信奉的，而且对其行为有影响的价值标准。① 有人认为价值取向是价值关系的现实反映，是人对客观事物及自己需求和利益的认识水平的反映。② 还有人认为价值取向是“行为取向”，是在价值选择过程中决定采取的方向。③ 本研究倾向于“行为倾向”论，即价值取向决定人的行为，也决定如何评价。其实，无论何种理解，作为一种深层次内化的理性行为，价值取向都是绩效评价的灵魂和深层次结构，在绩效评价中占据根本地位。价值取向决定县级政府发展教育做什么、如何做或怎样做。评价指标体系则是价值取向的基本载体，负责承载、释放、传递价值取向。有了科学的价值取向后，才能寻找与价值取向相契合的载体去呈现。相对于“评什么”“谁来评”“选择什么样的评价工具”等广泛关注的实践，作为理论研究，我们需要关注绩效评价深层次的内在价值问题。县级政府教育管理绩效评价的价值取向即“希望县级政府将教育事业建设、发展成什么样的状态，或将教育建设、发展到一个什么样的目标”。这种状态或目标不能用“好”或“优”来定义，而是复杂的、多维的。

作为一种具体领域的公共服务，教育存在自身特性及发展规律。因此，政府教育管理绩效评价的价值取向既不会等同于政府绩效评价的价值取向，也不会是政府绩效评价的价值取向和政府的教育价值取向的简单线性相加。作为一种特殊的公共产品，政府教育管理绩效评价的价值取向必定需要遵循自身的逻辑规律。政府教育管理绩效评价的价值取向在一般意义上的政府绩效评价价值取向基础上，还应包含教育的价值和使命，诸如，教育的本质是什么，教育对于国家和个人有什么样的功能，教育有什么样的属性，教育有什么样的使命，哪些对受教育者来说才有真正价值，等等。此外，从不同的历史时期、不同的国家、不同的社会文化、不同的立场来看，教育都会被赋予不同的使命与功能。

（三）公共价值的概念及内涵

马克·莫尔提出公共价值这一概念后，国内外学界对公共价值概念理解并不一致，阿尔福德等学者甚至认为没有人能提出一个规范性的公共价值定义。没有定义的概念往往让人难以捉摸，同时鉴于公共价值的广泛影响力，诸多学者开始研究公共价值并尝试给出定义。莫尔本人倾向于认为公共价值

---

① 汝信．社会科学新辞典［M］．重庆：重庆出版社，1988：401.

② 叶澜．试论当代中国教育价值取向之偏差［J］．教育研究，1989（8）：28－32.

③ 马志政．哲学价值论纲要［M］．杭州：杭州大学出版社，1991：339.

是“经过公民自愿选择而成的基于真实偏好的价值集合”。[①] 莫尔对公共价值的理解有两点值得重视：一是公共价值一定是经过“公民选择”的，有“公民偏好”；二是公共价值是一个价值“集合”。盖尔文（Galvin K）的观点相近，他认为在民主制度中，公共价值被认为是由公众本身所定义，由公众偏好所决定，通过一系列手段得以表达，最后由民选官的决定反映出来的价值集合。[②] 从莫尔和盖尔文的理解，公共价值具有“民众偏好”和“价值集合”两个重要特征。斯托克则把公共价值看作一个独立的范式，认为公共价值可以作为平衡效率与民主关系的最新方法。奥弗林（O' Flynn）的理解还阐述了公共价值的重要功能，他认为公共价值是一种集体表达的、政治协调的公民偏好的反映，公共价值的创造能够有效地提升公民信任。[③] 克里斯滕森（Christensen）等也认为，公共价值范式可被视为“后新公共管理”（post-management）的思考方式而存在。[④] 公共价值也迅速得到了我国学者的关注。对于公共价值概念的理解，金生鈜认为公共价值是“公民在共同生活中共享的、在理性上共同认可的价值”[⑤]；汪辉勇认为是“社会共同体对其共同体内在尺度的自觉意识及表达”[⑥]；胡敏中认为公共价值与私域价值的概念对应，具有公众性、社会层面性、大规模性等特征[⑦]。何艳玲全面理解了公共价值的内涵，她认为：一是公共价值是比“比公共物品范畴广泛得多的价值体”，超出了一般公共物品范畴，是一个“价值体”；二是认为公共价值“不仅是产出，更是结果”；三是公共价值是“相对于公民主观满足感而言”的，不是决策者的偏好或视角；四是“有增加和被创造的积极属性”，实质回应的是莫尔有关公共价值“不是一个绝对标准”的观点。[⑧]

---

① MOORE M H. Creating Public Value: Strategic Management in Government [M]. Cambridge: Harvard University Press, 1995: 28.

② GALVIN K, MUERS S, MULGAN G. Creating Public Value: An Analytical Framework for Public Service Reform [M]. London: Cabinet Office, UK Government, 2002: 4.

③ O'FLYNN J. From New Public Management to Public Value: Paradigmatic Change and Managerial Implications [J]. The Australian Journal of Public Administration, 2007, 66 (3): 353 - 366.

④ CHRISTENSEN T, LGREID P. Transcending New Public Management: The Transformation of Public Sector Reforms [M]. Aldershot, UK: Ashgate, 2007: 120.

⑤ 金生鈜. 公共价值教育何以必要 [J]. 华中师范大学学报（人文社会科学版），2010: 129.

⑥ 汪辉勇. 价值、公共性与公共价值 [J]. 东莞理工学院学报，2007 (4): 18 - 22.

⑦ 胡敏中. 论公共价值 [J]. 北京师范大学学报（社会科学版），2008 (1): 99 - 104.

⑧ 何艳玲. “公共价值管理”：一个新的公共行政学范式 [J]. 政治学研究，2009 (6): 64.

从各种有关公共价值概念的理解中可以看出，公共价值已成为后公共管理时代新的理论范式并具有以下几个基本特征：一是“公众偏好”是公共价值的重要特征，不同组织、个体共同认可并受益，即公民集体偏好（collective preference）；二是公共价值是一个价值“集合”，包括了不同的价值元素在内；三是公共价值并不是一个绝对的标准或绝对的某些价值元素的集合，这个价值集合中的价值元素是随着具体情境、具体项目而具有发展性的；四是公共价值的公共性、共同性、共享性特征得到了认同。

二、绩效、绩效评价与政府教育管理绩效评价的概念及内涵分析

（一）绩效的概念及内涵

“绩效”源自于英文“performance”，意为履行、执行、表现、行为，可引申为成就、业绩、成果等。“绩效”概念早先应用于企业的投资项目管理，后延伸至人力资源管理等领域，在经济管理领域中也得到广泛运用，通常表示工作的业绩、效益。

对绩效的理解大致可以分成“结果观”“行为观”以及“综合观”三类不同观点。一是“结果观”。“结果观”认为绩效是行为的结果而并非行为本身，即结果绩效。约翰·H. 贝尔纳丹（John H. Bernardin）认为，绩效是在特定的时间范围内，在特定的工作职能、活动或行为中产生的结果。① 唐·埃尔格（Don Elger）认为，绩效是采取一系列复杂的行动去整合技能和知识以产生有价值的结果。② 迈克尔·阿姆斯特朗（Michael Armstrong）认为，绩效应该定义为工作的结果，因为这些工作结果与组织的战略目标、顾客满意度及所投资的关系最为密切。③ 我国学者安秀梅指出，绩效主要指一定组织、群体和个体在一定环境中从事某项活动所表现出来的成绩、效果和结果。④ 孟华认为，绩效是一个机构或组织的相关活动或项目的投入、产出

---

① BERNAREDIN J H, BEATLY R W. Performance Appraisal: Assessing Human Behavior at Work [M]. Noston: Kent Publisher, 1984: 37.

② ELGER D. Theory of Performance [J]. Expectations of Faculty in Higher Education, 2007 (4): 11－14.

③ ARMSTRONG M, BARON A. Performance Management: A Strategic and Integrated Approach to Achieve Success [M]. London: The Cromwell Press, 1988: 16.

④ 安秀梅. 政府绩效评估体系研究：从政府公共支出的角度创设政府绩效评估体系 [M]. 北京：中国财经经济出版社，2009：13.

和结果。[①] 卓越从公共部门活动的角度出发，认为绩效是公共部门在积极履行公共责任的过程中，在讲求内部管理与外部效应、数量与质量、经济因素与伦理政治因素、刚性规范与柔性机制相统一的基础上，使获得的公共产出最大化。[②] 二是“行为观”，认为绩效是工作行为本身，即行为绩效或工作绩效。牛津辞典（Oxford Dictionary）将绩效解释为执行或完成一项活动、任务或职能的行为或过程。尼尔·坎贝尔（Neal Cambell）认为，绩效是行为的同义词，应该与结果相区分，它是人们的实际行为表现并能通过观察得到。就定义而言，它只包括与组织目标有关的行动或行为，能够用个人的熟练程度来测量。[③] 墨菲（Murphey）认为，绩效是与个人在其中工作的组织或组织单元的目标有关的一组行为。方晓东认为，所谓绩效，是指组织或个人为了达到某种目标而采取的各种行为。[④] 三是“综合观”。尽管存在“结果观”和“行为观”的分野，但人们越来越认识到采用两重逻辑的必要性，即将绩效理解为结果和行为的统一体。[⑤] 有研究者认为把绩效单独视为结果或者行为的观点过于褊狭，在具体实践中应该采用较为宽泛的概念含义，即绩效包括行为和结果两个方面。布伦布拉赫（Brumbrach）认为，绩效是指行为和结果，行为不仅是结果的工具，行为本身也是结果，是达到结果的有效条件之一，并且能与结果分开进行判断。当对绩效进行评估与管理时，既要考虑行为，也要考虑结果。[⑥]

此外，从组织层面看，绩效有广义绩效论和狭义绩效论之分。狭义绩效论将绩效等同于生产率、效率和效能，如孔茨认为，“生产率”这一概念反映了个人和组织绩效的多个层面，包括效益和效率，“效益指的是目标的实现程度，而效率则是用最少的资源达到既定的目标”。[⑦] 在广义绩效论的观点看来，绩效不仅体现在速度、投入产出比率方面，更体现在组织的多元目标实现上。行政绩效是“数量和质量的统一，价值和功效的统一”。如英国

---

① 孟华. 政府绩效评估：美国的经验与中国的实践［M］. 上海：上海人民出版社，2006：3.

② 卓越. 公共部门绩效评估［M］. 北京：中国人民大学出版社，2011：5.

③ SCHMITT N，BORMAN W C. Personnel Selection in Organizations［M］. San Francisco：Jossey-Bass，1923：253.

④ 方晓东，等. 中国教育十大热点问题［M］. 福州：福建教育出版社，2011：195.

⑤ 蔡志明. 绩效、绩效评估与绩效管理［J］. 中国医院，2005（3）：67－72.

⑥ 范柏乃. 政府绩效评估与管理［M］. 上海：复旦大学出版社，2007：6.

⑦ KOONTZ H，WEIHRICH H. Management［M］. New York：Mc Graw Hill Inc，1988：58.

政府在运用绩效概念衡量政府行政活动的效果时，即包括经济、效率、效能项等主要内容，其中“经济”涉及成本和投入之间的关系，而“效率”则涉及产出和客观效果之间的关系。① 综上，同其他概念的内涵定义一样，对“绩效”的认识也存在各种不同的理解和观点。其实，无论是“结果观”，还是“行为观”，都有其自身的局限性。将绩效作为单一逻辑的“结果”容易导致为实现目标的短期化行为，忽视过程；将绩效作为单一逻辑的“过程”，同样容易导致缺少目标激励。在本研究中，政府教育管理绩效秉持的是一种“综合观”，既包含了“行为观”所强调的行为和过程，也包含了“结果观”所强调的目标达成。结合了“行为观”和“结果观”的“综合观”更能全面揭示作为“过程”和“结果”的政府教育管理绩效，更为科学、准确，即绩效不仅要考虑行为，同样也不能忽视结果。

（二）绩效评价的概念及内涵

美国学者斯塔弗尔比姆认为，评价最重要的意图不是为了证明，而是为了改进。② 根据《现代汉语大词典》的解释，“评价”是指“衡量、评定其价值”，与绩效评价相对应的英文词有多个，包括 performance evaluation，performance appraisal，performance assessment 等，相应翻译有“绩效评价”“绩效评估”“绩效考评”等。有学者从不同角度对绩效评价进行界定，包括对个体的绩效评价、对组织的绩效评价、对项目的绩效评价等。尽管对什么是“评价”理解不完全一致，也有学者对绩效评价、绩效评估、绩效考评的不同进行了解读，但一般认为这些表达含义比较接近。威廉·N. 邓恩认为，多数情况下，评价、估计、估价和评估这几个词意义是相同的。这些词都包含这样一种企图，即使用某种价值观念来分析政策运行结果。③ 为使表达不产生歧义，本研究统一取“评价”的概念表达，绩效评估亦在此范围内。

诸多学者都将功能作为理解绩效评价内涵的重要方面。哈罗德·孔茨认为，绩效评价属于人力资源计划的预防性控制活动，通过这种控制活动确保组织目标的实现。爱德华兹认为绩效评价最重要功能是“提供个体奖惩依据”。④ 我国财政部在《国际金融组织贷款项目绩效评价管理暂行办法》中

① 周志忍. 公共组织绩效评估：英国的实践及其我们的启示［J］. 新视野，1995(9)：39.

② 王致和. 高等学校教育评估［M］. 北京：北京师范大学出版社，1995：18.

③ 威廉·N. 邓恩. 公共政策分析导论［M］. 谢明，等译. 2 版. 北京：中国人民大学出版社，2002：435.

④ 段钢. 基于战略管理的绩效考评［M］. 北京：机械工业出版社，2007：3.

提出，绩效评价是运用一定的评价准则、评价指标和评价方法，对项目或政策的相关性、效率、效果、影响以及项目可持续性等进行的客观、科学、公正的评价。绩效评价的对象可以是政府组织及相关部门，可以是学校或教师，也可以是公共项目或计划。无疑，绩效评价的重要功能是衡量组织或个人的成绩及贡献，科学的绩效评价能够有效激励、提升组织或个人的活力、积极性及潜能，有利于保持组织或个人的竞争力。

（三）政府教育管理绩效评价的概念及内涵

对于什么是政府教育管理绩效评价，可以先借鉴政府绩效评价的定义。肯尼斯·普鲁伊特（Kenneth Prewitt）认为，政府绩效评价是根据管理的效率、能力、服务质量、公共责任和社会公众满意度等方面的判断，对政府公共部门管理过程中投入、产出、中期结果和最终成果所反映的绩效进行评定和划分等级。① 检视国内学术文献，现有研究多将政府绩效评估理解为对政府工作的综合评价体系。范柏乃认为政府绩效评估是“根据统一的评估指标和标准，按照一定的程序，通过定量定性对比分析，对评估对象（政府或政府部门）一定时期的业绩做出客观、公正和准确的综合评判”。② 马怀德认为政府绩效评估遵循全面客观原则，“全面、系统地反映地方政府绩效的数量和质量要求”。③ 尽管学者看法不一致，不过在诸多方面形成了相对稳定的看法，即绩效评价是一种综合评价。

综上，政府教育管理绩效将绩效研究聚焦于教育行业这样一个中观层次，即政府某个具体领域，是一定时期内政府履行教育发展职责，教育事业所表现出来的整体状况，包括教育资源投入配置情况、管理过程安排和教育发展水平状态。政府教育管理绩效评价是根据一定的评价标准对政府教育公共服务的投入、过程、效果的综合评价，是一个多维价值概念，既强调公平、质量，又追求效益、效率，既重视教育的产出、结果，又关注教育过程、改进，是对县级政府教育管理及教育整体发展水平、质量等方面进行的价值判断和测量评价。具体包括三个方面：一是为了发展教育事业，政府履行了哪些职责、投入了怎样的资源。二是政府发展教育进行了怎样的过程管理。三是通过政府在教育事业发展方面的履职，教育整体发展水平、状态如何。教育管理绩效评价的对象是政府，评价的内容是政府作为一个公共组织

---

① PREWITT K. Principles of American Government [M]. New York: Harper & Row Publishers, 1980: 30.

② 范柏乃. 政府绩效评估与管理 [M]. 上海：复旦大学出版社，2007：20.

③ 马怀德. 政府绩效指标体系研究报告 [M]. 北京：中国政法大学出版社，2010：8.

其提供教育公共产品及服务整体水平以及运作过程情况。“以县为主”管理体制实施后，县级政府是我国基础教育公共产品或服务的主要提供者。本研究将评价对象限定在“县级政府”，也就是将评价范围限定在基础教育。

绩效评价的概念从企业管理中产生，但政府教育管理绩效评价同企业绩效评价存在诸多不同。作为人类一种重要、复杂的社会活动，教育不同于一般的社会活动。政府不同于企业，企业以追求最大利润为目标，政府应追求大众福祉，对于公共产品更是如此。正如格罗弗·斯塔林（Grover Starling）所说，企业管理者追求利润，而公共管理者更关注大众福祉，即公众的利益。换句话说，组织成立私人公司是为了雇员与股东的利益，而公共机构应该为机构以外的人们的利益服务。① 此外，教育的高度复杂性特点决定了政府教育管理绩效评价不能等同于其他一般组织或者企业的绩效评价。同样，政府教育管理绩效也不同于企业绩效评价，由于政府所提供的教育产品或服务具有公共产品或准公平产品特点，由此派生出来追求产出的公共性、责任性、社会性、人本性等多元价值取向，政府教育管理绩效评价更需要关注育人长远目标的实现，单一的追求效率或结果必定不能概括其特点。

三、指标、教育指标与指标体系的概念及内涵分析

（一）指标的概念及内涵

指标是构建指标体系的基础，在弄清教育指标体系内涵之前有必要明确“指标”的内涵。指标概念由来已久，对应英文为 indicator，直译过来有指示物、量表、仪表等含义。指标作为一个正式学术概念始于 1966 年雷蒙德·鲍尔（Raymond Bauer）在其《社会指标》一书中的定义。大家对什么是“指标”众说纷纭，有人认为指标是一种量的数据，它是一套统计数据系统，用它来描述社会状况的指数。② 根据《辞海》定义，指标是统计指标的简称，综合反映统计总体数量特征的概念和数值。尽管不尽相同，但以上观点均采用的是统计学视角，认为指标就是“数据”“指数”或“统计数字”，是“客观的”。这种“客观的”指标概念符合奥格本（William F. Ogburn）观点，他也认为社会指标就应该描述客观事实，而不应暗含或发表主观意见。还有观点认为，指标是一种具体的、可测量的、行为化的评价准则，是

① 格罗弗·斯塔林. 公共部门管理［M］. 陈宪，等译. 上海：上海译文出版社，2003：32.

② 朱庆芳，吴寒光. 社会指标体系［M］. 北京：中国社会科学出版社，2001：3.

根据可测和可观察的要求而确定的评价内容。① 在这里，指标被赋予价值或目标，成为一种“准则”。在《现代汉语词典》中，“指标”被解释为“计划中所要实现的目标”。以上两种观点则认为“指标”是“准则”，是“目标”。

可见，对指标概念的认识存在“主观”“客观”之分，既存在统计学意义上的“指标”，也存在评价学意义上的“指标”。“客观”指标是从统计学视角，反映的是事物或现象的重量、速度、大小、规模、结构状况，描述的是客观存在，不带有主观价值色彩。而“主观”指标通常用来反映抽象的内容，如质量、效能、水平，反映的是人们的观念，能传达某种见解，具有主观的价值色彩。但无论何种理解，可量化、可测量则是其共同特征。

一个完整的指标包括了指标名称和指标数值。指标的名称规定着事物的“质”，指标的数值规定着事物的“量”。指标包含不同的种类。根据不同的标准，可以有不同的分类方法。比如，按性质不同，可分为主观指标和客观指标。按照表现形式不同，可分为总量指标和相对指标。总量指标通常以绝对数的形式来表现，如人口总数、财政收入等。相对指标是两个数值之比，如各种增长率。本研究认为，指标本身就是记录或反映事实及客观存在，是否带有主观价值取决于如何使用。如“常住人口数量”本身是记录一个事实，但由于常住人口数量的增长能够给经济发展提供劳动力资源，带来人口红利优势，所以常住人口数量增长速度往往和经济发展呈正相关。因此，当被用来衡量、评价某个地区的经济发展潜力时，“常住人口数量”就从一个客观统计指标转换为主观的评价指标。

（二）教育指标的概念内涵

教育指标最初源自于社会指标中的教育部分。20 世纪 60 年代，受到社会指标运动兴起影响，教育、科技等领域也纷纷开发适合的指标体系，教育指标逐渐从社会指标中独立出来。1966 年，美国学者科尔曼（James Coleman）应政府要求对教育领域进行了大规模调研，收集了 4 000 多所学校、60 多万名学生的相关数据，在此基础上提交了教育史上著名的《科尔曼报告》。自此，对教育领域数据进行收集、处理、分析的时代开始来临。1975 年，美国教育统计中心开始发行《教育状况》（The Condition of Education）。1987 年，美国联邦政府和经合组织召开了“教育指标国际会议”。经合组织和美国联邦政府开始将教育指标作为一种政策工具来监测、评价教育发展状况，对教育指标发展产生了重要影响。90 年代后，开发教育指标在世界范围

① 陈玉琨. 教育评价学［M］. 北京：人民教育出版社，1999：34.

内形成高潮并持续至今。

学者们也重新认识审视教育指标的作用、意义，开始深入讨论教育指标的内涵、性质、功能，并形成众多理解看法。奥克斯（Oakes）认为，教育指标是为使决策者、教育者（educator）及社会大众了解社会系统表现与健康所选取的统计量数。① 奥克斯认为教育指标是“量数”，关注的是教育指标为决策服务功能。沙伍森（Shavelson）等秉持客观观点，将教育指标定义为“与教育中某个基本建构（construct）有关的单个或组合统计量”。② 考布和李克斯福德认为指标是“一组能充当无法直接测量现象之代理或隐喻的统计数字”。③ 史密斯（Smith）的观点则更全面综合，认为教育指标“或者测量了教育系统某个期望的结果……或者描述了该系统的某个核心特征”。④ 斯克伦斯（Scheerens）则综合各方观点，总结了教育指标相关特征：①概况描述教育事务状态；②结合相关概念的意义，呈现教育制度的缩影；③指标的数值须和参照点比较，并进行价值判断；④指标是可量化的，并能根据建构原则解释其意义；⑤指标具有一定的时效性。⑤ 而邬志辉则认为给教育指标下定义是“是一个不可能完成的任务”，他赞同保留对教育指标概念的讨论与纷争，从不同的视域出发，形成不同的认识，服务于不同的目的。⑥

可见，学界对教育指标的概念并未能形成一致的理解，而且存在一定的偏差。仅从对应的英文来说，有用“educational indicator”，也有用“performance indicator”。无疑，同“指标”概念一样，对教育指标的理解也存在“主观”“客观”流派之分。以考布和李克斯福德为代表，认为教育指标是“量数”，暗含的是“统计指标”，即教育指标是统计指标，更多是对教育现象的客观描述。而评价指标则体现着人对教育的主观价值认识。沙维尔森等则对统计指标和评价指标有着清晰的认识，认为只有当统计数字成为衡量标

---

① OAKES J. Educational Indicators: A Guide for Policymakers [M]. New Brunswick, N. J.: Center for Policy Research in Education, 1986: 1-5.

② SHAVELSON R J, MCDONNELL L M, OAKES J. Indicator Systems for Monitoring Mathematics and Science Education: A Sourcebook [M]. Santa Monica, CA: The RAND Corporation, 1989: 5.

③⑥ 邬志辉. 教育指标：概念的争议 [J]. 东北师大学报（哲学社会科学版），2007（4）：119-125.

④ SMITH M S. Educational Indicators [M]. Phi Delta Kappan, 1988: 487.

⑤ SCHEERENS J. Process Indicators of School Functioning: The OECD International Education Indicators: A Framework for Analysis [M]. Paris: OECD, 1992: 77-78.

准时，才能称作指标……反映整个教育系统的大量信息。[①] 因此，不是所有的统计数字都可以成为指标，只有当统计数字成为衡量标准，传递教育系统信息时，才能称作指标。这是两者最大的不同。沙维尔森的理解还传递了区别统计指标和评价指标的另一个重要特征，就是“反映大量信息”。以“中小学学生在校生数”为例，由于此项指标并不能反映教育信息的有效信息，所以这个只能是一个统计指标，而不能作为评价指标。当然，有不少的指标既可以作为统计指标，也可以作为评价指标。如九年义务教育入学率、教育财政经费占政府总支出等。

（三）指标体系的概念内涵

联合国《社会与人口统计体系》将体系定义为，由一些有规律的互相作用或互相依赖的形式联合起来的物体的聚集物或集合物。[②] 包括教育在内的社会现象具有相当的复杂性，单个教育指标是难以完整呈现和准确刻画整个教育系统的复杂现象的。[③] 这时候需要多个指标对事物或某个现象进行评价，这多个指标按照某种固定的逻辑层次“组合”在一起就成了指标体系。纳托尔（Nuttall）对教育指标体系的定义包含三层含义：①教育指标体系不是教育指标的简单综合，而是一种根据理论模式汇集各种教育统计量数，对教育系统状况进行的精确描述；②教育指标体系不仅仅是单纯统计数据的汇合，而是以指标组合的形式显示教育系统中各部分的情形及其之间的相互关系；③教育指标体系中选取的指标必须兼顾逻辑性与实证性，透过该指标体系便可对教育的现况进行诊断，发现存在的问题并指引改革的方向。[④]

综合各方观点，指标体系重要特征包括：由若干个指标要素组成；不同要素之间存在联系；要素之间存在结构关系。而在实际开发过程中，很多指标体系并不是严格意义上的“体系”：在这个“体系”中，指标与指标之间相互独立，不存在一种逻辑关系。单个指标之间是松散结构，只能算是指标集合。

---

① 郅志辉. 教育指标：概念的争议［J］. 东北师大学报（哲学社会科学版），2007（4）：119－125.

② 朱庆芳，吴寒光. 社会指标体系［M］. 北京：中国社会科学出版社，2001：5－17.

③ SHAVELSON R J，MCDONNELL L M，OAKES J. What are Educational Indicators and Indicator Systems?［J］. Educational Assessment，1991（4）：45－47.

④ NUTTALL D. The Functions and Limitations of International Education Indicators：The OECD International Education Indicators—A Framework for Analysis［M］. Paris：OECD，1992：13－23.

第三节　文献综述

尽管我国没有从宏观方面建立整体意义上的地方政府教育管理绩效评价体系，但作为一个交叉研究主题，政府教育管理绩效评价是对政府教育公共服务的投入、过程、效果的综合评价，既与政府绩效评价相关，也和教育评价密切相关。因此，相关研究成果也颇为丰硕。一是政府绩效评价。相对于政府绩效来讲，政府教育管理绩效是一个“属概念”。政府教育管理绩效是属于政府教育领域的绩效，是政府绩效的重要内容和组成部分，是政府绩效评价在公共服务领域的具体应用。作为“种概念”的政府绩效能为作为“属概念”的政府教育管理绩效评价研究提供一般性借鉴。二是对学校、教师的相关教育绩效评价。其中又以从“投入—产出”视角对高校的教育绩效进行评价并建立指标体系的研究及实践最为常见。三是对教育发展的相关评价。包括我国在内的世界各国在不同领域纷纷开发了各类教育指标体系，学者对此也开展了研究。有的聚焦教育“产出”视角对区域教育发展状态进行评价并建立指标体系；有的聚焦“政府履职”及教育“产出”视角对地方政府教育工作进行评价并建立指标体系。因此，我们有必要借鉴政府绩效评价、教育绩效评价和教育指标体系三个主题的研究及实践。

一、政府绩效评价及指标体系研究综述

（一）国内外政府绩效评价及指标体系

政府绩效评价是在新公共管理理论思潮影响下，借鉴企业管理、最初于20世纪七八十年代在西方国家风靡起来的企业管理改革运动，最初发端于20世纪初美国纽约市政改革实践。为提高政府机构的效率及公信力，西方国家发起以绩效评价为核心、旨在提升政府效率的改革运动，这场改革将企业管理中的质量意识、效率意识及服务意识等理念引入政府管理中，“政府绩效”概念开始出现在公共行政管理领域。到了七八十年代，政府绩效评价在西方多个国家得到大规模推广、应用，并呈现出制度化、规范化和科学化的特点和快速发展的趋势。美国国家绩效评估委员会提出了一套较为完善的政府绩效评估体系，主要包括投入、能量、产出、结果、效率和成本效益、生产力等6个方面，并根据各地具体情况在实际操作过程中细分为150种到

1 500种不等的评估指标。[①] 美国俄勒冈州政府绩效评估实施较早，运用标杆管理法，通过广泛征询地方政府、立法机关、普通市民、商业团体、慈善机构和专家学者的意见，建立了包括经济、教育、环境、市民参与、社会支持、公共安全、社区发展等在内的7个领域共158个具体指标的俄勒冈州政府绩效评估体系。[②] 英国自撒切尔政府上台执政后，就一直致力于行政改革和政府公共服务绩效的提升。20世纪80年代，英国效率小组在财务管理新方案的改革中设立了“3E”绩效评估指标，如1983年英国卫生与社会保障部以经济和效率为基点，提出了一套包含140个绩效指标的政府绩效评价指标体系。英国地方自治绩效委员会根据公民宪章的精神，构建了包括居民应对、住宅供给、垃圾处理、地方环境、教育服务等在内的17个领域280多个指标的地方自治绩效评价体系。[③] 在此时期，有关政府绩效评价的理论、内容、方法、技术等得到迅速发展，相关政府绩效评价实践也迅速在全球多个国家落地开花。

20世纪90年代后，有关政府绩效评价的学术理论研究及实践传入我国并得到快速传播，得到社会、政府的重视。2007年党的十七大报告中明确“建立以公共服务为取向的政府业绩评价体系，建立政府绩效评估机制”；2008年国务院《关于深化行政管理体制改革的意见》提出“推行政府绩效管理和行政问责制度，建立科学合理的政府绩效评估指标体系和评估机制”；2011年，国务院成立政府绩效管理工作部际联席会议，从中央层面正式建立起政府绩效管理的体制机制；2013年《国务院工作规则》要求“国务院及各部门要推行绩效管理制度和行政问责制度，加强对重大决策部署落实、部门职责履行、重点工作推进以及自身建设等方面的考核评估”。这些都为开展政府绩效评价提供了重要的政策依据。在党中央和国务院的积极倡导下，政府绩效评价实践在我国诸多地区得到积极推行实践，绩效管理及绩效评价成为改革的重要手段及方式。1998年，青岛对市直职能部门及下辖行政区开始绩效评价；2000年，杭州市开展“满意不满意”单位评选活动；2004年，甘肃省对14个市（州）政府和省级的39个职能部门进行绩效评价并于次年向社会发布《甘肃省非公有制企业评价政府绩效结果报告》。地方政府积极探索并形成各具特色的绩效评估模式，包括目标责任制的典范——青岛模式，综合性的效能建设——福建模式，公民导向的实践——杭州模式，第三

---

① 阿里·哈拉契米．政府业绩与质量测评：问题与经验［M］．张梦中，等译校．广州：中山大学出版社，2003：35.

② 帕特里夏·基利，等．公共部门标杆管理［M］．张定淮，译校．北京：中国人民大学出版社，2002：5－6.

③ 马国贤．政府绩效管理［M］．上海：复旦大学出版社，2005：162.

方评价政府绩效的开端——甘肃模式。

学术界也纷纷开展相关研究，为政府绩效评价实践提供了理论、模型、方法、指标体系等系列支持。人事部所组织的专题课题组提出了一套政府绩效评估指标体系，由职能指标（包括经济调节、市场监管、社会管理、公共服务、国有资产管理）、影响指标（包括经济、社会、人口与环境3个二级指标）和潜力指标（包括人力资源状况、廉洁状况、行政效率3个一级指标和12个二级指标及33个三级指标）构成。由于考虑到对象广泛性的问题，人事部所开发的指标体系适应性较广。卓越将指标划分为“维度指标—基本指标—修正指标”，并设计了一套由基本指标与指标要素或评判方法两个层次54项指标构成的，主要包括思想建设、组织建设、政风建设、制度建设、一票否决、依法行政、举止文明、环境规范等15个方面的地方政府通用评估指标。① 范柏乃等在清晰界定政府绩效的基础上，采用隶属度分析、相关分析和辨别力分析等方法对理论指标进行多重实证筛选，构建了包含37项指标的政府绩效评估体系，其中行政管理方面有7个指标、经济发展方面有6个指标、社会稳定方面有5个指标、教育科技方面有5个指标、生活质量方面有7个指标、生态环境方面有7个指标。在37个评价指标当中，31个指标属于正向指标，即指标值越高，政府绩效越高；6个指标属于逆向指标，即指标值越高，政府绩效越低。② 倪星在政治合法性基础转型所带来的新的价值标准指导下，从“投入—管理—产出（结果）”的框架出发，得出一个包含65项指标的指标体系。具体的评估指标分为投入指标、管理指标与结果指标3个方面。投入指标划分为人力资源与财政资金；对管理指标的设置，侧重从政府的行政能力、廉洁程度、服务能力、政策制定与执行状况等方面考核政府运行过程中的各方面绩效；结果指标则细分为经济发展水平、人民生活质量、政治民主程度、社会稳定与秩序、生态环境、教科文卫等6个方面。③ 兰州大学中国地方政府绩效评价中心课题组，根据兰州的具体实践情况，指出市州政府绩效评价指标体系由职能履行、依法行政、管理效率、廉政勤政和政府创新5个一级指标，14个二级指标，40个三级指标构成。三级指标按非公有制企业、省政府评价组和评价工作专家委员会3类评

---

① 卓越. 政府绩效评估指标设计的类型和方法［J］. 中国行政管理，2007（2）：25－28.

② 范柏乃，朱华. 我国地方政府绩效评价体系的构建和实际测度［J］. 政治学研究，2005（1）：84－95.

③ 倪星. 地方政府绩效评估指标的设计与筛选［J］. 武汉大学学报（哲学社会科学版），2007（2）：157－164.

价主体分别设置。① 郑方辉、吴铁设计了一套包括促进经济发展、维护社会公正、保护生态环境、节约运作成本、达致公众满意5个领域层共40项具体指标的地方政府绩效评估体系。② 孙荣、周晶认为我国政府绩效可以从以下5个方面进行评价：经济发展、生态环境、社会管理、公民素质和生活水平。③

（二）政府绩效评价研究述评

政府绩效评价的文献研究给政府教育管理绩效评价提供了一般普遍意义上的参考。从评价内容及指标体系看，政府绩效评价呈现以下特点。一是评价内容及指标体系差异较大。不同国家经济社会发展差异性大，面临的问题及发展思路的重点不同，很难用一种固化的模式去统一要求规范。二是不少指标体系采用的是“投入—过程—产出”的评价模型。还有的指标体系没有建立评价模型，是按照政府管理工作内容的不同方面为逻辑划分指标体系的评价维度，如经济生活、社会管理、公共服务等。三是评价内容及指标较多。由于政府工作包括社会生活的各个方面，因此，评价指标也繁多。美国国家绩效评估委员会制定的指标体系中指标最多达到1 500个。比较而言，我国的指标体系中指标数量多在40～70个之间。随着政府绩效评价演化，评价内容及指标体系普遍存在以下问题：指标选取的随意性大，且往往与制定指标主体上级政府的领导干部个人想法有关；评价指标中偏经济内容多，权重占比大，但这一现象逐渐在改变；一部分的指标体系缺乏理论基础和评价模型。评价内容过多关注着眼当前问题，缺乏关注长期隐性价值方面，比如重视经济发展，缺乏对环境保护、公共服务提供等方面的关注。评价指标关注规模发展的多，关注高质量发展的少，比如重视经费支出的增长率、教育或医疗等公共服务的覆盖率；评价方法中，主观指标数量偏多，不利于评价过程中的操作。但同时，由于政府教育管理绩效评价关注的是政府提供教育产品及服务，作为一种特殊的由政府提供的公共产品，教育有其自身特点，其绩效评价的价值取向包括的公共价值元素也并不一致。因此，评价对象的差异决定了政府教育管理绩效评价和政府绩效评价也必然不同。

---

① 兰州大学中国地方政府绩效评价中心课题组. 兰州试验：第三方政府绩效评价新探索 [J]. 城市管理，2005（3）：22－25.

② 郑方辉，吴轶. 地方政府绩效评价中的公众满意度调查 [J]. 市场研究，2007（3）：26.

③ 孙荣，周晶. 以提高生活质量为目标构建我国政府绩效评估体系 [J]. 中国行政管理，2006（9）：40－41.

二、教育绩效评价及指标体系研究综述

（一）国内外教育绩效评价及指标体系

1. 西方国家的教育绩效评价及指标体系

在20世纪西方国家兴起的“政府改革”运动的关键就是推行公共支出的绩效管理和绩效评价。由于经济社会发展对高素质人才的需求不断加大，西方国家教育规模在“二战”后得到快速扩张。在20世纪80年代后，由于经济发展的放缓，政府对教育的财政投入不得不减少，社会民众对教育资源的利用效率产生怀疑，并且教育质量并没有达到国家和民众的期望要求。在此背景下，借鉴企业管理的绩效评价在西方国家教育中得到应用与发展。社会民众开始要求政府对巨额的教育投入进行反思、改进，对教育投入做成本收益分析。

（1）美国的教育绩效评价。

美国对高校进行绩效评价的实践对世界高等教育发展起到了重要作用。在美国，高校绩效评价获得拨款得到了联邦政府及全美州政府、高校、社会的广泛认同，到20世纪80年代后，高等教育绩效评价几乎席卷了美国联邦大部分州及高校。这场高校绩效评估运动对教育改革发展产生深刻影响，不仅唤起了国家及社会对高等教育质量的重视，更将企业绩效管理的理念、技术、方法引入教育，使高校重视学生培养质量及资源的投资收益率等。对美国许多高校来说，只有达到一定绩效才能获得政府的拨款或奖励性经费，绩效评价得分越高就越能获得更多的拨款及资源。从某种意义上看，绩效拨款方式符合“适者生存”的进化论思想。美国对高校的绩效评价采取的是绩效评估、绩效报告与绩效拨款等基本形式。其中，田纳西州最早开始实施高校教育绩效评价并成为其他州学习的对象。田纳西州自1978年开始，对高校实施绩效评价，每5年为一个周期。相应地，相关绩效评价内容及指标体系也会进行修订调整。以2015—2020年的第9周期为例，绩效评价指标包括通识教育测评、专业教育测评、专业认证、专业检查、学生满意度调查、学生入学及学业质量、成人学生学业进展等7项指标。其中，“学生入学及学业质量”是第8周期和第9周期指标体系新增加的评价内容，所占权重达25%；“成人学生学业进展”是第9周期增加的内容。到第9周期时，删去了学生保持情况、学生转学与交接、院校战略规划、州战略规划、评估实施情况等5项指标。绩效指标数量整体呈减少趋势：第6周期包括11项评价指标，第7周期包括10项评价指标，第8、第9周期减为6项评价指标。而同时增加的2项指标占比较大，指向的是对学生学业成就、培养质量的关

注。从田纳西州对高校绩效评价的框架以及框架的历史演进中，可以发现以下几个特点：一是非常重视专业建设及学生学业质量，这两项评价内容涵盖了6项评价指标中的5项，体现了田纳西州对高校教育的质量追求。二是学生满意度得到重视。尽管经历了多次调整，但学生满意度调查的评价指标一直保留了下来。在弗吉尼亚州的院校指标评估内容中，一级指标则包括招生计划、财政能力、学生贡献、学术标准、学生成绩、教育通道提供、经济发展贡献、科研能力、基础教育等9个方面。2000年后，美国的国家公共政策及高等教育研究中心开始发布《高等教育评价报告》。以2006年《高等教育评价报告》为例，包括了6个一级指标，具体如下：高中生入学准备情况、注册入学比例、学费负担能力、学业完成率、学历收益率、学习效果。在此基础上，开发了共计35项二级指标。

此外，美国也对基础教育绩效开展评价。联邦政府对学校实施教育标准评估以及实施特许学校和教育券等制度改革。1988年，《初等与中等教育法》的重新授权要求通过标准化考试来评价学校，标志着美国基础教育改革的重心逐渐从“投入”转向“绩效”。随后出台的《2000年目标：美国教育法》则进一步强化了绩效的地位及重要性。2001年，《不让一个孩子掉队》教育法案出台，明确要求要实施学业评估，把财政拨款与学校所取得的成绩结合起来，对未能改善学生表现的公立学校将采取适当行动。连续2年及以上没有取得进步的学校将接受惩罚，从学生有要求转学的权利，到提供个别辅导、周末补课，再到更换教师和课程，直至学校被迫关闭或接受接管。此外，美国联邦政府还对各州的教育绩效进行考核，学生学业表现未能达到要求的州同样需要接受惩罚，其经费支持亦会减少。美国对基础教育绩效评价的思想及实践早已有之，不过并没有形成具体明确的教育评价指标体系。

（2）英国的教育绩效评价。

英国也是开展教育绩效评价最具代表性的西方国家之一。绩效评价及绩效报告等成为评估结果展现的基本形式，政府运用一系列技术方法手段对高等教育进行各种绩效评价活动，同时高校所获得的财政拨款与绩效评价结果挂钩，这就形成了通过绩效评价促使高校改进效率及效益的制度。1997年，独立的高等教育质量保障机构——高等教育质量保证署（Quality Assurance Agency in Higher Education）的成立更是将高等教育绩效评价进一步独立化、规范化、专业化。1985年的贾勒特报告将高校绩效评价指标分为内部指标、外部指标和运行指标三类。其中，内部指标主要反映学校方面的特征；外部指标主要反映高校所设置的学科适应社会经济的情况；运行指标主要包括单位成本、图书馆设备的利用率等“生产率”指标。① 英国大学拨款委员会和

① 马丽. 综合性大学绩效评价指标体系的构建［D］. 宁波：宁波大学，2009：7－8.

副校长协会将高校绩效评价指标体系分为输入指标、过程指标和输出指标三类。其中，输入指标主要包括投入的资金、人力等办学资源；过程指标包括对投入资源的管理和使用效率等；输出指标包括产出情况与实施结果等。英国大学校长协会联合大学拨款委员会工作小组共同编制了《英国大学管理统计和绩效指标体系》，共计 39 项指标。其中，财务指标占据了相当大的比重。其后，工作小组又不断对指标体系进行了修改。以 2007/2008 的版本为例，评价指标包括扩大参与指标、残疾学生高等教育入学率、学生非连续学习率、大学和学院的教学与学习成果及效率、单位完成率、研究成果、就业结果等。①

英国对高校绩效评价多采取社会排名方式，《泰晤士报》的世界高校排名包含了研究能力、教育能力、国际教师、国际学生、学者评估、员工调查等 6 个方面的评价指标。其中，“学者评估”即同行评价所占权重达 40%，教师的“研究能力”所占权重达 20%。比较而言，英国大学拨款委员会和副校长协会制定的指标体系从系统论思想出发，采用“输入—过程—输出”的模式。《英国大学管理统计和绩效指标体系》和《泰晤士报》的世界高校排名更多通过“统计指标”对绩效进行评价，具体的评价指标相互独立，并不成为“体系”。时至今日，英国推行的各类高等教育绩效评估对全球高等教育改革发展都有着不可忽视的影响。

2. 我国的教育绩效评价及指标体系

作为舶来品，绩效评价已经成为提升我国高等教育质量的重要手段并广泛运用在高校绩效评价中。我国于 1994 年开始对高校实施本科教学工作水平的评估，并于 2004 年成立教育部高等教育教学评估中心。我国对高校教育绩效评价的实践逐渐增多。中国教育科学研究院对教育部直属高校进行绩效评价并发布绩效评价报告，上海、天津、江苏也纷纷对省属高校进行绩效评价。此外，清华大学、同济大学、天津大学、浙江大学等高校也纷纷探索开展对科研、教师以及二级院系内部治理的专项评价。

我国有关高校绩效评价及指标体系的相关研究成果也颇为丰硕。中国教育科学研究院采用“投入—产出”模型，分别设计投入指标和产出指标对教育部直属高校教育绩效进行评价。以 2016 年的评价指标体系为例，投入部分包括人力、物力和经费在内共计 14 项指标，产出部分包括科研、人才培养和社会服务等共计 20 项指标。张男星等基于“投入—产出”模型，从人力、物力和财力投入来设计投入指标，从教学、科研和社会服务方面来设计

① CVCP/UGC. University Management Statistics and Performance Indicators in the UK [M]. London: University Statistics Records, 1988: 234 – 235.

产出指标。① 应望江等构建的高校绩效评估指标体系包括人才培养、科学研究、社会服务、学科资源条件 4 个一级指标以及毕业生人数、专任教师增加人数、基础研究课题数等 13 个二级指标。② 闫艳基于战略管理视野下构建了一个包括办学能力、办学影响力、关键举措、组织变革 4 个一级指标，共计 12 个二级指标在内的地方政府高等教育绩效评价。比较特别之处是，受评高校可以根据自身办学特色自行设定三级指标，也可以从专家推荐的三级指标库中选择。③ 从整体情况看，我国高校绩效评价借鉴吸收了西方的先进经验，评价内容重视教育质量和内涵提升。在具体指标选取方面，围绕着经费、人力、物力资源的“输入指标”以及围绕着高校的人才培养、科学研究、社会服务核心职能分解的“产出指标”最为普遍。

（二）教育绩效评价及指标体系研究述评

随着教育对国家及家庭、个人发展的重要意义进一步显现，以及教育资源的永远相对短缺，教育绩效评价的正当性、合理性不断得到强化，教育绩效分配在全球范围内得到越来越广泛的应用，绩效评价结果成为全球多个国家的政府对学校拨款的重要依据。高校通过教育绩效评价也有效改进自身管理水平，促进了教育教学科研效率效益提升以及教育产出。从评价模型看，较多教育绩效指标体系从采用“投入—产出”模型或采用数据包络分析（DEA）方法。其中，“投入—产出”模型操作简单、直观易懂，运用最为广泛。DEA 方法将每个评价对象看作一个决策单元（decision making units）。同类型的决策单元有着相同的外部环境，有同样的目标和任务。每个决策单元都有相对独立的投入、产出变量，通过对投入产出比值的分析，得出各决策单元的效率，并根据效率进行排名。两种模型的理论基础是“投入—产出”理论，共同特点是都强调高校的教育产出。

无疑，教育绩效评价对丰富高等教育评价方式具有重要意义，所以风靡全球。但另一方面，高校教育绩效评价存在视角较为单一的问题，不可避免也有自身局限性。教育绩效评价是绩效评价在教育领域的具体应用，其本质还是建立在新公共管理理论的哲学基础上，主张借鉴现代企业管理，优化教育资源配置、改进教育过程管理及利用结果，提高经费特别是财政资金使用效率、效益，以期提高办学效率。所以，评价内容及评价指标多集中在投入

---

① 张男星，等．高等学校绩效评价论［M］．北京：教育科学出版社，2012：201.

② 应望江，李泉英．高校绩效评价指标体系设计及应用研究：以教育部直属高校为例［J］．国家教育行政学院学报，2010（2）：46－47.

③ 闫艳．战略管理视野下地方政府高等教育绩效评价研究［J］．中国成人教育，2017（18）：41.

类和产出类两类教育指标上。其中，投入类指标主要包括人力、财力、物力及其他资源；产出类指标主要包括人才培养、科研产出、社会服务等方面，特别重视教育的效率及教育产出，重点关注的是高校办学的效率效益，以及显性可见的成绩效果。这可能也是为什么教育绩效评价的领域主要集中在高等教育的重要原因：高等学校直接肩负着为社会培养合格劳动力和为社会服务的职责。相比较而言，其教育产出结果显性也较为容易测量评价。这种“见物不见人”的评价其本质忽略了“人”，尤其是对学生的成长和发展关注不够。作为人类一种重要、复杂的社会活动，教育不同于一般的社会行为。教育的人文性、效果滞后性等复杂特点决定了教育绩效评价不能等同于其他一般组织或者企业的绩效评价。学校不同于企业，企业以追求最大利润为目标。“人”作为教育绩效重要的“产出”，同企业的“产出”有本质区别。教育的诸多方面其实短期内难以显现，如人的成长、情感体验等。所以，教育绩效评价需要关注更为长远的目标。

三、教育指标体系研究综述

教育指标体系种类及形式多样，本研究将符合研究需要的教育指标体系研究文献分为两类，一类是“政策”类文献，一类是“研究”类文献。“政策”类文献指的是国际组织、各国政府开发用于评价实践的教育指标体系，“研究”类文献指的是专家学者基于个人理解、经验所构建的教育指标体系。这两类教育指标体系都是对教育改革发展整体情况进行评价，在理论基础、概念模式、评价内容、技术方法等诸多方面可以为本研究提供很好的借鉴参考。

（一）“政策”类教育指标体系

1. 国际组织及国外教育指标体系

20 世纪 80 年代以来，教育指标体系逐渐成为研究及实践热点。各类国际组织、政府机构等纷纷基于不同理念、不同目的开发了各类教育指标体系，对世界各国教育改革发展意义重大。其中，以经济合作与发展组织（经合组织，OECD）、联合国教科文组织（UNESCO）和世界银行（WORLD BANK）为代表的组织所开发的教育指标体系在世界范围内产生重要影响。

（1）经合组织（OECD）的教育指标体系。

作为在全球有重要影响力的国际组织，经合组织在教育领域同样影响非凡。经合组织在 1968 年就成立了教育研究改革中心（Centre for Educational Research and Innovation）并关注教育指标体系。经合组织发布了多种教育指标体系，包括“OECD 国际教育指标：分析架构”“教育评价：发展与使用国际指标”等，其中以“教育概览：OECD 指标”最具代表性，得到广泛认同并被多个国家或地区加以应用，是国际上影响广泛的权威教育指标体系。“教育概览：OECD 指标”（Educational A Glance：OECD Indicators）于 1991 年推出，用数据呈现成员国教育发展的状况。决策者也以此为依据，努力改进教育绩效状况。其具体指标会根据经济、社会、文化发展和教育改革发展进行调整，但会保持大致框架基本不变。随着有关理论的不断发展，经合组织制定的教育体系也不断成熟完善。以 2014 年为例，经合组织大致按照教育成果、教育资源投入、教育机会及教育环境四个维度来设计教育指标体系。①

表 1－1　《教育概览 2014：经合组织指标》中的教育指标

一级指标	二级指标
教育机构的输出与学习的影响	成人学历水平；高中教育毕业情况；高等教育毕业情况；父母教育在高等教育入学情况上的影响；不同教育水平的劳动力市场参与；收入优势在教育程度上的体现；教育投资的动机、教育的社会效益；学生的表现和教育公平的联系
教育中的经费与人力资源投入	教育的生均支出；教育机构支出占 GDP 的百分比；公共教育投资和私人教育投资总额；公共教育经费支出的总额；高等教育学生缴纳的学费与接受的公共补贴；教育经费用于哪些资源和服务；影响经费支出水平的因素
获得教育、参与和进步	接受教育的人群；早期儿童教育体系各国差异；高等教育参与；外国留学生数及留学目的国；15～29 岁人群从学校到就业的转换情况；成人人口的继续教育和培训参与；公立和私立学校、教育机构的不同
学习环境与学校组织	学生的课堂学习时间；生师比与班级规模；教师工资；教学时间和教师工作时间；教师群体状况；如何成为一名教师；多样化的教师职业发展活动

经合组织所建立的教育指标体系给予我们重要启发。一是指标体系采用人力资本理论为基础，以一种系统观，从经济社会发展视角来考虑教育发展的规模、速度问题，不是仅仅从教育事业自身角度看待发展问题。二是建立 CIPP［“背景评价（context evaluation）—输入评价（input evaluation）—过

① 段晖. 教育指标的政策逻辑：理论、经验与政策设计［M］. 北京：化学工业出版社，2017：42.

程评价（process evaluation）—结果评价（product evaluation）”，简称 CIPP］评价模型系统呈现教育发展。CIPP 评价模型影响广泛，直至今日诸多指标体系的评价思想都在沿用、发展。三是在保持框架稳定性的同时，也保持了具体评价指标的开放性、灵活性，能够根据教育发展变化对具体指标进行适时的调整。四是重视教育的效益效率。从指标框架可以看出，经合组织的指标体系包含了“投入”“产出”的思想。其中，“教育机构的输出与学习的影响”“获得教育、参与和进步”两个部分指向的是“产出”，而“教育中的经费与人力资源投入”指向的则是“投入”。五是重视具体指标的可比性。作为一个国际组织，经合组织设计指标的重要考量就是要有国际可比性，以满足其成员国的需求。

（2）联合国教科文组织（UNESCO）的教育指标体系。

联合国教科文组织开发了不同的教育指标体系，有《世界教育报告》（World Educational Report）、《全球教育概览》（Global Education Digest）、《全民教育全球监测报告》（Education for All Global Monitoring Report）等，在全球有着广泛的影响力。

从 1991 年起，联合国教科文组织就开始出版《世界教育报告》，共计 5 期。联合国教科文组织的教育指标体系构建分析模式依照 CIPP 模式，将教育放在整个经济、社会发展中考虑。在背景因素部分，纳入一个国家之政治、经济、文化及人口结构等因素；在输入部分，涵盖教育资源供应和教育需求两个维度；在过程部分，包括接受教育机会与内部效率两个维度；在教育输出部分，包括学习成就与结果影响两部分。2000 年开始，联合国教科文组织统计研究所开始发布《全球教育概览》。《全球教育概览》每年都会聚焦一个大家共同关注的教育主题，如 2010 年的主题是“教育与性别：在承诺和进步之间”，2011 年的主题是“关注中学教育：下一项艰巨挑战”，2012 年的主题是“错失的机遇：留级和辍学带来的影响”。因聚焦于某个主题，《全球教育概览》的评价内容更加具体且有针对性。2002 年之后，联合国教科文组织发布《全民教育全球监测报告》。该项“报告”参考了“世界教育指标体系”，主要目的是评估 2000 年召开的“达喀尔会议”目标的完成情况，监测了解全球各国儿童接受初等教育的机会情况，同时也致力于教育教学质量的提升。“达喀尔会议”主要目标包括：扩大和完善儿童保健和教育；实施高质量的小学义务教育；满足青年和成人的技能学习需求；实现成人文盲减半；消除中小学性别差距；全面提高教育质量。①

① MCCELLAND D C. Testing for Competence Rather than for Intelligence［J］. American Psychologist，1973（28）：1－14.

在联合国教科文组织开发的教育指标体系中，《全球教育概览》和《全民教育全球监测报告》的指标数据多围绕某个特定教育主题。比较而言，《世界教育报告》以国家或地区教育整体发展状况为评价对象，影响广泛，以 2000 年为例，整个指标体系包括了 11 个一级指标、47 个二级指标。《世界教育报告》具有以下几个特点。一是建立了合理的理论框架，采用“供给”和“需求”方式对教育系统进行分析，并将教育放在经济社会的背景下考察，充分考虑了经济社会发展对教育的决定性作用，特别是“人口”的相关因素。二是指标体系简明直观，而且在“产出”部分，从学前教育、初等教育、中等教育到高等教育分学段制定指标，清晰明了。三是数据信息容易采集，方便计算且具有国际可比性。四是评价内容重点关注了各级各类教育的受教育机会，在指标体系中以“入学率”等指标呈现；在多个评价指标中关注了女性的情况；重视教育经费的投入与支出，设置有“私立学校教育与政府教育支出”和“公共教育经常性支出”2 个一级指标。但随着时代的快速发展，例如“每日报纸发行量”“电话主线数量”等指标已不再适用于今日之社会。此外，对于重视受教育机会对今天我国适龄少年儿童来说已不成为问题。如何提高教育质量，才是我们需要面对的挑战。

表 1－2　2000 年《世界教育报告》指标体系①

一级指标	二级指标
人口与国民生产总值	总人口率；人口增长率；6～14 岁的人口；社会抚养比；城镇人口占总人口比重；出生时预期寿命；总生育率；婴儿死亡率；人均国民生产总值
识字、文化与传播	成人文盲估计数；成人文盲估计率；每日报纸发行量（份/千人）；收音机和电视接收器数量（台/千人）；电话主线数量（条/千人）；个人电脑数（台/千人）；互联网主机数（台/10 万人）
学前及初等教育入学机会	学前教育年龄组人口数；学前教育毛入学率；小学教育毛入学率；正规教育受教育期望年限
初等教育状况	义务教育年限；小学教育年限；小学教育学龄人口数；毛入学率/净入学率
初等教育内部效率	小学复读人数占比；持续接受初等教育到 2 年级和 5 年级的比例

① UNESCO INSTITUTE for STATISTICS. World Education Report［R］. Canada：UNESCO，2000.

续上表

一级指标	二级指标
中等教育状况	普通中等教育年限；中等教育学龄人口数；毛入学率/净入学率
学前、初等与中等教育师资	生师比；女教师的比例；每1 000非农业劳动力中教师数量
高等教育状况	每10万居民中的学生数量；毛入学率；学生各ISCED（注：ISCED为国际教育标准分类法的英文缩写）水平的百分比；女学生在各ISCED水平的百分比
高等教育学生分布	学生（毕业生）在各学习领域的百分比；女学生在各学习领域的百分比；性别隔离指数
私立学校教育与政府教育支出	私立学校学生数占学生数的百分比；公共教育支出占国民生产值的百分比；公共教育支出占政府支出的百分比；公共教育支出的年均增长速度；教育经常性支出占公共支出的百分比
公共教育经常性支出	教师薪酬占教育总经常性支出的百分比；教育经常性支出在不同教育等级之间的分配比；生均经常性支出占人均国民生产总值的百分比

（3）世界银行（WORLD BANK）的教育指标体系。

多年来，世界银行将多个领域的主要指标汇编，形成《世界发展指标》（World Development Indicators）用来反映世界各国的经济、社会、教育等发展状况。历次“世界发展指标”具体内容并不完全相同，但有关教育指标的主要内容都会包括教育投入、受教育机会、教育效率、教育成果、性别与教育等方面。世界银行的教育指标直观且容易理解，为教育改革发展提供了重要教育信息。从2016的“世界发展指标”来看，世界银行重视的是政府的教育投入、受教育机会、教育效率、教育质量及教育公平。严格看来，世界银行的指标之间缺乏联系，主要是“汇编”，并不是真正的教育指标“体系”。

表 1-3 2016 年《世界发展指标》中的教育指标①

维度	指标
教育投入	政府生均经费、各级教育经费占人均 GDP 比重；公共教育支出的 GDP 占比；公共教育支出占政府财政支出的比重；男女教师受训人数；生师比
受教育机会	各级教育毛入学率；净入学率；小学男女生失学率
教育效率	小学男女生一年级入学比例；小学男女生复读率；小学至初中升学率
教育完成度及成果	各级学生毕业率；青年识字率；成人识字率；PISA 数学；阅读和科学测试的最低水平
教育差距	最贫困的 1/5 与最富裕的 1/5 人口的教育调查数据

（4）美国的教育指标体系。

美国非常重视教育信息数据的收集，投入了大量的人力、经费。联邦及州政府没有建立一整套对区域教育发展状况评价的综合教育指标体系，而是通过不同的监测项目来收集教育发展各个方面的数据，并建立了几十种不同的教育数据库。成立于 1974 年的全国教育统计中心（National Center for Education Statistics）其主要职责就是采集、整理、分析全美范围内的教育信息数据，其发布的各类教育数据被社会各界广泛运用。其组织的项目包括公民教育研究项目、全国家庭教育调查计划、教师教学国际调查等。此外，中心也积极参与国际的一些评价项目，如国际学生评估项目（PISA）、国际阅读素养研究（PIRLS）等。其中，“美国教育状况”（The condition of Education）是美国国家教育统计中心发布的重要教育调查统计数据，反映的是美国国家教育整体状况的相关数据。以 2017 年发布的数据为例，评价内容包括人口特征、教育参与、中小学教育、高等教育、热点关注等 5 个方面内容②，共计 50 条评价指标。除去高等教育部分指标，共计有 28 条，具体如下：青年教育素养；国际教育素养；儿童家庭因素；儿童获得和使用互联网情况；学前教育与幼儿园入学率；中小学入学率；公立特许学校招生；私立学校招生；公立学校中的种族生/民族生入学率；公立学校中英语语种学生；残障儿童与青少年；传统公立学校与公立特许学校的特征；公立学校学生集中免

① WORLD BANK. World Development Indicators [R/OL]. (2016-08-23). https://openknowledge.worldbank.org/bitstream/handle/10986/23969/9781464806834.pdf?sequence=2.

② 曹荣军. 1999—2007 年度美国教育指标体系特征及启示 [J]. 现代教育管理, 2009 (2): 95-97.

费午餐或优惠午餐；校园犯罪和校园安全；师生比；公立学校收入来源；公立学校支出；各国教育支出；阅读能力；数学能力；科学能力；国际比较——四年级学生阅读素养；国际比较——美国四年级、八年级、十二年级学生的数学和科学成就；国际比较——15 岁学生的科学、阅读和数学素养；公立高中毕业率；辍学率；从幼儿园到三年级的危险因素与学业成绩；公立学校中的无家庭儿童、青年。①

可以看出，全国教育统计中心的“美国教育状况”并不是“指标体系”，而是监测数据。但特别值得借鉴的是，美国全国教育统计中心从多个维度采集了不同种类形式的教育数据资料，从整体层面形成了丰富的教育数据资源库，其主要意图是通过相关教育数据的采集监测，供不同组织、机构“为我所用”，指标的开发并不指向特定的群体。此外，美国全国教育统计中心还非常重视收集其他国家的教育数据，从而便于开展不同国家或地区间教育改革发展状况的对比，有利于定位美国自身在教育不同方面的全球坐标，如参与学生学业素养方面的国际比较等。

无疑，教育指标能够用来监测教育发展状况，评价教育发展水平，为政府决策提供大量重要的信息数据参考，得到了主要国际组织及诸多国家政府的重视。比较而言，国际上成熟的教育指标体系有以下一些特点值得借鉴。

第一，关注教育过程的效能效率。国际教育指标体系多重视“效能”“效率”等经济性指标。如世界银行重视“教育效能”，指标体系中设计了“初等教育重读率”“初等教育升中率”等评价指标。2000 年世界教育报告指标体系中设有“初等教育内部效率”一级指标，具体评价指标包括“小学复读人数占比”“持续接受初等教育到 2 年级和 5 年级的比率”。世界银行 2006 年的《世界发展指标》中也设有“教育效能”一级指标。

第二，教育指标体系的核心框架保持相对稳定的同时也保证开放性。以经合组织为例，其历次教育指标体系的构建基本以人力资本理论为基础，同时保持具体指标的灵活性。历次公布的教育指标体系都会根据经济社会发展变化调整部分指标。此外，指标体系具有明显的政策导向特征，相关统计数据能进行国际比较，能较好满足成员国的横向比较需求。

第三，具体评价指标有较强的政策取向性。运用教育指标体系监测所获得的数据信息能为教育政策的制定提供重要的参考依据，就一些共同关注的教育热点、难点进行专题探讨，如联合国教科文组织的《全球教育概览》报告每年都会聚焦某个具体教育政策主题，如 2011 年的主题是“关注中学教

① NATIONAL CENTER FOR EDUCATION STATISTICS. The Condition of Education 2017[EB/OL]. http://nces.ed.gov/programs/coe/, 2018-05-10.

育：下一项艰巨挑战”，2012 年的主题是“错失的机遇：留级和辍学带来的影响”等。

第四，注重教育与经济社会的联系。教育与经济社会发展密不可分，无论是教育“适应论”还是教育“引领论”，教育对经济社会发展的重要地位愈发凸显。与此同时，教育发展需要经济社会发展提供大量的资源。

2. 我国的教育现代化指标体系

伴随着全面实现小康社会目标和经济社会建设的加速，经济发达地区纷纷加快了教育现代化的进程，北京、上海、广东、江苏、浙江都明确提出了“2020 年实现教育现代化”的战略目标，并研制地方教育现代化指标体系。

（1）江苏省教育现代化指标体系。

2007 年，江苏省就县域教育现代化发布了《江苏省县（市、区）教育现代化建设主要指标》。主要指标共 16 条，其中，涉及基础教育共计 14 条。具体包括：学前教育毛入园率；九年义务教育巩固率；初中毕业生升学率；困难群体享有平等接受教育的权利；幼儿园建成省标幼儿园及优质幼儿园比例；义务教育阶段办学条件达到省标准化；高中和中等职业学校要达到省优标准；全面实施素质教育；在岗教师实现教师资格及学历标准要求；教育信息化建设达到标准要求；教育经费纳入财政保障范围及教师工资标准；城乡办学条件基本均衡；办学行为规范；学校安全保障体系完备。江苏省是我国较早推进教育现代化的区域，并明确提出评价标准，为我国其他区域推进教育现代化及构建教育指标体系提供了引领及参考。正如其名“主要指标”一样，江苏的县域教育现代化评价指标并不构成“体系”。在公布县域教育现代化建设主要指标的同时，还对主要指标加以诠释并制定具体标准用以评价实施。但有的评价指标存在不是“指标”的问题，如“素质教育全面实施”指标，其存在标准定义不明、操作方式不明等问题。在 90% 以上县（市、区）通过教育现代化建设水平评估和验收后，江苏于 2013 年在全国率先发布《江苏教育现代化指标体系》，并于 2016 年进行修订。根据《江苏教育现代化建设市县监测评估细则》，指标体系由 8 个一级指标、16 个二级指标、43 个监测点和 84 个监测要点组成。

表 1－4　江苏教育现代化建设市县监测评估指标体系

一级指标	二级指标	监测点
教育普及度	各级教育	1. 学前 3 年教育毛入园率；2. 义务教育巩固率；3. 高中阶段教育毛入学率；4. 高等教育毛入学率
	继续教育	5. 终身学习网络覆盖率；6. 从业人员继续教育年参与率；7. 城市和农村居民社区教育活动年参与率

续上表

一级指标	二级指标	监测点
教育公平度	机会均等	8. 残疾儿童少年接受15年免费教育的比例；9. 外来务工人员随迁子女与户籍学生享受同等待遇的比例；10. 提供多样化教育
	资源配置	11. 义务教育城乡、学校间条件均衡化比例；12. 非义务教育阶段学校公共资源供给；13. 困难学生受帮扶比例
教育质量度	学生综合素质	14. 思想品德与心理健康；15. 学业合格率；16. 体质健康合格率
	学校办学水平	17. 人才培养模式；18. 达到省定优秀标准的各级各类学校比例
教育开放度	资源共享	19. 学校、社会教育资源的开放和利用
	国际化水平	20. 参加国（境）外培训进修的教师比例；21. 参与国际合作交流的中小学校比例；22. 职业院校相关专业的核心课程与国际通用职业资格证书对接比例
教育保障度	投入水平	23. 财政教育支出预算增长比例；24. 财政教育支出占公共财政支出的比例；25. 全社会教育投入增长比例；26. 各类教育生均公共财政预算公用经费支出达到省定标准
	师资水平	27. 师德与专业能力建设；28. 教师学历比例；29. 生师比
	信息化水平	30.“三通两平台”覆盖率；31. 智慧校园比例
教育统筹度	布局与结构	32. 各类教育协调发展与互通衔接；33. 学校布局与规模合理；34. 中等以下学校达到标准班额的比例
	体制与管理	35. 公办学校多形式办学；36. 民办教育健康发展；37. 教育治理水平
教育贡献度	受教育水平	38. 新增劳动力人均受教育年限；39. 主要劳动年龄人口平均受教育年限
	社会服务能力	40. 技能人才满足经济社会发展需求；41. 中等职业教育毕业生就业率

续上表

一级指标	二级指标	监测点
教育满意度	对学校及政府的满意度	42. 学生、社会对学校的满意度；43. 学校对政府管理和服务的满意度

江苏从另外一个视角建立了教育现代化监测指标体系，其一级指标维度中的教育“普及”“公平”“质量”“开放”“保障”“统筹”“贡献”和“满意”充分考虑了教育的“价值取向”问题，并且按照价值取向维度来构建教育指标体系，值得借鉴。不过它也不完全按照价值取向来组织指标体系，如“教育保障度”“教育统筹度”等。此外，江苏县域教育现代化监测指标体系的评价指标内涵明确，可操作性强。

（2）浙江省县域教育现代化发展水平监测教育指标体系。

《浙江省2018年度县（市、区）教育现代化发展水平监测指标细则》的评价内容包括：优先发展、育人为本、促进公平、教育质量、社会认可5个一级指标；10个二级指标；46个监测点。此外，还设了2个反向扣分指标。

无疑，以江苏、浙江为代表的教育现代化指标体系存在以下共同特征。一是重视评价指标的现实意义，诸多评价指标指向的是教育改革发展中的思路，通过评价来引导教育改革发展。二是评价内容主要集中在政府对教育的保障和教育的公平、质量发展方面。三是重视开放办学，特别是国际教育交流，评价内容都出现了“教育国际化”方面的内容。四是开始重视社会认可，出现了“教育满意度”评价指标。

表1－5 浙江省2018年度县（市、区）教育现代化发展水平监测框架

一级指标	二级指标
优先发展	经费保障
	教师保障
	资源保障
育人为本	教育教学
	对外开放

续上表

一级指标	二级指标
促进公平	义务教育优质均衡
	教育协调发展
教育质量	教育发展水平
	学生发展
社会认可	满意度

自2004年开始，我国正式建立县级政府教育督导制度，其重要标志和依据是国务院转发教育部的《关于建立对县级人民政府教育工作进行督导评估制度意见的通知》。2014年国务院教育督导委员会办公室制定的《深化教育督导改革转变教育管理方式的意见》提出，国家要建立督促地方政府依法履行教育职责的督政体制，明确了教育督政四项工作任务。其中，督政对象包括县级政府的具体有三项，综合督导是其中重要一项。综合督导内容包括对地方政府在教育改革发展方面的资源供给、统筹规划、监督管理以及提供公共教育服务等履行教育职责情况的全面评价。在此要求下，全国范围内普遍建立起县级政府的教育督导制度，并构建了相应的评价指标体系。对县级政府发展教育评价还有一种常见形式是对县（市、区）党政领导干部履行教育职责进行督导或考核。县级党政领导履行教育职责考核是地方政府结合我国政治体制、教育管理体制实践的一种在制度层面创新实施的教育工作评价形式。尽管评价对象从组织转变为个人，根据我国政治体制及政府行政管理来看，地方政府在同级党委领导下开展工作，党政领导干部代表地方党委、政府。这种实践样态在各个区域实施的时间、形式、效果并不完全一致。从某种程度看，对县级党政领导干部履行教育职责进行评价也是对县级政府教育工作的评价。

在2004年公布的《关于建立对县级人民政府教育工作进行督导评估制度的意见》中明确规定，对县级人民政府教育工作的督导评估由省级人民政府负责。省级人民政府要根据本地教育发展和改革实际，突出重点，因地制宜地制订本地督导评估的实施方案和指标体系，并开展对县级人民政府教育工作的年度重点督查和任期内综合性评估。2012年颁布的《教育督导条例》规定：县级以上人民政府对下级人民政府落实教育法律、法规、规章和国家教育方针、政策的督导。因此，县级政府教育督政的主体既可以是省级人民政府，也可以是设区的地级以上市政府。因此，各个区域的县级政府教育督政教育指标不尽相同。下面以2017年福建省颁布的县级人民政府教育工作督导评估办法和标准指标体系为例。

表1-6 福建：县级人民政府教育工作督导评估框架

A级指标	B级指标
A1. 职责与治理	B1. 统筹管理；B2. 依法治教；B3. 监督指导；B4. 规划布局；B5. 安全稳定
A2. 条件与保障	B6. 依法投入；B7. 支出监管；B8. 其他经费；B9. 校园校舍；B10. 教学装备；B11. 教育信息化；B12. 师资配备；B13. 队伍管理；B14. 培训培养
A3. 结构与发展	B15. 学前教育；B16. 义务教育；B17. 高中阶段教育；B18. 特殊教育；B19. 终身教育
A4. 质量与水平	B20. 德育；B21. 智育；B22. 体育；B23. 美育

在前期试点基础上，上海市于2011年开始对区县政府教育现代化实施综合督政。综合督政指标体系包括6个一级指标、23个二级指标。评价主要内容：教育基本公共服务均等化情况；规范和完善学前教育发展情况；义务教育优质均衡发展情况；高中多样化、特色化办学情况；特殊教育全纳性发展情况；职业教育与学习型城区建设情况。随后，上海市出台推进区域教育现代化综合督政指标，对应综合督政的主要内容制定了评估标准。综合督政指标共有一级指标6项，包括教育公共服务、学前教育、义务教育、高中教育、特殊教育、职业教育与学习型社区建设。上海教育现代化综合督政评价呈现以下几个特点。一是强调县级政府建立科学的教育质量观，包括不以升学率或考试成绩排名为教育质量机制；更加重视教育公平，将“特殊教育”单列，在改善办学条件、建立特教康复中心、加强随班就读管理、开展医教结合研究等方面做了明确规定。这实质体现了在综合督政过程中的一种价值观。二是鼓励各县级政府结合推进区域教育现代化发展的实际，提出符合区域经济社会发展和具有区域文化特征的内容，如教育信息化、教育国际化等作为推进区域教育现代化发展的特色项目进行总结与申报。三是指标体系的构建逻辑。六大一级指标中，第一项“教育公共服务”的构建逻辑是地方政府承担的教育责任，包括教育工作机制、教育理念、社会教育氛围、教育经费投入、硬件资源配置、师资队伍建设等。另外五项一级指标划分的依据是根据不同的学段或种类。在此基础上制定每项二级指标的评估标准。此外，上海教育现代化综合督政试图让更多的教育利益相关者参与评价，在评估过程中开展公众满意度测评，鼓励公众、媒体的参与。

虽然不能等同于政府教育管理绩效评价，但政府教育督政制度与政府教育管理绩效评价在基本目的、重要功能、受评对象等诸多方面存在相同或类似点。首先，从评价目的看，这两类评价的重要目的在于让下级政府贯彻执行既定的教育方针、政策等，促进教育效率和教育质量的提高，从而达到教育目标。政府教育管理绩效评价的根本目的是通过绩效评价手段来达到教育目的，在目标上有高度的一致性，即“保证教育目标的实现”。其次，从评价对象看，这两类评价对象是地方政府，与政府教育管理绩效评价的对象具有高度一致。再次，从评价内容看，这两类评价的内容全面，既包括了教育投入，还包括教育产出，既关注了政府在基础教育发展中“做了什么”，同时也关注“做得好不好”，同政府教育管理绩效评价相似。最后，从评价主要功能看，这两类评价的主要功能是监督、引导，政府教育管理绩效评价同样具有这两方面功能。此外，从评价方法与工具看，随着测量与评估的兴起与发展，两类评价都综合运用多种评价工具，需要制定价值标准及完整的指标体系对教育活动做出评价，都是由专门教育评价机构按照严格程序进行组织实施，综合运用多种评价方法，对政府教育行为进行评价，都是作为监督地方政府教育工作的重要手段，促使教育目标达成。评价得到的结果在一定程度上与奖惩等利益相关联。从县域教育现代化评价和县级政府教育督政可以窥探对包括县级政府在内的地方政府教育评价的思想、理念、行为。

（二）“研究”类教育指标体系

受到全球教育指标热潮影响及政府决策需求向导，我国学界也开始关注研究教育指标体系。除对国际教育指标体系进行介绍研究外，学者也开始研究开发基于我国国情的教育指标体系且呈现出繁荣态势。其中，比较有代表性的包括教育现代化、区域教育发展及其他专题教育指标体系。其中，教育现代化指标体系分国家层面或普遍意义上的教育现代化指标体系，还有区域层面的教育现代化指标体系。从某种意义上看，教育现代化就是教育改革发展。因此，本研究将区域教育现代化指标体系归入区域教育发展指标体系中，教育现代化指标体系只讨论国家层面或普遍意义上的教育现代化指标体系。

1. 教育现代化指标体系

改革开放以来，教育现代化一直是我国教育公共政策的重要主题。学者们也从不同视角研制教育现代化指标体系，以评价推动我国教育现代化发展。谈松华、袁本涛认为教育现代化是一个不断实现的过程，并且由于社会现象的复杂性，纯粹用定性或定量的指标难以衡量教育的发展状况。在此认识基础上，他们构建了一个定性指标和定量指标相结合的、分阶段的教育现代化指标体系。其中，定性评价指标包括教育制度，教育思想与教育观念，教育内容、教育手段与设备，教育管理的制度化、理性化及教育决策的科学化，教师队伍强大、整体师资水平高等5个方面。定量指标包括15岁以上人口的识字率、平均预期受教育年限、中等教育的毛入学率、高等教育的毛入学率、每10万人口中的高等学校在校生人数、公共教育经费占GDP的比例、人均公共教育经费等7个方面，并确定了7个指标分别达到初级水平、中级水平、高级水平的具体目标值。谈松华、袁本涛所构建的指标体系以教育现代化理论为基础，将教育思想与理念现代化放在了重要位置，对教育制度、教育思想等进行定性评价。不过，需要面对的问题是此定性评价也难以做到客观。

董焱等构建了一个包括教育理念、体系建设、投入保障、管理制度、教育普及、教育质量、教育公平及服务贡献等8个一级指标的教育现代化指标体系。指标体系同样认可了教育理念重要性，并设置了评价指标。具体如表1－7所示。①

表1－7　教育现代化指标体系

一级指标	二级指标
教育理念	教育优先发展；实施素质教育；促进终身学习；推进科学决策
教育公平	义务教育均衡协调度；困难和特殊人群教育保障
教育质量	提高中小学学生综合素质；毕业生职业能力及就业水平；教育信息化水平
教育保障	经费投入水平；师资配置水平；办学条件水平；科学配置资源机制
教育管理制度	政府职能创新；贯通教育与社会及企业联系；现代学校制度建设；政策法规建设与执行
教育体系	教育内部衔接沟通；教育开放程度；学科专业结构适应性；继续教育便利性
教育普及	综合普及程度；基础教育巩固水平；学前教育发展
教育服务贡献	人力资源贡献；经济贡献；科技创新与服务贡献

① 董焱，王秀军，张珏．教育现代化发展评价指标体系研究［J］．教育发展研究，2012（21）：56－57．

李健宁等提出教育现代化指标体系框架的基本构想。该指标体系以开放的复杂巨系统理论为指导，将教育现代化系统（EMS）和“压力—状态—响应”框架模型结合起来①，值得借鉴。

2. 区域教育指标体系

刘晖等以“环境—保障—投入—过程—产出”为理论依据，构建了教育发展背景、教育发展保障、教育发展动力、教育发展效率与质量、教育发展水平与结果5个一级指标，15个二级指标，53个三级指标的城市教育现代化指标体系，如表1－8所示。② 刘晖等充分借鉴了国际教育指标体系，将教育发展放在经济社会发展的大背景下进行思考。

表1－8 城市教育现代化指标体系

一级指标	二级指标
教育发展背景	经济发展水平；人口背景；教育法律、政策、教育制度的制定
教育发展保障	教育法律、政策、制度的执行；教育法律、政策、制度的监督
教育发展动力	精神动力；物质动力；人员动力
教育发展效率与质量	教育效率；教育质量
教育发展水平与结果	教育的公平性；全民受教育水平；教育的开放性；教育对科技创新的贡献率；教育对经济增长的贡献率

王绽蕊在借鉴已有国际国内教育指标体系基础上，充分运用演绎法构建了区域教育发达程度衡量指标体系，如表1－9所示。③ 王绽蕊构建的指标体系对教育信息化予以了充分的重视。

① 李健宁，潘苏东．关于教育现代化指标体系设置的构想［J］．现代大学教育，2004（1）：11.

② 刘晖，熊明．城市教育现代化指标体系的构建［J］．教育发展研究，2007（9A）：35－36.

③ 王绽蕊．区域教育发达程度衡量指标体系的构建［J］．教育发展研究，2000（12）：21.

表 1-9 区域教育发达程度衡量指标体系

一级指标	二级指标
教育思想观念	教育、社会、经济、文化一体化观念；全民教育观念；教育发展观
教育投入	公共教育经费占 CDP 的百分比；公共教育经费占政府公共财政开支的百分比；本地区（国）公共教育经费占全国（球）教育经费投入的百分比；政府各级各类教育投入之比；教师人均工资在各行业中所占位次
教育发展速度	公共教育经费年增长率；中等教育在校生数年增长率；高等教育在校生数年增长率；研究生在校生数年增长率
全民受教育水平	成人识字率；人口平均受教育年限/预期受教育年限
各级各类受教育情况	学前教育毛入学率；初等教育毛入学率；中等教育毛入学率；高等教育毛入学率；每十万居民中的在校大学生数；每十万居民中的在校研究生数；普通高校在校生中专科生、本科生、研究生之比；在读留学生数；每十万居民中的大学教授数；特殊教育入学率
师资队伍水平	各级各类学校专任教师学历标准；各级各类学校专任教师学历合格率；各级各类学校专任教师高一级学历拥有率；各级各类学校生师比
教育效率和效益	各级各类学校在校生留级率；各级各类学校在校生辍学率；各级各类学校毕业率；教育对社会、经济、文化发展贡献率
教育信息化程度	各级各类学校生机比；各级各类学校计算机课开课率；各级各类学校上网率；各级各类学校教师的信息技术水平
教育法制化程度	教育立法的健全程度；教育执法的严谨程度；政府和公民法律意识的普及程度；教育执法监督机制的健全程度
终身学习体系	远程教育注册生数；成人年培训量；普通高校与成人高校在校生数之比

徐娅在明确教育指标体系的层次模型后，设计了一个包括教育的人口、社会背景，投入教育的财力和人力，受教育机会、参与和深造，教育机构的学习环境和办学条件，教育水平和质量 5 大一级指标，共 22 个二级指标，56 个三级指标的首都教育指标体系。徐娅所构建的教育指标体系，一是针对性强，所设计的指标是基于首都教育改革实践实际而来，符合首都教育特

点，能较为全面地反映某个具体区域教育发展规模、结构、质量、效益等方面情况。二是将教育指标体系分为教育监测指标、教育统计指标两个层次。统计指标体系属于基础性的统计指标，可以充分利用已有数据库的统计数据，为监测指标体系提供基础数据，为教育指标体系的可操作性提供了极大便利。① 原中央教科所课题组制定了发达地区基础教育现代化的发展指标体系，含教育投入指数、规模指数、成就指数和质量要求等四方面。② 但因为年代久远，其中的“小学教师大专化”“3~6岁幼儿入园率达到90%以上”等指标显然已不符合今日我国实际。

除构建国家层面或区域层面的教育指标体系，学者们对教育的其他领域也积极探索，开发指标体系进行评价，如创新创业评价指标体系、STEM教育项目评价指标体系、学前教育评价指标体系、职业教育现代化评价指标体系、高等教育现代化评价指标体系、教育信息化评价指标体系、教育公共教育指标体系、义务教育均衡发展等。可以说，构建指标体系研究在我国已成为一种教育评价的关键及常态，在我国呈现繁荣态势。鉴于这些指标体系的评价对象往往是教育的某个具体领域或某个具体项目，且其评价模式及具体方法也并没有超脱以上这些教育指标体系，因此，在本研究中不逐一阐述。

总体来看，我国学者开发的教育指标体系具有以下几个共同特点。一是教育指标体系受到系统模式影响较大。无论是“投入—过程—产出”模式，还是“投入—产出”模式，明显受到系统模式特别是CIPP模式影响。二是兼顾教情与国际可比性。教育指标体系一方面选取国际组织通用的教育监测指标，体现可比性，另一方面重点关注教育改革发展中的重点、难点和热点问题。三是体现定性定量指标的结合。指标体系是全部采用定量指标，还是全部都是定性指标，或定量和定性指标相结合，指标形式的不同决定了指标内容的选取原则不同，也决定了指标体系监测和实施方式的不同。从国际教育指标体系的设计来看，定量指标、定性指标相结合成为开发教育指标体系的主流及发展趋势。如数据可采集、可操作，则尽可能量化。四是设计具体评价时，都非常重视指标相关性、可比性和可预测性分析。但从目前研究及实践成果来看，对于教育现代化指标体系成果，还存在需要改进的地方，包括以下几点：重视单个指标的确立，缺乏建立指标体系的理论基础及数据模型；重视单个指标的罗列，缺乏指标与指标之间相关性的逻辑体系；从指标来源看，教育现代化指标多沿用国外包括国内现有常用统计指标，并未能考

---

① 徐娅. 首都教育指标体系研究［J］. 教育科学研究，2001（11）：14-19.

② 中央教科所课题组. 关于发达地区基础教育现代化发展水平若干指标的思考［J］. 教育研究，2001（10）：19-24.

虑到区域教育改革发展的不同特征。

四、文献评述

（一）指标体系的理论支撑

西方发达国家深受人力资本理论影响，早于两千多年前柏拉图的《理想国》就阐释了教育以及训练的经济价值。人力资本理论认为，人力资源是一切资源中最重要的资源。教育是一种投资，而且对教育投资所获得收益远大于物质投资。受此影响，以经合组织为代表的国际教育指标体系重视教育与经济的联系以及教育对经济社会的产出贡献，如设计“教育的经济收益”“教育的社会效益”“教育与经济之间的关系指标”等多项评价指标，这也和其理论基础—人力资本理论有着重要关联。人力资本理论为构建教育指标体系提供了崭新的视角。对教育的输入要有效转化为教育产出，转化为与经济活动密切相关的知识、技术及能力。将教育发展和人力资本结合起来，重视教育与经济社会的内在契合发展，这为构建教育指标体系提供了重要理论借鉴。联合国教科文组织也将“人口与国民生产总值”等背景评价内容作为一级指标列入教育指标体系。教育发展的规模、速度、结构等都必须考虑经济社会发展需求及前景。教育既有个体的价值，也有社会的价值，两者是统一的。比较来看，我国的教育指标体系通常比较关注教育系统内部的投入和产出，局限于教育系统内部。如何展现教育对经济社会的价值不仅是构建教育指标体系需要考虑，也是教育存在的重要价值所在。

（二）指标体系构建的概念模式

指标体系风靡全球，广泛存在于人类社会生活的各个方面。为了更好对教育运行状况进行监测，为教育决策提供信息数据，通过评价引导教育改革发展，各国政府及组织纷纷开发指标体系。但指标体系为不少人所广为诟病的是诸多所谓的“指标体系”只是指标的松散集合，并不是真正意义上的“体系”。教育指标体系的概念模式或评估模型指的是教育体系的基本分析框架，是构建教育指标体系的方法论基础。只有将评估模式和具体指标结合起来，才算是完整的教育指标体系。一些风靡全球、存在广泛影响的指标体系都建立在某种理论或评估模型基础上，如广为应用的 CIPP 模式、“投入—产出”模式等。教育指标的概念模式大致可分为系统模式（system-oriented approach）、演绎模式（deductive approach）、归纳模式（inductive approach）、目标模式（goal-oriented approach）及问题模式（problem-oriented approach）

等五种类型。① 综合国内外各类教育评价指标体系看，系统模式和演绎模式运用最为广泛，特别是系统模式。系统模式从系统观点进行分析，采取多层面角度探讨教育系统的相关因素，并进一步指出教育指标间的相互关系。使用该模式建构的指标体系容易理解，指标体系范围全面，能说明教育的整体发展情况。② 系统模式呈现为不同的具体样态，有的是“投入—产出”，有的是“投入—过程—产出”，有的是“背景—投入—过程—产出”，但原型多为约翰斯通的“投入—产出”系统模式并在此基础上进行发展。其中，又以经合组织指标体系所采用的“背景评价（context evaluation）—输入评价（input evaluation）—过程评价（process evaluation）—结果评价（product evaluation）”，简称CIPP模式的影响力最为广泛。联合国教科文组织所开发的教育指标体系也遵循“输入—过程—输出”系统模式。联合国教科文组织教育指标体系先确定理论框架，接着通过演绎方式形成指标集，然后采用归纳方法对已有指标进行筛选、整理和再加工，在此基础上最终形成指标体系。具体内容包括教育供给（资源）、教育需求、入学与参与、内部效率以及产出等五部分。③

系统模式在高校教育绩效评价指标体系应用也最为广泛。采用系统模式构建教育指标体系的优点是理论性强，评价指标之间具有较强逻辑关联性，如教育投入与教育产出的逻辑，能全面描述教育发展状况，特别是描述教育发展的经济社会背景信息。但另一方面，系统模式其本质是经济学思维，将教育系统看作是“输入—产出”的一个资源的利用过程，强调的是效率、效益及产出结果等，但忽略作为关注“人”的教育事业有其自身的规律。用经济学的视角来分析教育，不可避免地容易忽视教育的本质特别是人的培养。

另外一种常用的模式是演绎模式。演绎模式顾名思义就是将概念指标逐层逐级细化、具体化，从而构建得到指标体系。演绎模式通常先以一个评价指标为核心概念，围绕概念的内涵逐层分析，并将概念逐步细化并实现可操作化。一般地，演绎模式的教育指标体系在制定评价指标时，重点参考相关政策规定以及已有的文献或评价指标。演绎模式无须复杂的理论，容易操作，在我国应用广泛，许多教育现代化指标体系就是应用演绎模式构建的。但另一方面，由于概念存在内涵和外延模糊性问题，很难将概念科学细分为几个互不交叉、逻辑严密的层次，因此，演绎模式实质缺乏一个稳固的评价

---

① 孙志麟．教育指标的概念模式［J］．教育政策论坛，2000，3（1）：132.

② CLIMACO C. Getting to Know Schools Using Performance Indicators：Criteria，Indicators and Processes［J］．Educational Review，1992，44（3）：295－308.

③ 徐玲．国际教育指标体系的分析与思考［J］．教育科学，2004，20（2）：18－21.

模型，指标与指标之间逻辑性不强，随意性也较大。此外，演绎模式在实践中还存在诸多教育指标体系并不是真正意义上的“体系”，而是将不同的指标堆放在一起组合而成，并没有建立教育指标体系的概念框架。这在我国的教育指标体系中表现较为明显。此外，国际教育指标体系多是反映教育从投入到过程再到产出完整过程。比较看，我国教育指标体系比较重视教育的“投入”和“产出”两部分内容，没有反映教育过程，缺乏绩效指标、过程指标。

（三）指标体系的价值选择

在各种教育评价指标中，评价理念、评价框架及指标体系纷繁复杂，各不相同。尽管无论是评价主体还是评价对象均重视“评什么”（指向评价内容和指标体系）和“怎么评”（指向评价程序和方法），但都缺乏对价值取向或价值标准问题的深入思考。在构建教育指标体系过程中，一般的思维路径是明确评价对象及目标后，重点考虑的是采用何种评价模式及在此基础上收集并编制评价指标。尽管有少数教育指标体系已开始将价值问题作为评价指标提出，但整体看还是存在缺乏系统、深入思考选择评价指标的价值意义，目前研究成果没有研究特定政府层面、特定领域及特定项目的价值问题。

指标体系就是价值体系。尽管指标体系本身不可能做出价值选择，但指标体系却是价值元素的载体，体现了评价者的价值选择和价值取向。从收集的文献看，教育评价指标作为提高教育服务效率、质量及提高教育产品输出的重要手段，聚焦于生产绩效，目的是尽可能在一定资源投入情况下节约成本，得到更多教育产品及教育服务，核心是讲究“投入—产出”比。究其实质，评价追求的是新公共管理运动所秉持的思想，借鉴的是企业管理技术、方法，将企业管理中的质量意识、效率意识及服务意识运用到教育评价中来，其本质是一种技术工具，追求的是工具理性，带有明显的管理主义特征，但效率效益并不是公共利益的全部。追求教育投入的高产出是政府运用指标进行评价的核心，其最终目标是教育的规模、质量、效益得到增长。

（四）构建教育指标体系的具体方法及其他

构建教育指标体系的过程中需要运用一定的技术方法。技术方法都是为达成目标而服务的，不同教育指标体系运用到的技术方法并不完全相同，但归纳起来，基本上可以分为定性、定量两大类。其中，定性分析法包括文献分析法、德尔菲法、头脑风暴法、提名小组法等。定量的方法包括层次分析法、问卷调查法、回归分析法、主成分分析法等。随着数学与统计学科的不断发展，更多的科学量化方法被应用到教育指标体系的构建当中，包括数据包络分析方法、平衡计分卡法、模糊数学法、层次分析法等多种方法。一般地，在对教育指标体系进行权重设计时多采用德尔菲法，利用专家的认识、经验对指标权重进行打分。

无论是经合组织、联合国教科文组织还是世界银行的教育指标体系，都是定量的评价指标居多且对数据来源有一定要求。以世界银行教育指标体系为代表，每个评价指标的具体呈现方式都是一个词语且大多可量化。综合来看，我国教育指标体系构建中依靠主观经验的偏多，经常出现带有主观性、陈述性表达的具体评价指标，难以操作，更难以科学量化。如设计“实施素质教育”一级指标后，具体的评价指标包括坚持以人为本、坚持德育为先、坚持能力为重、坚持全面发展等；还有“教育法律、政策、制度的执行”“教育法律、政策、制度的监督”等。无疑，这样的指标评价实践难以操作。进入大数据时代，人类社会的数据规模急剧增长，复杂多样，海量数据大量呈现为构建指标体系提供了更多的可能与契机。如何开发科学且易于操作的评价指标是决定指标体系能否在实践中应用的重要因素。

第二章　理论基础及研究分析框架

第一节　理论基础

理论基础是支撑开展研究的理论体系，选择契合的理论才能对开展研究起到科学的指导作用。公共价值管理理论无疑是支撑本研究的核心理论，但单一运用公共价值管理理论并不足以指导本研究的开展。一方面，新公共管理理论是绩效评价重要的理论思想来源。另一方面，公共价值管理理论的产生是治理理论不断发展、认识不断深化的结果，是治理理论的进一步拓展。① 公共治理理论是一个理论的丛林，包括了整体性治理理论、网络化治理理论、新公共服务理论、数字治理理论等。这些理论的基础、价值主张、理论范式不尽相同且又相互支撑，共生推动治理理论发展，对公共价值管理理论形成也起到了重要作用。因此，在深入认识公共价值管理理论前，有必要清晰了解新公共管理理论和治理理论的发展历史及基本思想。

---

① 何艳玲．“公共价值管理”：一个新的公共行政学范式［J］．政治学研究，2009（6）：65.

一、新公共管理理论

（一）主要内容及思想

20 世纪六七十年代，西方国家普遍面临着经济社会发展滞胀、政府机构规模不断扩大、财政开支持续扩张、行政效率低下等诸多问题，社会民众对政府的不满情绪日益上升。针对传统公共行政模式所造成的政府僵化、失效所带来的公共产品供给问题，20 世纪 80 年代，英、美等西方发达国家发起了一场声势浩大的政府改革运动。这场运动以“3E”即 Economy（经济）、Efficiency（效率）、Effectiveness（效益）为价值导向，主张以市场方式解救政府失灵，提倡市场化、绩效评估、目标管理，主张将企业管理引进政府服务，鼓励通过竞争改变公共管理。这场政府变革运动对公共行政发展具有重要历史意义，其推行的系列改革措施如行政成本降低、公共服务意识能力提升、服务民众意识提高等，对公共管理理论发展及政府改革实践产生了重要影响，并逐步扩展到西方其他国家并影响了世界各国政府。在此社会背景下，新公共管理理论应运而生。

新公共管理理论是一个理论丛林而不是一种单一的理论学说，其来源于经济学理论及企业管理理论，糅合了公共选择理论、新制度经济学、交易成本理论等多种理论流派，是“一个为方便起见而做的标签”①。毛寿龙认为，新公共管理是将私人企业的管理办法运用到公共部门，而不是通过完善官僚制，加强责任与监督的办法来改善行政绩效。② 休斯认为新公共管理有以下 6 个特征：注重结果和管理者责任；强调组织与人员调配的弹性；强调改善的财政管理；提出购买者与提供者的分离与新合同主义；注重管理者与政治官员之间的互动关系、管理者与公众之间的直接责任关系；强调竞争性、重视对私营部门管理方式的运用。③ 胡德将新公共管理特征归纳为以下 7 个方面：注重让专业管理人员来管理；注重明确业绩评估的标准，设置业绩目标，注重测量方法；强调结果而不是过程；公共领域的各个单元需要分割得更小；鼓励公共管理领域内的竞争，包括使用合同方式；主张在管理实践中

---

① HOOD C. A Public Management for All Seasons [J]. Public Administration, 1969, 69 (1): 3.

② 毛寿龙，等. 西方政府的治道变革 [M]. 北京：中国人民大学出版社，1998：300.

③ 欧文·休斯. 公共管理导论 [M]. 张成福，王学栋，等译. 北京：中国人民大学出版社，2008：64－71.

借鉴运用私营企业的方法；强调节约资源，限制公共部门资源需求。① 新公共管理理论观点丰富繁多，其基本思想理论观点包括以下几点：提倡市场化的管理方式，认为公共部门也同样可以引入市场竞争机制，通过竞争解决效率低下问题；认为公共部门和私人企业并没有本质区别，主张政府或公共部门应广泛借鉴运用企业管理理念、技术与方法，如战略管理、绩效工资、目标管理等，减少行政管理人员，提高效率，实现全面质量管理；允许非公共部门参与公共产品的生产，实行公共服务社会化；鼓励采取绩效评估方式衡量成本与收益，从而提高生产效益；等等。在政府职能方面，新公共管理理论认为政府所扮演的角色应是"掌舵"，而不是"划桨"。因此，主张政府从一些具体做不好、做不了的事务中退出来，这样才不会削弱政府的决策能力。相应地，政府职能应进行调整，包括减少对企业及社会的直接干预，在社会服务中引进竞争机制，主张分权，将决策权、执行权相分离，等等。

（二）对本研究的启示

绩效评价的根本思想及理论基础来源于新公共管理理论，它为本研究提供最基础的理论思想借鉴。

第一，新公共管理以结果为核心导向的评价为开展政府教育管理绩效评价提供了理论基础。新公共管理强调绩效意识及政府责任，主张借鉴非公共部门管理，重视衡量成本与收益，从而不断对管理方式进行改善。我国政府承担着基础教育绝大部分体量的公共产品，对教育投入巨额的经费及资源。由政府提供教育公共产品与服务，不可避免带来效率意识不强、行政管理机构臃肿等问题。如何科学利用好社会创造的财富，更好地促进人的发展和教育产出是首要的，以效率为核心价值取向的新公共管理理论无疑能为政府教育管理绩效评价带来新的改进，尽可能避免相对单一的政府提供公共产品机制的先天缺陷与不足，包括实施政府教育权力清单、精简改造办事流程、推行网上办事等等。

第二，新公共管理理论为开展政府教育管理绩效评价提供了新的思维范式。新公共管理理论强调"服务"和"顾客至上"，主张政府服务的对象如同私营企业服务的"顾客"，只有"顾客"的利益得到满足，组织的价值才能体现。因此要坚持"顾客导向"，根据服务对象多样化需求提供高质量的服务。新公共管理理论提倡的服务意识及顾客导向为政府教育管理绩效评价打开了一扇窗。传统的政府教育工作评价多为上级对下级单向的内部评估模

---

① HOOD C. A Public Management for All Seasons [J]. Public Administration, 1969, 69 (1): 3－19.

式，重点是评价地方政府做了什么、是否达到政策要求，而往往忽视教育服务的对象——学生及家长。当然，我国教育督政评价也逐渐将“群众满意度”引入评价内容中。

第三，新公共管理理论倡导的政府职能观对科学界定政府教育职责有指导意义。新公共管理理论认为，政府管理的职能不应是“划桨”，而应该是“掌舵”，政府需要从烦琐复杂的具体事务中，解决行政效率低下等问题。重塑政府角色，科学界定政府教育职责，是开展政府教育管理绩效评价的前提。在我国，政府的教育职责究竟是什么，哪些是必须做的，哪些应成为负面清单，以及政府如何扮演好“元治理”角色，等等，有诸多方面还有待澄清。借鉴新公共管理理论做好教育管办评分离，可以促进政府以更有效率效益的方式提供教育公共产品及服务。

第四，从价值取向方面看，新公共管理理论的核心价值主张为政府教育管理绩效评价提供了基本遵循原则。一是主张效率、效果、效能，相信市场和私营企业的管理方法，倡导将市场竞争机制引入公共产品及服务的提供中来，以提高公共产品及服务的质量。二是主张“顾客”导向，将社会公众看作是“顾客”，以“顾客”需求为目标，强调“顾客”满意。

不过正是由于过于单一强调市场价值取向，缺乏公平、民主等价值，以格林沃德、英格拉姆为代表的学者开始意识到新公共管理理论的视野仍然封闭，所推动的政府改革限于政府内部，并开始对新公共管理进行理性批判，认为新公共管理理论没有意识到公私部门的界限问题，忽略民主、公平等，随着社会发展暴露出诸多局限性，隐藏着“合法性”危机等问题。随着社会发展，新公共管理理论后来也受到诟病及批判并逐渐让位于治理理论。

二、治理理论

（一）主要内容及思想

“治理”一词由来已久，但真正意义上的现代“治理”概念兴起于20世纪80年代，伴随着后现代主义、后工业化和全球化而生。新型社会结构的变迁孕育了新的思想。与此同时，风险社会的到来使人与人、人与自然都处在不可预设、控制的风险之中，西方国家又面临政府和市场的双双失灵，治理理论在此背景下应运而生。一般认为，在公共产品的供给中存在政府和市场两种机制，在历史实践中，这两种机制随着各自产生效果的好坏不断此消彼长，但似乎无论哪种单一的机制或结合的机制都无法很好解决公共产品的供给问题。在此环境下，学者们试图找到第三条道路，促使了治理理论的孕育产生。詹姆斯·N. 罗西瑙（J. N. Rosenau）、格里·斯托克等学者倡导了不同于传统的"统治""管理"的新治理运动并很快席卷了西方。世界银行于1989年使用"治理危机"一词，是可追溯的最早提出的现代意义上的"治理"概念。随后，这一概念在政治学、公共管理、公共行政等领域迅速多频次出现，受到广泛关注，并在实践中对世界各国政府管理实践产生重大而深刻的影响。

"治理"对应的英语是"govern"。罗西瑙认为"治理"是一系列活动领域里的管理机制，虽未得到正式授权，却能有效发挥作用。[①] 俞可平将"治理"定义为官方的或民间的公共管理组织在一个既定的范围内运用公共权威维持秩序，满足公众需要。治理的目的是在各种不同的制度关系中运用权力去引导、控制和规范公民的各种活动，以最大限度地增进公众利益。[②] 格里·斯托克总结的关于治理的五个论点颇具代表性。第一，治理是出自政府组织但又不限于政府的一套进入公共政策过程的社会公共机构和行为者。第二，治理意味着在为社会和经济问题寻求解决方案的过程中存在着界限和责任方面的模糊性。第三，治理肯定了在涉及集体行动的各个社会公共结构之间存在着权力依赖。第四，治理指社会中各类行为者网络组织的自主自治管理。第五，治理意味着办好事情的能力并不只在于政府的单一的权力和力量，也不在于政府是否下命令或运用其权威，而在于政府与公民社会之间广泛的社会联系，在于政府运用新的治理工具和技术来引导其发展。[③] 1997年，联合国在《分权的治理：强化以人民为中心的发展能力》的报告中概括了当代治理运动所追求的善治的15项核心理念，包括参与、公开、透明、回应、公平、责任、合法性等。

治理理论基于国家、政府、社区、组织的新变化，积极主张多中心、分权、授权、协商等要求参与社会事务的价值诉求，倡导更多的各类不同组织同政府一起积极参与社会事务治理，其实质反映了社会公共事务发展不同于以往"统治""管理"的一种不同的社会治理潮流范式。作为一个理论丛林，治理理论的代表性理论如整体性治理理论、网络化治理理论、新公共服务理论等在理念、价值主张、结构、愿景上都有其侧重，但无疑这些理论存在互补且其根本立场及价值取向根本方向存在一致性。如倡导主体多元化以

---

① 詹姆斯·N. 罗西瑙. 没有政府的治理［M］. 张胜军，刘小林，译. 南昌：江西人民出版社，1995：5.

② 俞可平. 治理和善治引论［J］. 马克思主义与现实，1999（5）：5.

③ 俞可平. 权力政治与公益政治［M］. 北京：社会科学文献出版社，2003：130－132.

及多中心化，认为在社会公共事务中，绝非只有政府一个主体，而是存在诸多私营机构、非政府组织、公民等多个决策中心；主张治理主体多元，非权力机构、个人、组织等都可以成为治理主体；政府不再是唯一的决策者，是重要参与者且权力有限，认为凡是交给公民及其他组织能做好的事，政府就无须插手；在治理方式上，既有正式的法制管理，也有民主协商谈判，非正式的协议、措施等同样发挥作用；合作、协商取代了原来单一向度的统治或控制；等等。

（二）对本研究的启示

同新公共管理理论追求组织内部的效能提升不同，治理理论寻求的是政府组织外部的改革，致力于政府同各种社会组织之间的协同合作来解决社会问题，从而达到提升社会治理的效果。治理理论强调的多元主体参与从根本上为公共行政带来了不一样的价值选择。

第一，“多元主体”参与治理为开展政府教育管理绩效评价提供了一种全新的视角。传统管理学或行政学研究的关注重点在政府组织，采用政府和社会两分法，权力运行是单一向度的。而治理理论则认为政府不再是唯一权力中心，公共组织、非政府组织、私人团体、社会、个人等都是社会治理的参与主体。既然政府不再是唯一的权力中心，就要求将原先由政府包揽而向可以由其他组织或个人承担的权力和责任转移。治理强调过程中的上下互动，其权力是多元的，治理所拥有的管理机制是合作网络的权威，强调不同主体的合作、协商，从而达到共同利益。因此，政府在教育治理中应该担当什么样的角色，承担什么样的职责都发生了重要转变。在治理语境下，参与教育治理的主体更加多元、角色更加多样，组织与组织之间、组织与个人之间等各种主体交织。政府组织结构发生着深刻变革，政府职能也随之发生转变，究竟政府在教育的在哪些领域发挥作用，发挥多大的作用，如何发挥作用，等等，都有待研究。治理理论强调管理对象的参与为创造公共价值提供了路径，构建教育事业发展多元主体治理模式是提升县级政府教育管理绩效的有效路径。

第二，“崇尚责任”可以强化县级政府发展教育的主体责任意识。责任是民主政治和公共行政的核心问题。威尔逊指出，权力及其使用权力的严格负责态度是良好政治的主要内容。① 在达到共同的目标过程中，治理的各个主体都要求履行“自己的承诺”。尽管强调多元主体参与治理，但鉴于我国

① 威尔逊. 国会政体［M］. 熊希龄，吕德本，译. 北京：商务印书馆，1986：156.

的社会组织及民众参与治理意识能力现实，政府在某种意义上起着“元治理”作用，在提供教育产品或服务中更是如此。县级政府是基础教育特别是义务教育公共产品的绝对体量的提供者。所以，县级政府在教育改革发展上的责任非常重要。教育责任或教育职责是政府绩效好坏的前提，能有效解决政府提供教育公共产品职责意识不强的问题。

第三，“战略导向”为县级政府科学制定教育管理绩效目标提供方向。尽管治理的主体多元，但无疑各个参与社会治理主体的根本目标一致。治理理论所倡导的战略导向对县级政府科学制定教育管理绩效评价的目标具有借鉴指导意义。传统政府管理建立在“条”“块”分工基础上，强调“本位主义”、技术导向，容易造成墨守成规、照章办事、路径依赖。治理理论认为，在面对更为复杂的经济社会发展环境以及更多主体参与社会治理时，制定战略规划和长期愿景才是政府所应做的。政府要在社会中起到“掌舵”的作用，通过战略规划引导社会朝着既定目标前行。因此，制定科学合理的教育发展目标成为提升县级政府教育管理绩效的关键。

价值选择是公共行政不同理论派别的灵魂。治理理论为我们提供了更为丰富且多元的政府教育管理绩效评价的价值标准，特别是民主成为不同派系治理理论的核心价值诉求。无论是新公共服务理论、网络治理理论都强调了多元主体共同参与治理，不同主体之间地位平等。登哈特也明确表示“我们应该把民主放在第一位”。治理理论认为，政府和社会之间进行权力分配，公民权利、公共利益、分权是治理理论的重要思想，治理理论鼓励非营利组织、公民自治组织、社区组织等不同主体参与公共事务决策并承担相应责任。公共行政人员必须建立一个集体共享公共利益的观念，目的不是在个人选择的驱动下迅速找到解决的办法，而是创造一个利益共享、责任共担的机制。① 其实，公共利益、公民权利都是民主价值的延伸化、具体化。从某种意义上看，治理理论和新公共管理理论的最大不同是价值取向的不同。尽管治理理论也吸收、借鉴、延续了新公共管理理论的工具理性，但无疑，治理理论偏重价值理性，在继续延续工具理性的同时将价值理性放在了更为重要的位置。

① 顾丽梅. 新公共服务理论及其对我国公共服务改革之启示［J］. 行政学研究，2005（1）：40.

三、公共价值管理理论

（一）主要内容及特征

理论的产生及发展都是为了符合时代社会发展所需。新公共管理理论的产生及发展源于西方国家普遍出现的经济衰退，受困于财政收入减少，并且政府自身机构臃肿、效率低下，受到了社会普遍质疑及抨击。而治理理论的出现则是对长期以来漠视公民权利、公共利益的现实的一种价值回归。随着时代发展新公共管理理论也日渐式微，1995 年，马克·莫尔所著《创造公共价值：公共部门的战略管理》的问世代表公共价值管理理论正式开始确立。莫尔认为，组织的全部使命和目标必须由组织中重要的“公共价值”所决定。① 公共价值是后公共管理时代理论丛林中的重要理论，是继传统公共行政、新公共行政、新公共管理后，被视为一种全新的公共管理及研究范式，回应了新公共管理的理论困境，并与治理理论的核心理念包括多中心治理、网络化管理等核心理念高度契合。公共价值管理理论逐渐成为近年来西方公共学界探讨的热点。② 包括马克·莫尔、巴里·波兹曼（Barry Bozeman）、格里·斯托克等知名公共管理学者纷纷开始关注并投身到研究公共价值中去。国际学术期刊纷纷将公共价值管理理论作为讨论热点，2009 年的《国际公共行政评论》、2012 年的《公共行政评论》与 2014 年的《公共行政评论》先后组织了对公共价值的专刊讨论。从公共价值管理理论发展看，我国对公共价值管理理论的关注是近十几年的事，直到 2016 年莫尔所著《创造公共价值：公共部门的战略管理》一书才在我国正式出版发行。

马克·莫尔的公共价值理论带来了一种新的公共行政哲学。进入 21 世纪后，公共价值理论影响力开始逐渐显现。波兹曼、本特利（Bentley）、斯托克、巴贝尔（Barber）、奥尔福德（Alford）等一大批学者开始关注、研究并涉猎其中，发表了有关公共价值诸多有影响力的见解，形成一系列学术成果，如斯托克的《公共价值管理：网络化治理的新叙事?》、波兹曼的《公共价值理论：“三大问题”》等。与此同时，马克·莫尔本人也并没有停止对公共价值的继续思考，并于 2013 年出版另一本研究公共价值的专著——

---

① MOORE M H. Creating Public Value：Strategic Management in Government [M]. Cambridge，MA：Harvard University Press，1995：71.

② WILLIAMS L，SHEARER H. Appraising Public Value：Past Present and Futures [J]. Public Administration，2011，89 (4)：1367 - 1384.

《认知公共价值》。自此，公共价值开始深刻影响公共行政学发展，并在传统公共行政管理、新公共管理、新公共服务基础上前行发展，成为西方公共管理理论研究的前沿领域并形成一种新的公共行政学范式。有关公共价值研究的专业学术团队也出现了。2008 年，乔根森、波兹曼、罗格斯（Mark R. Rutgers）共同发起组建国际公共价值研究学术共同体，每两年举行一次研讨会。

公共价值管理理论的出现受到了广泛赞誉，斯托克认为公共价值理论是继传统公共行政管理理论、新公共管理理论之后出现的一种新的公共行政理论范式。斯托克、盖尔文、穆尔斯、奥弗林、布莱森等学者纷纷将相关理论与公共价值理论进行比较。韩兆柱、郭红霞在以上学者的研究基础上，对传统公共行政、新公共管理与公共价值管理三者之间存在的主要异同做了全面而系统的比较梳理，认为公共价值理论有以下观点及主张。在产生背景方面“关注市场、政府、第三部门以及公民社会的失灵；不平等状况加剧；网络治理和协作治理的加强；不断发展的信息技术”；在权力运作方面进行“扩大授权”；在理论背景与方法论方面，运用的是“民主理论、公共管理与非营利组织管理理论，以及实证、诠释、批判等多样化的研究方法”；管理者角色方面是“积极的姿态有意识地传递和维护整体的网络治理能力”；认为公众是“公共问题的解决者；发现和创造公共价值的合作者”；关键目标是“关注公民关心的问题，及时做出回应；服务传递系统的建设”；管理目标是“多元目标；对公民偏好的回应、获得公民信任；网络机制建设维护；满意度、服务产出”；人性假设是“反思理性的复杂人”；运作原则是“政府整合性运作”；责任实现模式是“多元责任模式包括作为政治监督者的公民、作为使用者的顾客、作为基金投入者的纳税人”；对公共利益公共价值的界定是“个人和公众通过政治协商的结果，在对要求和机会成本进行审慎思考后提出”；关注的价值是“关系、效率、效益、民主”；关键的推动力是“创建公共价值的使命感和相互学习的承诺”；对公共服务精神的认知是“没有哪个部门或环节垄断公共服务；通过分享共同的价值导向来维持关系是最重要的”；公共服务提供体系是“弹性选择，没有任何组织可以垄断公共价值的创造”；对民主进程的贡献是“提供对话机制，通过整合所有要做的事情，使互动持续的民主交流成为核心”。[①] 以上理解从公共价值产生的理论背景、关键目标、概念的界定等全面、简要梳理了传统公共行政、新公共管理与公共价值管理三者之间的异同，系统阐释了公共价值的主要观点及

---

① 韩兆柱，郭红霞. 公共价值管理理论的研究进展与前瞻［J］. 河北大学学报（哲学社会科学版），2017（6）：120－121.

主张，对我们系统全面认识公共价值大有裨益。但同时，以上理解对公共价值自身所关注的价值还过于狭隘，认为是“关系、效率、效益、民主”。在“3E”的价值取向基础上单单增加“民主”显然无法和公共价值其多元价值取向相匹配。何艳玲对公共价值的理论主张所做的提炼概况也受到广泛认同，她认为公共价值的理论主张主要包括关注集体偏好、重视政治作用、推行网络治理、对民主与效率关系的新主张以及全面应对效率、责任和公平等多元价值五大方面。① 尽管视角不一，理解不同，但公共价值管理理论是一种全新的理论范式实际上已成为共识。

（二）结构与分类研究

公共价值是价值元素的集合。诸多不同价值元素是以一种什么样的结构存在，不同元素之间关系、先后顺序究竟怎样，还有待厘清。由于概念的外延往往具有交叉，诸多价值元素往往具有相似性。波兹曼也认为，价值结构中就包含相近性（proximity）的特征。因此，对公共价值进行分类并不是一件容易的工作。费格（Feger）指出，分类的主要目的就是要找到一种结构。②公共价值是由价值元素组成的“价值集合”，单一价值元素并不是以孤立形式存在，而是同其他价值元素结合在一起以某个价值元素结构的方式进行呈现。例如民主往往不是孤立的存在，而是需要与效率、公平等其他价值元素一起以某种方式呈现，而且这些价值元素往往存在不同的层级或因果关系等。

对公共价值内容结构的解析，为测量公共价值提供了重要基础。在已有的分类研究中，彼得罗夫斯基（Piotrowski）和罗森布鲁姆（Rosenbloom）将绩效中的价值区分为任务性价值和非任务性价值。③ 瓦尔多（Waldo）将公共价值分为由经济、效率、效益等术语加以表述的硬性价值，以及与家庭和社区养成相联系的柔性价值。④ 范·瓦特（Van Wart）则将公共价值划分为个体公共价值、专业公共价值、组织公共价值、法律公共价值和公共利益公

---

① 何艳玲．“公共价值管理”：一个新的公共行政学范式［J］．政治学研究，2009（6）：62－68.

② FEGER H. Classification：Conceptions in the Social Sciences［M］//SMELSER N J，ALTES P B. International Encyclopedia of the Social & Behavioral Sciences. Amsterdam：Elsevier，2001：1966－1973.

③ PIOTROWSKI S J，ROSENBLOOM D H. Nonmission－Based Values in Results-Oriented Public Management：The Case of Freedom of Information［J］. Public Administration Review，2002，62（6）：643－658.

④ WALDO D. The Enterprise of Public Administration：A Summary View［M］. Novato，CA：Chandler & Sharp Publishers，1992：1－210.

共价值。① 克纳汉则将公共价值划分为四种类型：道德伦理价值、政治民主价值、专业价值和公民价值。② 他认为，这四种类型的价值就是评价并改进政府行为的价值标准。比较而言，波兹曼、福克纳则基于文献对公共价值进行了分类。波兹曼等对 1990—2003 年间关于公共价值研究的 230 篇文献的系统梳理，辨认了 72 种公共价值以及 7 种公共价值类型，组成"公共价值宇宙"（public values universe），包括与公共部门对社会贡献相关的价值、与社会利益向公共决策转化相关的价值、与公共管理者和政治家的关系相关的价值、与公共行政与环境的关系相关的价值、与公共行政内部组织相关的价值、与公共管理者行为相关的价值、与公共行政和公民的关系相关的价值。③ 福克纳和考夫曼运用循证研究中系统评价的方法广泛检索、筛选公共价值测量的文献，对最终纳入的 19 篇文献进行主题综合，发现现有的公共价值测量研究可以归纳为结果实现、信任与合法性、服务供给质量和效率四个维度。④ 以上两种分类方法基于大量文献，采用了归纳法等科学方法对公共价值分类做出探索。比较而言，这两种分类方法更有说服力。

我国学者也对公共价值分类开展了研究。孙斐根据概念的主要范畴，按照与政府组织对社会贡献相关的价值、与公务员行为相关的价值、与政府组织运行相关的价值、与上级政府互动相关的价值、与外部环境互动相关的价值、与公民互动相关的价值等 6 个维度对 15 个相对独立的价值概念进行分类。⑤ 王学军等基于文献梳理，通过词义分析，将公共价值区分为结果主导的公共价值和共识主导的公共价值。⑥ 不同的学者依据不同的标准、方法对公共价值进行分类尝试，有的分类基于直觉、经验，有的基于文献梳理、词义分析等科学方法。

---

① HOOD C. A Public Management for All Seasons? [J]. Public Administration, 1991, 69 (1): 3-19.

② KERNAGHAN K. Integrating Values into Public Service: The Values Statement as Centerpiece [J]. Public Administration Review, 2003, 63 (3): 718.

③ JØRGENSEN T B, BOZEMAN B. The Public Values Universe: An Inventory [J]. Administration & Society, 2007, 39 (3): 354-381.

④ FAULKNERN, KAUFMANS. Avoiding the Oretical Stagnation: A Systematic Review and Framework for Measuring Public Value [J]. Australian Journal of Public Administration, 2018, 77 (1): 69-86.

⑤ 孙斐. 地方政府绩效评价的价值分类及结构 [J]. 兰州大学学报（社会科学版），2018 (4): 138.

⑥ 王学军，张弘. 公共价值的研究路径与前沿问题 [J]. 公共管理学报，2013 (2): 126-135.

还有学者认为，由于公共价值本身具有多样性、冲突性、交互性，价值元素不仅存在相互模糊的状态，而且可能发生冲突。因此，对公共价值进行分类不太可能。① 的确如此，由于价值元素的概念抽象，不同价值元素的概念内涵之间可能存在重合或交叉，有的还存在多元复杂互动关系。因此，对由不同要素构成的公共价值进行完全标准化的分类确实是一个难题。但无疑，对公共价值元素的结构及分类研究有助于我们进一步认识公共价值的元素组成及互动，有助于进一步探析其复杂概念逻辑背后的内在景象。

（三）理论模型研究

莫尔将公共价值创造作为公共管理的使命，并根据战略目标提出了以公共价值为核心的公共部门的“战略三角”（The Strategic Triangle）理论模型，成为公共部门战略管理的重要框架。战略三角理论模型包含三要素：价值、运作能力、合法性与支持。其中，“价值”指向组织的价值目标，即要实现的价值具体内容；“运作能力”指向的是组织达成实现价值目标的能力；“合法性与支持”指向公共价值实现的合法性来源，如政治授权或民众支持。管理者需要做的是在这三个方面达到一定的平衡。莫尔的战略三角理论意义重大，在某种程度上阐明了政府的根本追求：实现价值目标、提升达成价值目标的能力以及寻求民众的支持。三个因素截然不同却互相依存，是创造公共价值的必要条件。战略三角模型从组织层面为公共管理者的战略分析、管理与诊断提供了一种有效的框架。②

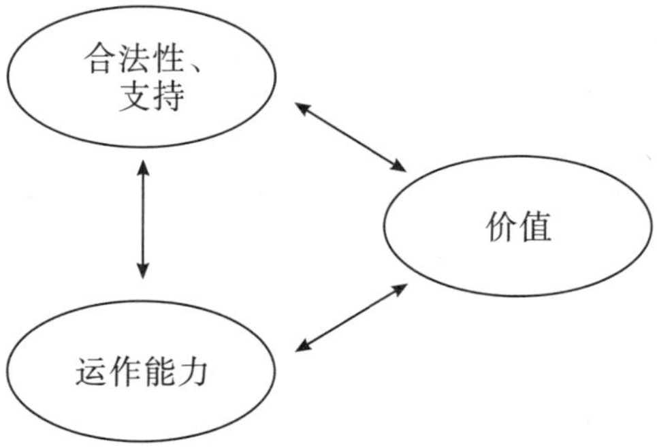

图 2－1　莫尔的战略三角模型

---

① WAL Z A D, VON HOUT J. Is Public Value Pluralism Paramount? The Intrinsic Multiplicity and Hybridity of Public Values [J]. International Journal of Public Administration, 2009, 32 (3－4): 220－231.

② TRYD, RADNOR Z. Developing and Understanding of Results-based Management through Public Value Theory [J]. International Journal of Public Sector Management, 2007, 20 (7): 655－673.

随后，凯利·盖尔文将战略三角模型维度进一步优化。在盖尔文等人的《创造公共价值：公共服务改革的分析框架》的研究报告中，对公共价值的定义以及构成要素做了比较系统的研究。凯利·盖尔文在“战略三角”基础上进一步发展，用服务、结果和信任三个维度的分析框架发展了莫尔的战略三角模型。我国学者尤建新、王波将公众价值的实现分划分为三个层面：公众需求满足层面、公众期望结果实现层面、公共服务质量实现层面。[①] 无论是凯利·盖尔文在战略三角模型基础上所形成的三维分析框架，还是尤建新等人的三维分析框架，两种分析框架都是公共价值的独立来源，指向清晰，简明扼要，较好呈现了公共价值的结构。

（四）研究启示

公共价值管理理论对于本研究的启示主要包括以下几个方面。

第一，公共价值管理理论为本研究提供了一个全新的理论研究视角。纵观政府绩效评价及教育评价指标体系，其价值取向都是内隐的，没有将价值或公共价值摆在核心、显性位置，更没有将公共价值达成作为终极目标。随着公共治理的纵深发展，公共价值已逐渐成为公共行政的一门“显学”，受到越来越多的关注。缺乏公共价值追寻的政府教育管理绩效评价的发展必定受限，必定难以引起社会及公众的共鸣、支持和合力前行，理想中的教育“善治”只会是空中楼阁。公共价值对于政府是如此之重要，失去了公共价值基础的政府绩效犹如无源之水、无本之木，不但不能达到政府创造公共价值的终极目的，反而在一定程度上会造成公共资源的浪费和对政府原有运行机制的不合理干扰。[②] 经济学家弗朗索瓦·佩鲁（Francois Perroux）在其《新发展观》一书中，提出了“整体的”“综合的”“内生的”新发展理论。新发展理论认为，发展需要协调不同利益主体之间、人与自然之间的关系，应力求实现经济发展和社会发展的均衡。作为公共产品的教育同样符合新发展理论，需要协调教育不同利益主体之间的关系，力求实现教育质量增长和社会发展的均衡。作为某个具体领域的政府绩效评价，如何将公共价值评价融入、整合，成为县级政府教育管理绩效评价适应公共行政范式、保持长久生命力的关键。对教育来说，公共价值是政府、家长、企业、社会等多方参与创造的结果。对县级政府教育管理绩效公共价值的判断、定义是建立在教

---

① 尤建新，王波．基于公众价值的地方政府绩效评估模式［J］．中国行政管理，2005（12）：42.

② 包国宪，王学军．以公共价值为基础的政府绩效治理——源起、架构与研究问题［J］．公共管理学报，2012（2）：90.

育利益相关者多方利益协商基础上。教育利益相关者具有参与教育、创造教育公共价值的合法性。因此，根据社会环境和公众需求的变迁研究、实现并创造公共价值，就成为提高县级政府教育管理绩效关键。基于公共价值的县级政府教育管理绩效评价，也更契合现代治理理论。

第二，公共价值账户为识别县级政府教育管理绩效评价价值取向提供了方法借鉴。莫尔认为，公共部门可以构建一种明确、可以衡量的公共价值账户（public value account）来对生产价值负责。无疑，这个公共价值账户比单一的“经济”或“顾客满意”大得多。①

第三，公共价值的分类及开发的模型为本研究构建县级政府教育管理绩效评价模型提供了很好的借鉴。本研究最终目的是建立根据公共价值的县级政府教育管理绩效评价模型及指标体系。在识别县级政府教育管理绩效评价的价值取向元素后，这些价值元素之间呈现何种结构关系成为研究的关键。明晰了这些价值元素之间的关系，同时也就是根据公共价值建立县级政府教育管理绩效评价模型的过程。在已有的公共价值研究中，众多学者尝试对公共价值结构进行分类，尽管这些分类方法有的基于个人认知、经验，分类维度简单，或者缺乏逻辑依据，缺乏实证或科学依据，但为如何测量县级政府教育管理绩效评价的公共价值提供了很好的借鉴意义，为本研究进一步全面理解、解构、研究县级政府教育管理绩效评价公共价值提供了参考。与此同时，无论是莫尔的战略三角理论模型，还是凯利·盖尔文在“战略三角”基础上进一步发展所形成的模型，都对公共价值结构探析做出了积极努力并使相关认识得以不断深化。本研究是在这些成果基础上探析县级政府教育管理绩效评价价值取向元素间的结构关系，从而构建县级政府教育管理绩效评价模型。

第二节　研究分析框架

一、关系绩效的提出

一直以来，绩效评价更多聚焦于组织系统内部并侧重于作业绩效的完成，无论是政府绩效评价还是教育绩效评价，强调的是技术效率及产出。伴

① MOORE M H. Recognizing Public Value [M]. London: Harvard University Press, 2013: 11.

随着公共行政范式的变迁，绩效评价的内涵也在不断拓展，传统的“工具主义”导向的绩效评价重点由于过于关注产出，单单以技术、效率为目的改进难以满足、应对不断变化的经济社会发展并对大众需求做出价值回应。长期以来，人们认为绩效是单维的，关注的是任务绩效的完成情况。随着对绩效内涵和绩效结构研究的不断深化，大家逐渐意识到，除任务绩效外还有其他因素影响着组织绩效产出。

1993 年，鲍曼和莫托维德罗在前人研究的基础上正式提出关系绩效（contextual performance）概念。关系绩效的提出是建立在组织公民行为（OCB）等相关概念的基础之上，同时是在与任务绩效相比照而得来的。[①] 关系绩效不是直接的生产和服务活动，而是构成组织的社会、心理背景的行为，包括自愿的行为、组织公民行为、亲组织行为、组织奉献精神以及与特定作业无关的绩效行为，如自愿承担额外的工作，帮助同事等，它能够促进组织内的沟通，对社会沟通起润滑作用，降低紧张的情绪反应，可以促进作业绩效，从而提高整个组织的有效性。[②] 关系绩效概念的提出，大大拓展了绩效的内涵以及人们对绩效的认识。尽管对关系绩效的认识不一致，但“奉献”“合作”“人际关系”等得到较为普遍的认同。网络治理理论同样认同“无形”的关系绩效的重要性。一直以来，基于新公共管理理论出发的绩效评价专注于组织系统的个体绩效，忽略了关系绩效。根据网络治理理论主张，县级政府需要同其他行动者一道加入教育治理过程中。网络是关系的集合。网络由不同组织构成，网络的绩效不是由网络中某个组织的绩效所决定，即使是网络中那些成功的代表性组织也不能表明整个网络获得成功。[③] 因此，县级政府只是行动者网络中的一部分而不是全部。在整个网络中，不同行动者的价值取向、利益都是不同的。无疑，教育的发展需要政府、私营部门、社会组织、学生家长及社会公众开展沟通、协调、互动、合作。

---

① BORMAN W C，MOTOWIDLO S J. Task Performance and Contextual Performance: The Meaning for Personnel Selection Research ［J］. Human Performance，1997，10（2）：99－109.

② BORMAN W C，MOTOWIDLO S J. Expanding the Criterion Domain to Include Elements of Contextual Performance ［M］ //SCHMITT N，BORMAN W C. Personnel Selection in Organizations. San Francisco：Jossey Bass，1993：71－98.

③ MANDELL M P，KEAST R. Evaluating the Effectiveness of Interorganizational Relations Through Networks ［J］. Public Management Review，2008，10（6）：717.

二、本研究的理论分析框架

绩效概念是结果与过程之和的观点得到多数学者的认同。① 希尔斯主张公共价值测量可从公共服务的结果和如何达成结果的运作过程两方面入手。② 莫尔也表明了在创造公共价值的过程中过程评价和结果评价的必要性。莫尔认为，过程评价至关重要。除了创造预期结果方面的工具性价值，某些过程的特性在公共部门中是有价值的。同时，如果目标随着时间的推移对绩效加以改进，那么需要获取那些关于机构所做的工作及产出的结果的信息。③ 不同的是，凯利·盖尔文将“信任”作为公共价值的第三个维度，而尤建新的第三个维度是“公众需求满足层面”，两者似乎相似但又不同。“方法—目的”链（means-end chain）理论为价值分类提供了很好的借鉴，给予我们新的启发。“方法—目的”链理论由心理学家弥尔顿·罗克奇（Milton Rokeach）在20世纪70年代提出。“方法—目的”链理论三要素包括产品属性、消费结果、个人价值。这3个要素呈现了3个层级：第一层级是消费者可以观察和体验到的商品或服务的具体属性；第二层级是关于体验某项产品或服务后的结果；第三层级最为抽象，是个人所追求的终极目标价值、成就的满足。简而概之，3个层级为：物理属性—结果—个人价值。④“方法—目的”链模型就是在探讨客户如何通过产品或服务的行为决策，来达到最终的目的价值。⑤“方法—目的”链理论告诉我们，除了产品属性、消费结果之外，客户的目的是否能得到满足非常关键，而这种目的体现为个人或群体的心理是否得到满足，个人的价值是否能得到实现。

在意识到关系绩效对整体绩效能产生影响后，学者开始研究关系绩效的构成。鲍曼、莫托维德罗认为关系绩效包括五个方面：为成功完成工作而保持高度的热情和付出额外的努力；自愿做一些不属于自己职责范围内的工

---

① 邱立强，龙毕文，乐载兵. 绩效突破［M］. 广州：广东经济出版社，2005：3－11.

② HILLS D. Measuring Public Value 2：Practical Approaches［R］. The Work Foundation，2006.

③ MOORE M H. Recognizing Public Value［M］. London：Harvard University Press，2013：13.

④ ZALTMAN G，COULTER R H. A Means-End Chain Model Based on Consumer Categorization Processes［J］. Journal of Marketing，1982（46）：60－72.

⑤ GUTMAN J. A Meansend Chain Model Based on Consumer Categorization Processes［J］. Journal of Marketing，1982（46）：60－72.

作；助人与合作；遵守组织的规定；赞同、支持、维护组织目标。① 莫托维德罗和范·斯科特认为作业绩效包括对任务的精通和有效完成任务的动机，关系绩效包括人际技能、维持良好的工作关系和帮助他人完成任务的动机。② 范·斯科特、莫托维德罗对关系绩效的划分方法高度概括且容易形成共识。其中，职务奉献更多是一种内在的主观心态、意愿；人际促进则更多聚焦个人或组织的对外人际关系。科尔曼、鲍曼也提出人际关系的公民绩效、组织公民绩效、“工作—作业”责任感的关系绩效三维模型。蔡永红、林崇德还对教师绩效进行了研究，认为教师绩效其中包括职业道德、职务奉献、助人合作 3 个关系绩效。③ 从某种程度看，关系绩效似乎没有引起足够的重视，并未进入绩效评价的理论视野。但其实关系绩效并非凭空而来，关系绩效不是直接的生产和服务活动，却为这些活动提供了广泛的组织、社会和心理环境的支持。④ 在提出关系绩效概念后，鲍曼、莫托维德罗还提出了“关系绩效—任务绩效”的二维绩效分析框架。但鲍曼等人的二维绩效分析框架忽视了完成任务过程中的行为，因为任务的完成有时并非在组织或个人的能力控制范畴，而且只关注任务的完成有时会导致过程中的不择手段及其他有害行为。

以集体偏好概念为核心的公共价值管理理论势必会将“关系”置于话语体系之中，实现对“关系”的聚焦。⑤ 组织绩效不仅取决于有形的产出，也受无形关系绩效的重要影响。莫托维德罗、范·斯科特在对 400 多位空军机械师观察了 90 多天后发现，作业绩效、关系绩效各自独立影响着每个人的总绩效。⑥ 可见，关系绩效独立对组织整体绩效产生影响。其实，无论是凯

---

① BORMAN W C, MOTOWIDLO S J. Expanding the Criterion Domain to Include Elements of Contextual Performance [M] //SCHMITT N, BORMAN W C. Personnel Selection in Organizations [M]. San Francisco: Jossey Bass, 1993: 71 -98.

② VAN SCOTTER J R, MOTOWIDLO S J. Interpersonal Facilication and Job Dedication as Separate Facets of Contextual Performance [J]. Journal of Applied Psychology, 1996, 81: 525 -531.

③ 蔡永红，林崇德. 学生评价教师绩效的结构验证性因素分析 [J]. 心理学报，2003, 35 (3): 362 -369.

④ 胡中锋，蒋毅欢. 中学教师关系绩效结构研究 [J]. 华东师范大学学报（教育科学版），2009 (9): 20.

⑤ 孙斐. 基于公共价值创造的网络治理绩效评价框架构建 [J]. 武汉大学学报（哲学社会科学版），2017 (6): 134.

⑥ MOTOWIDLO S J, VAN SCOTTER J R. Evidence That Task Performance Should be Distinguished from Contextual Performance [J]. Journal of Applied Psychology, 1994, 79: 475 -480.

利·盖尔文的“信任”维度，还是尤建新等人的“公众需求满足层面”维度，两者其实都属于关系绩效。据此，本研究将基于县级政府教育管理绩效评价的第三个维度确定为“关系绩效”。基于凯利·盖尔文的公共价值三维分析框架以及尤建新等人在“方法—目的”链理论基础形成的三维度分析框架，本研究试图从结果绩效、过程绩效和关系绩效三个维度来评价县级政府教育管理绩效，评价县级政府在发展教育事业方面所创造的公共价值。其中，结果绩效指的是价值输出，是县级政府教育管理整体绩效的外显表现，包括教育公共产品或服务的数量、规模、质量等。过程绩效指的是县级政府尽职尽责履行其发展教育职责，包括履行其经费投入职责，提高教育行政管理的透明度及运行效率，等等。关系绩效指的是县级政府通过履行发展教育职责，不断提高其教育管理的能力，赢得了社会的认可、信任，并保持与社会公众良好的互动关系。

根据以上分析，形成本研究的理论分析框架，如图 2－2 所示。

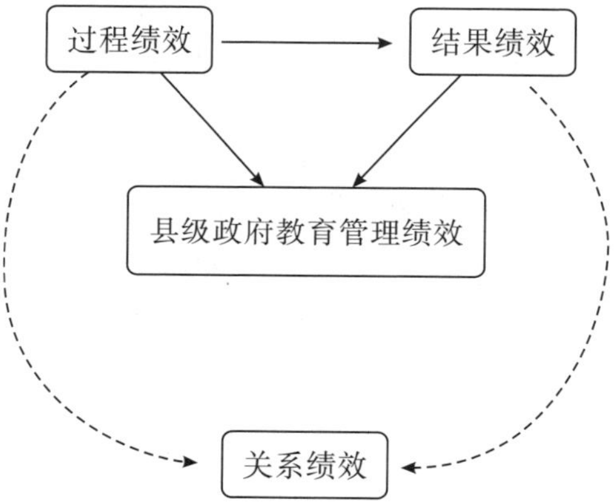

图 2－2　县级政府教育管理绩效的评价模型

本研究的理论分析框架是开发县级政府教育管理绩效评价模型和指标体系的基础也是出发点，反映的是县级政府教育管理绩效的整体表现情况，包括结果绩效是否令人满意、过程绩效如何、关系绩效究竟怎样等，每个维度中又包含若干个具体价值元素。作为一个价值集合，公共价值并不是一个固化概念，会受到各种因素影响，在不同的社会、不同的场景、不同的项目中，公共价值都会有着不同的具体表现形式，即价值集合中会呈现不同的价值元素，对不同的项目绩效应具体问题具体分析。因此，基于公共价值的绩效评价可以看作是一个开放的系统。根据理论推演及实践分析，本研究将影响绩效评价的因素分为结果绩效、过程绩效和关系绩效三个子系统，三个子系统分别由不同的价值元素集合组成。随着经济社会及教育改革发展，这些价值元素自身也会不断发生变化，从而影响结果绩效、过程绩效和关系绩效，进而影响县级政府教育管理整体绩效表现。

价值结构包含了相近性（proximity）、层级（hierarchy）和因果关系（causality）三个维度。① 借鉴波兹曼的观点，县级政府教育管理绩效评价的公共价值结构可以通过相近性、层级和因果关系三个维度来展开研究。其中，价值分类描述的是价值元素间的"相近性"。"层级"关注价值元素间重要性的比较，在后面的研究中专门会解决价值元素的重要性比较问题。"因果关系"是用来区分哪个或哪几个价值元素为目的性价值，哪个或哪几个价值元素为工具性价值。那么，在"结果""过程""关系"这三者中，究竟哪个才是"目的性价值"？传统观点看，绩效更多强调的是结果。随着新公共服务、公共管理价值发展，满足社会公众诉求被提到了一个新的高度。政府与民众的关系决定政府绩效评价的价值取向。② 由于我国传统社会文化的影响，有学者认为，我国组织的绩效评定易受感情和人际关系等因素影响。因此，关系绩效通常会被赋予更大的权重。③ 由于圈子文化对人的心理及行为产生了重要影响，关系、合作、信任成为绩效评价新的关键词，关系绩效在我国社会文化及组织关系中往往发挥更大作用。

除了直接影响政府整体绩效表现之外，关系绩效还可能以另外一种间接方式产生影响。康威（Conway）采用验证性因素分析后得出，任务绩效和关系绩效存在很大的相关。这表明，关系绩效并不总是独立于任务绩效之外。④ 正如收入增加并不能总是带来快乐一样，伊斯特林悖论告诉我们，单单试图通过改进技术效率以提高行政效率效益从而获得高绩效，并不总是一个令人信服的方式，这之间同样存在可能被"忽视的变量"。在"结果绩效""过程绩效""关系绩效"这三者之间，"关系绩效"可能就是"忽视的变量"，即"结果绩效""过程绩效"在某些情况下需要通过"关系绩效"这个变量来影响整体绩效表现。这刚好可以用来解释，为什么政府提供了越来越丰富的公共产品或服务时，仍然不一定得到社会公众认可。

---

① JØRGENSEN T B, BOZEMAN B. The Public Values Universe: An Inventory [J]. Administration & Society, 2007, 39 (3): 354 - 381.

② 李静芳. 对地方政府绩效评估的价值取向分析 [J]. 行政论坛, 2001 (9): 25.

③ 周智红, 王二平. 作业绩效和关系绩效 [J]. 心理学动态, 2000, 8 (1): 54 - 57.

④ CONWAY J M, Analysis and Design of Multitrait-multirater Performance Appraisal Studies [J]. Journal of Management, 1996, 22: 139 - 162.

第三章　研究设计

研究设计是对研究工作进行路线规划、设计，是研究实施的“图纸”“方案图”，是研究工作不可或缺重要组成部分。研究设计工作是否系统、科学，将直接影响研究工作的进展和研究信效度，也会在很大程度上关系到研究工作的预期目标是否能够顺利实现。① 为保证研究的科学性及研究的顺利进行，在开展研究之前，做好研究设计，包括明确研究思路、确定研究内容及重点、设计研究路线、选择适切的方法，对本研究至关重要。

第一节　研究目标、问题与内容

一、研究目标及研究问题

基于目前公共价值更多是作为公共精神标语而缺乏融合到绩效评价的实践，我国政府教育管理绩效评价还没有真正建立理论框架，本研究从公共价值管理理论的视角，试图构建县级政府教育管理绩效评价模型及指标体系，探索将公共价值管理理论融合到政府教育管理绩效评价实践中。

围绕研究目标，本研究主要探讨以下问题。

第一，县级政府教育管理绩效评价究竟应选择哪些价值（取向）元素？现有的县级政府教育工作评价指标体系蕴含了哪些价值标准，还需要补充哪些价值元素？

---

① 裴娣娜. 教育研究方法导论［M］. 合肥：安徽教育出版社，1995：114.

第二，县级政府教育管理绩效评价公共价值账户中不同的价值元素并非同等重要，它们在价值集合中以某种先后序列出现。这些价值元素聚合形成了哪些价值类型，是如何分类的？价值元素之间的重要性程度如何，应如何排序？哪些价值元素是目的性价值，哪些价值元素是工具性价值？

第三，价值集合中的价值元素都可以选用指标进行测量，那么究竟应选择哪些指标才是合适的？

二、研究内容

构建理论模型和指标体系建立在对政府教育管理绩效评价公共价值的识别、分类、排序基础上。围绕县级政府教育管理绩效评价模型及指标体系的构建，研究内容主要包括三个方面。

（一）识别县级政府教育管理绩效评价公共价值账户的价值元素

公共价值识别是对公共价值分类、排序以及创造的逻辑起点。在一定程度上，准确识别公共价值决定了公共价值的产出水平和公共价值创造的整体绩效。① 作为抽象哲学概念的价值集合，公共价值犹如一个“黑箱”，识别尤为不易。范·德·沃尔（Zeger van de Wal）等认为，公共价值存在多样性（multiplicity）、交互性（hybridity）、冲突性（conflict）和相关性（relativity）。② 公共价值并不是一个绝对标准，而是相对于任务环境而言的政策或目标的价值性。③ 在不同国家、不同历史时期、不同社会、不同领域，公共价值都会有着不同的价值清单，呈现不同的价值集合。因此，公共价值识别研究应放在具体历史时空、社会文化及具体领域的情景下分析。作为公共价值在某个具体领域的映射，县级政府教育管理绩效评价的公共价值同样具有这些特点。因此，要建立基于公共价值的指标体系就必须识别县级政府教育管理绩效评价的公共价值具体包含哪些价值元素。莫尔提出公共价值账户（public value account）这一概念，认为公共价值是价值元素的集合，这为识别县级政府教育管理绩效的公共价值带来启发。因此，需要研究的重要内容

① 王学军，韩志青. 从测量到治理：构建公共价值创造的整合分析模型［J］. 上海行政学院学报，2017（11）：44.

② WAL Z V D，VON HOUT J. Is Public Value Pluralism Paramount? The Intrinsic Multiplicity and Hybridity of Public Values［J］. International Journal of Public Administration，2009，32（3－4）：220－231.

③ 何艳玲. “公共价值管理”：一个新的公共行政学范式［J］. 政治学研究，2009（6）：62.

是当前历史时期我国县级政府教育管理绩效评价公共价值的账户中究竟包括哪些价值取向元素。应识别、采集现有县域教育工作发展评价指标体系蕴含的价值标准，为县级政府教育管理绩效评价公共账户提供基础参考。

（二）探索县级政府教育管理绩效评价公共价值账户价值元素的结构

在我国，公共价值管理理论研究还处于一个探索阶段，普遍停留在对公共价值的一般性理解认识中，对公共价值结构问题的关注还不多。公共价值结构影响县级政府教育管理绩效评价模型及指标体系。建立县级政府教育管理绩效评价的公共价值结构模型，就是探讨公共价值体系中价值元素的分类、优先次序以及研究哪些属于目的性价值等问题，从而有效呈现公共价值体系结构的全貌。首先，需要研究县级政府教育管理绩效评价公共价值的分类问题。费格指出，分类的主要目的就要找到一种结构。① 价值元素以集群形式聚合成了不同价值类型，不同的价值元素分类实质代表的是不同的公共价值结构。同时，研究不同价值元素的排序问题也是探索县级政府教育管理绩效评价公共价值结构的重要方面。不同价值元素在价值集合中所处的层次、位置并不一致，价值排序有助于进一步厘清价值元素在价值集合中的先后顺序。庞德认为，在社会发展的每个阶段和每个特定时期，总有一种价值处于首要地位，其他价值处于次要地位。②

（三）测量县级政府教育管理绩效评价公共价值账户价值元素

与经济学中的价值通常可以将其转化为货币或可比较的数据不同，公共价值不能以货币化或直接以数据的方式进行度量。尽管如此，对公共价值的测量是观察公共价值是否得到创造的前提及基础，似乎不可避免。只有对公共价值进行客观公正的测量才有可能证明公共价值管理的优越性并推动政府不断创造公共价值。价值和公共价值尽管是抽象的哲学概念，但在现实层面，政府所倡导的任何公共价值都通过一定形式得以呈现。③指标体系就是价值体系。现存的各类教育指标体系也蕴含价值取向，如何充分利用并优化指标对采取的价值元素进行测量需要研究。

---

① FEGER H. Classification：Conceptions in the Social Sciences ［M］//SMELSER N J，ALTES P B. International Encyclopedia of the Social & Behavioral Sciences. Amsterdam：Elsevier，2001：1966－1973.

② 罗斯科·庞德. 法律史解释［M］. 邓正来，译. 北京：商务印书馆，2016：1.

③ 樊梅. 地方政府在追求怎样的公共价值——来自10省政府工作报告（2000—2013年）的证据［J］. 甘肃行政学院学报，2017（6）：31.

第二节 研究的具体方法

选择切合的研究方法是科学研究得以顺利进行的前提及保障，也是本研究能否达成研究目标的关键。对于本研究来说，单一的质性研究或定量研究都有优势也有不足，现代测量技术发展也为本研究提供了更多可能的工具。本研究坚持实用主义哲学，采用混合方法研究（mixed methods research），将理论研究与实证研究结合、定性研究和定量研究结合，综合运用文献研究法、扎根理论质性研究法和问卷调查法、层次分析法等实证定量研究法，并根据需要将不同的研究方法运用于研究过程的不同阶段。在理论研究阶段，充分运用现存统计资料分析、二次分析等文献研究法；在评价模型构建阶段，主要运用深度访谈及扎根理论的技术方法开展研究；在指标体系构建阶段，运用专家访谈法、问卷调查法、层次分析法等完成遴选三级指标、指标要素权重分配等；在实证部分，主要运用问卷调查法来采集数据信息。

一、文献研究法（Literature Review）

文献研究法主要是通过收集已有与研究主题有关的文献资料，通过整理、分析从中得到有用信息，从而得到科学认知的方法，属于人文社会科学研究中最常用的科学研究方法之一。在本研究中，具体采用现存统计资料分析和二次分析和两种方法。

（一）现存统计资料分析（Analyzing Existing Statistics）

在社会科学研究中，经常会运用各种现存的统计资料开展研究。当这种现存的统计资料作为研究本身的数据资料来源时，这种研究就是现存统计资料分析。① 现存统计资料分析是本研究的重要研究方法。公共价值存在于我们的社会生活中，但由于公共价值的复杂性，准确发现公共价值还需有合适的路径。如何发现公共价值，可能有以下几种途径。一是国家的法律、政策文本，这是公共价值的反映、表达的重要方式；二是人们的直觉经验，价值

① 风笑天. 社会研究方法［M］. 北京：中国人民大学出版社，2013：216－221.

本质是主观的，是感性的；三是广泛的价值观调查；四是学术文献；等等。① 第二条、第三条途径较为相似，采用这两条途径都需要通过调查才能采集到相关数据信息。但由于现代社会的价值多元，在实际操作中难以确定哪些才是属于公共价值，而且需要开展大量的调查。比较而言，通过政府文本和学术文献来发现公共价值具有较强可行性。乔治森和波兹曼所提炼出的 72 个公共价值条目构成的“公共价值宇宙”正是通过大量的文献得到的。指标体系受到世界各国政府热捧，开发指标体系成为政府监测、评价、改进教育的重要工具。对于现存统计资料分析来说，选择合适的资料至关重要，资料的质量直接决定研究的结论。根据研究对象内涵，结合本研究的文献研究对教育评价指标体系的分类，教育督政指标体系是“适合”的现存统计资料。教育督政指标体系来源于上级政府，指标评价指向的内容、范围明确，各种指标的百分比、数字含义清晰并具有可操作性。因此，可以作为现存统计资料的重要来源。

（二）二次分析（Secondary Analysis）

二次分析也称第二手分析，指的是对那些由其他人原先为别的目的收集和分析过的资料所进行新的分析。② 二次分析和现存统计资料分析都是应用已收集好的文献资料。不同的是，现存统计资料分析是以统计指标的形式进行，如百分比、频数等，而二次分析用的是原始的资料。由于作为一种特殊的公共产品，教育有自身的特性，很多时候并不能用简单的统计指标来进行评价。所以，我国教育评价指标体系中，很多时候并不是单一用统计数据形式进行呈现，很多指标的评价内容方式是“语句表达”。所以，在本研究中还使用到二次分析。

二、扎根理论（Grounded Theory）

最早提出扎根理论的是芝加哥大学的格拉斯（Glazer）和哥伦比亚大学的施特劳斯（Strauss）。他们在 1967 年出版的著作《扎根理论的发现》代表着扎根理论的诞生。施特劳斯认为，扎根理论是一种建立理论的方法，在自然环境下，利用开放性访谈、文献分析、参与式观察等方法，对社会现象进行深入细致和长期的研究，广泛系统地收集资料，使资料达到饱和状态，然

① 樊梅. 公共价值视野下的社会综合发展［M］. 北京：中国社会科学出版社，2017：92.

② 风笑天. 社会研究方法［M］. 北京：中国人民大学出版社，2013：216.

后对资料进行分类、编码，经开放式编码与关联式编码形成命题链，再对命题链进行核心编码，发现影响中心命题的政治、经济、文化、历史等条件，并在此基础上概括出理论命题，概括出的理论命题再回到资料或类似情景中接受检查，进一步修正与发展该理论。① 扎根理论并不是真正意义上的“理论”，而是一种方法体系，综合借鉴、融合了质性研究的多种方法，包括深度访谈、观察法、焦点小组访谈等，属于重要的定性研究方法，广泛应用于社会学、教育学、管理学等社会科学领域的研究。与其他的质性研究方法不同的是，扎根理论有一整套规范、程序化的操作方法，被认为是“最科学的质性研究方法”。同时，扎根理论的数据基础非常扎实，非常注重信息数据材料的收集，包括各种文本、档案数据等。扎根理论的出现弥补了理论研究和实证研究之间的鸿沟，给质性研究带来一场革命，对包括教育在内的人文社会科学领域的研究范式产生重要影响。作为一种科学的质性研究方法，扎根理论有着相对严谨的研究程序，包括确认研究问题、资料收集、资料处理、理论生成等基本步骤。其中，资料收集和资料处理最为关键。在本研究中，重点借鉴、运用扎根理论的技术方法以及规范、严谨的实施的程序，通过“贴标签”方法对收集到的教育指标体系及时进行整理、分析，并进行文本编码，采集价值元素。

三、调查研究法（Survey Research）

调查研究指的是一种采用自填式问卷或结构式访问的方法，系统地、直接地从一个取自某种社会群体的样本那里收集资料，并通过对资料的统计分析来认识社会现象及其规律的社会研究方式。②

（一）深度访谈法（Depth Interviews）

深层访谈法是研究者就某个问题和被受访者之间进行较长时间深入的对话，从而收集受访者对此问题的深层次态度、观点、看法，获得第一手研究资料的定性研究方法，属于研究性的交流活动。根据访谈的标准化程度，可以分为结构性访谈和非结构性访谈。深度访谈适合研究抽象、复杂的问题，因为这些问题不是简单交流就能解决，所以不宜采用电话、邮件或网络等方式，而需要花费一定时间与受访者进行面对面深入沟通。本研究的深度访谈

---

① STRAUSS A. Qualitative Analysis for Social Scientists [M]. Cambridge 191 UK: Cambridge University Press, 1987: 5.

② 风笑天. 社会研究方法［M］. 北京：中国人民大学出版社，2013：143.

目的重点是通过专家的个人经验及专业素养，理解县级政府教育管理绩效评价应坚持什么价值取向或价值标准。与样本数量相比，深度访谈更为关注的是所选取的访谈对象是否能为访谈提供大量可用的与访谈主题相关的信息。研究采用目的性抽样，从对教育评价理论及评价实践有丰富经验的专家中进行抽样，拟选取 5 位专家进行访谈。采用半结构化访谈（semi-structured interviews）方式，提前根据研究主题编制访谈提纲。访谈时长初步定在 40 分钟至 90 分钟之间，具体根据访谈对象的时间安排、表达意愿确定。具体地点根据访谈对象的需求确定，最好是安静的办公环境或教室等。

（二）问卷调查法

问卷调查法是将要了解的问题以问卷形式发放给调查对象，然后收回问卷并对数据进行整理的一种方法，是教育研究领域中最为常用的基本科学研究方法，在社会科学中也得到广泛运用。本研究也多处使用问卷调查法。根据问卷调查法的分类，本研究采用网上调查问卷（问卷星）、现场调查问卷、电话调查等多种方式结合。在本研究中，网上问卷调查主要是通过调查问卷了解专业人士对县级政府教育管理绩效评价三级指标重要性的看法。问卷调查在本研究中的主要应用有四处。第一处是请专家对三级指标备选库中的指标重要性进行打分，对指标进行遴选同时得到三级指标的权重。此部分采用学术会议现场发放及问卷星网络发放同时进行的方式。第二处是发放评价指标分类调查问卷，请专家对三级指标如何分类进行调查，完成隶属度问题研究。第三处是个别现场发放权重调查问卷，设计矩阵问卷，请专家对一级指标、二级指标重要性进行判断。第四处是在实证部分，请专家对评价对象在各个维度的评价内容进行打分。现场发放的调查问卷都采取现场回收的方式进行。

四、层次分析法（The Analytic Hierarchy Process）

层次分析法简称 AHP，由美国匹兹堡大学教授家托马斯·萨蒂（T. L. Saaty）在 20 世纪 70 年代初提出，主要适用于决策结构较为复杂、决策准则较多且不易量化的决策问题。① 层次分析法是一种定性与定量结合的、层次化的分析方法，广泛应用于多指标综合评价模型，在教育、医疗、军事等领域中均得到广泛应用。层次分析法的主要思想是根据研究目标，将复杂

① 萨蒂. 层次分析法在资源分配、管理和冲突分析中的应用［M］. 许树柏，等译. 北京：煤炭工业出版社，1988：2.

问题形成具有层次结构的若干要素，然后由相关领域专家通过两两比较的方式来确定各个要素的权重，以此来确定各要素的相对重要性，从而实现了将多目标、多要素、无明显结构特征的复杂问题进行量化的途径。在本研究中，运用层次分析法的主要做法是对一级指标、二级指标等抽象价值元素进行“两两比较”，通过“两两比较”确定因素的相对重要性，即权重，从而实现对价值元素排序的目的，并通过设计相应权重来实现指标体系在实测中的可操作化。本研究中的一级指标、二级指标权重设计拟采用层次分析法，大致可以分为以下几个步骤：第一步，初步构建指标体系。第二步，构造判断矩阵，将一级指标、二级指标进行两两比较。第三步，确定矩阵允许不一致的范围。第四步，进行层次总排序及其一致性检验，分别计算一级指标、二级指标对县级政府教育管理绩效重要性的权重。

五、频数分析法

频数分析法即按照一定标准对全部数据进行分组，统计各组每个个体出现的次数，频率即是每个个体与数据总值的比值。频数分析一般用于统计定类数据的选择频数。此外，通过频数分析法还可以看到全部数据的基本分布情况。在本研究中，频数分析法主要用于构建指标备选库，对相关的教育指标体系进行收集、整理，包括国际各种教育指标体系，国内的如教育统计年鉴、区域教育现代化指标体系、地方教育发展监测指标体系、对县（市、区）党政领导干部履行教育职责督导考核指标体系等，采用频数分析法对指标进行统计分析，将多次出现的指标作为初选的指标。由于在原始资料指标数据中同样的指标表述并不一致，因此需要对原始指标进行整理。

第三节 调查对象及研究工具

一、调查对象的选择

调查对象的选择至关重要，将直接决定研究结果的质量。在调查之前及过程中，以下几个问题始终值得重视：一是如何取得受访对象的支持与配合，二是受访对象是否了解研究的目的，三是受访对象是否理解调查问卷所提出的问题。这些问题直接影响调查及访谈的效度。斯滕伯格（Robert J. Sternberg）和威廉姆斯（W. M. Williams）认为，确定专家的关键标准是对相应领域有广博的知识基础以及对将要考察的原理有深刻的理解①，对所调查的问题具有相应的知识和经验、有参与的能力和意愿、有参与咨询的足够的时间、具备有效的交流技能等。专家对教育评价方面的理论水平和实践经历是本研究着重要考虑的。因此，要选择对评价对象也就是县级政府教育管理绩效评价相关内容熟悉的专家。同时，专家对象应具有权威性、代表性。由于政府教育管理绩效评价属于多学科领域，本研究所考虑的专家对象需要具有以下几方面特征：一是专业性，即熟悉公共行政管理或教育专业知识或具有相关的丰富工作经验；二是代表性，即相关领域的专家人选都要纳入，确保问卷调查结果有足够的社会价值；三是结构性，即不同层次或类别的专家或受访对象都要考虑到。

基于以上考虑，本研究选择的受访对象主要包括以下三类：一是理论专家，具体包括研究教育或公共行政的高校和教育科研机构的专业技术人员；二是行业专家，包括资深、有多年工作经验的中小学校长及教师；三是政府公务人员，具体包括政府及教育行政部门公务人员。各级政府的督学也从这些群体中产生。他们要么熟悉教育理论或公共管理理论，要么熟悉教育管理运作实践，参加过对县级政府的教育督导评价，对教育督导或评价有着较为丰富的理论认识或实践经验。专家人选范围及具体人数在研究的不同阶段有不同的安排设计，结合“研究思路”，在本章的第四节中做具体说明。

二、研究工具

本研究的研究工具均在借鉴、参考相关理论或现存统计资料的基础上完成。根据研究需要，本研究涉及的研究工具有4个。一是“县级政府教育管理绩效评价”访谈提纲。通过深度访谈，了解专家对研究主题特别是选择什么样的价值取向或价值标准的经验看法，并请专家对采集到的价值元素提出意见。二是“县级政府教育管理绩效评价”调查问卷，调查的目的是请专家遴选三级指标并得出三级指标的权重分配。三是“县级政府教育管理绩效评价研究指标分类”调查问卷，调查问卷的设计目的是请专家就三级指标进行归类，确定三级指标的隶属度。四是“县级政府教育管理绩效评价指标体系权重”调查问卷，调查问卷的设计目的是请专家对指标要素进行“两两比较”，从而得到一级指标、二级指标的权重分配。

---

① 斯滕伯格，威廉姆斯. 教育心理学［M］. 张厚粲，译. 北京：机械工业出版社，2003：445.

第四节　研究基本思路、流程与技术路线图

一、研究的基本思路

本研究沿着一“明”一“暗”两条主线开展。“明线”围绕如何构建基于公共价值的县级政府教育管理绩效评价模型及指标体系进行；“暗线”则围绕县级政府教育管理绩效评价公共价值的识别、分类、排序、测量进行。指标体系的构建将沿着“现有的指标体系梳理分析反思—评价模型的构建—三级指标的选取—指标体系的设计—指标体系实证”思路展开。将公共价值抽象概念具体化，并努力让评价指标可以量化或可以用具体统计指标监测或描述，形成具有层次结构的指标体系树。本研究采取混合研究方式，综合运用定性研究和定量研究。设计好定性研究和定量研究路线有助于研究开展。

（一）第1阶段：完成文献综述并形成理论分析框架

本阶段的主要研究目的包括完成相关文献综述以及借鉴公共价值管理理论形成本研究的理论分析框架，此部分在绪论部分完成。

（1）对教育管理绩效、指标体系、价值取向等与本研究相关的研究文献进行梳理综述，厘清研究现状，为本研究奠定概念理论基础。

（2）借鉴公共价值分类等相关理论，形成本研究的理论分析框架。

（二）第2阶段：识别县级政府教育管理绩效评价公共价值账户的价值元素

本阶段的主要研究目标是识别县级政府教育管理绩效评价公共价值账户中的价值元素，为构建评价模型和指标体系奠定基础。公共价值是价值集合。因此，识别价值元素是对公共价值进行分类的前提，即要识别具体哪些价值元素可以纳入县级政府教育管理绩效的“公共价值账户”。研究试图从两个方面研究来识别县级政府教育管理绩效评价的公共价值：一是从现有县级政府教育工作评价指标体系中采集价值元素。二是借鉴研究。县级政府教育管理绩效评价属于政府绩效评价具体某个领域，政府绩效评价的价值取向能为县级政府教育管理绩效评价提供一般逻辑的借鉴。在两方面研究基础上得到的全部价值元素共同形成县级政府教育管理绩效评价公共价值账户。

（1）收集政策文本资料。从指标体系中挑选研究样本，为运用扎根理论采集县级政府教育工作评价的价值元素做好准备。

（2）采集价值元素。借鉴扎根理论技术等采集县级政府教育工作评价指标体系的价值元素，为识别县级政府教育管理绩效评价公共价值提供借鉴。

（3）补充价值元素。县级政府教育工作评价能为县级政府教育管理绩效评价提供借鉴参考，但两者并不一样。同时，新公共服务理论、公共价值管理理论等治理理论新发展为绩效评价提供了新的思想。

至此，初步形成了县级政府教育管理绩效公共价值账户的价值元素集合。集合有两部分组成，一部分是采集到的县级政府教育工作评价的价值元素，另一部分是根据公共行政理论等理论成果补充的价值元素。

（4）确定价值元素。在本阶段，运用深度访谈的方法，征求专家对初步采集的公共价值账户的价值元素的看法以及分类意见。比起专家人数，专家对象的选择对实施深度访谈更加重要。本阶段，拟选择 3 ~ 5 名有丰富的相关领域研究及实践经历的理论专家。

自此，初步形成评价模型，即基于公共价值的县级政府教育管理绩效评价指标体系的一级指标和二级指标。

（三）第 3 阶段：构建县级政府教育管理绩效评价模型及指标体系

（1）构建评价指标备选库。首先，对县级政府教育管理绩效公共价值账户中的价值元素的内涵分别进行界定、阐释，从指标库中寻找可评价此价值元素内涵的三级指标。参考已有的评价指标体系，按照关键绩效指标法以及定量定性相结合等原则确定三级指标。在此过程中，尽可能做到囊括该价值元素可能的观测点，以便进行问卷调查时专家有更为全面、准确的参考，从而筛选出最具代表性的三级指标。

（2）对评价指标进行遴选。根据以上结果进行研究分析，编制“县级政府教育管理绩效评价”调查问卷。调查问卷采用李克特 5 级量表，同时在问卷结尾设计预留空白之处，如有其他不同意见可以增补指标及提出建议。完成问卷编制后邀请 6 ~ 8 名行业专家进行试测，完善调查问卷后进行发放。对调查获得的数据进行重要性分析，一次性得到各个具体评价指标相对重要程度系数，根据指标重要性将重要度较低的评价指标删除，并删除不科学、不合理或者重复指向的指标。同时进行各项具体评价指标的相关性分析，以降低或消除某项评价指标重复对县级政府教育管理绩效进行评价的可能性。利用统计软件得到全部评价指标的重要程度，按得分对各评价指标的重要性进行排序，完成对三级指标的遴选。此外，对实证优化后的县级政府教育管理绩效评价指标体系进行信度检测。此阶段，问卷调查的对象包括理论专家、行业专家和政府公关人员三类。除纸质问卷现场发放之外，网络问卷将会是重要信息采集方式。将网络问卷向目标群体发放，预期保证回收 200 份及以上。

（3）指标要素的隶属度调查及权重分配。编制三级指标的隶属度调查问卷。权重分为两个部分：一是设计县级政府教育管理绩效评价指标体系权重调查问卷，运用层次分析法设计矩阵，得出一级指标、二级指标在指标体系中的权重。二是根据专家调查从具体指标的重要性得出三级指标的权重。在此基础上，完成确定县级政府教育管理绩效评价指标体系各评价指标的权重系数。隶属度调查和权重调查的为同一批理论专家，人数为 12 ~ 15 人。

自此，完成县级政府教育管理绩效评价评价模型及指标体系的构建，即完成县级政府教育管理绩效评价公共价值账户的价值元素识别、分类、排序、测量。

二、研究的技术路线图

本研究的技术路线图如图 3－1 所示。

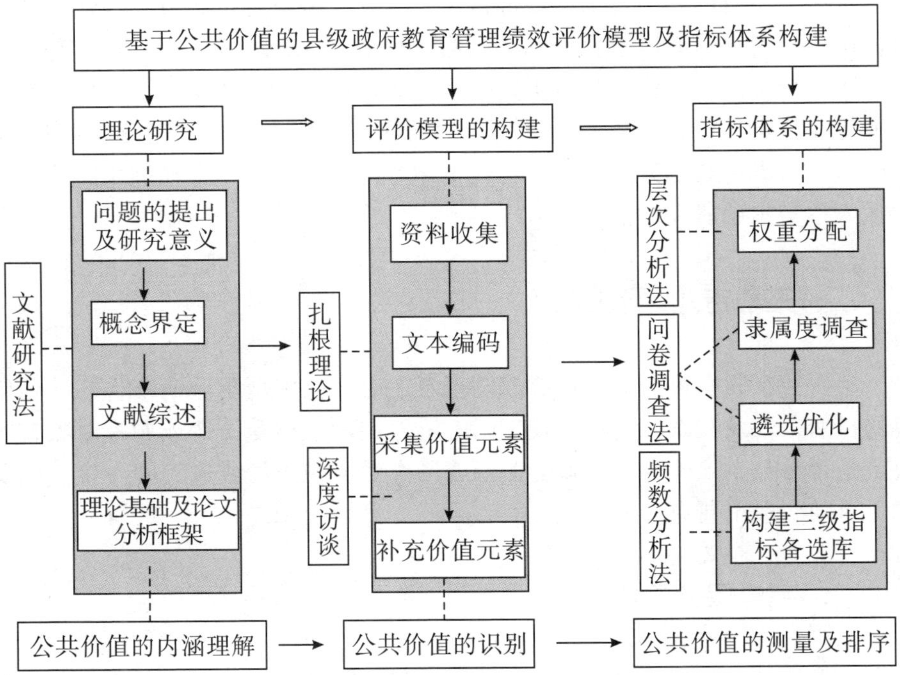

图 3－1　本研究的技术路线图

第五节 研究伦理

由于人文社会科学中的实证研究不可避免地涉及受访者或调查对象，对研究伦理的关注也应成为研究设计的重要组成部分，这实质体现的是研究的规范性。美国教育研究伦理审查提出尊重个人（respect for persons）、仁爱（beneficence）、公平（justice）三项原则。[①] 由于本研究也涉及受访者的个人信息等隐私以及个人深层次的观点看法，因此，研究必须严格遵守研究伦理。

一、坚持受访者自愿

本研究所有的受访者都是经过本人同意，完全自愿状态下参与访谈或调查。由于笔者目前就职于教育科研机构，有多年在教科所、教育行政部门及学校工作经历，在工作中与本研究的受访和调查对象，包括高校教师、教科院所专业技术人员、公务人员、中小学教师有着较为广泛的同行专业联系。同时，本人无行政职务，专业上还处于学习提升阶段，不存在利用影响力迫使他人参与本项研究的情况。

二、主动告知调查目的

本研究在联系可能的受访者或调查者之时，就完全坦诚清晰告知此项研究的目的，以及在研究过程中收集到的资料用途。请受访者或调查对象自主决定是否参与本项研究。一旦受访者或调查对象在开始或过程中产生其他疑虑，可随时退出研究。

三、完全保持诚实

研究的目的、研究资料保密不外泄，研究所提供的信息资料等保证完全对受访者或调查对象保持诚实。

---

① 杜丽姣，边霞．美国教育研究伦理审查制度及启示［J］．教育科学，2016（10）：88.

四、确保保护受访者隐私

由于质性研究不可避免依靠个人经验，为了保证研究的信效度以及结果的科学性、权威性，深度访谈和问卷调查不可避免对受访者或调查对象的身份、年龄、学历、职称等个人信息进行了收集，但研究收集的资料完全是匿名使用。

五、真诚表达谢意

在调查问卷发放之初，对受访者或调查对象从言语上表达个人的诚挚谢意，特别对耽搁、打扰对方的工作或休息时间表达歉意。

第四章　县级政府教育管理绩效评价模型构建

构建县级政府教育管理绩效评价模型是本研究的关键也是研究的难点。尽管指标体系风靡全球，但构建指标体系并不是一件容易的事。在评价实践中，指标与指标之间的内在规范性与联系往往得不到应有的重视，不少所谓的“指标体系”漠视指标与指标之间的关系，指标之间缺乏关联，只是松散地聚集，并没有真正成为“体系”。评价模型是构建指标体系的基础。严格来讲，缺乏评价模型的并不能称之为“体系”。教育指标体系的含义包括三个层面：一是教育指标体系不是简单的教育指标综合，应以理论模式为依据收集各种数据。二是要以指标组合的形式凸显教育系统各部分情况及之间的联系。三是选取的教育指标要兼顾逻辑性与实证性。① 如“背景评价（context evaluation）—输入评价（input evaluation）—过程评价（process evaluation）—结果评价（product evaluation）”构成的CIPP评价模式影响至今，包括政府绩效、教育绩效等诸多领域的评价都受之深刻影响。因此，开发评价模型是科学构建指标体系的前提及重点。

第一节　资料数据的收集

公共价值是抽象的哲学概念，识别并不容易，即便是莫尔本人也认为分

① NUTTALL D L. The Functions and Limitations of International Education Indicators [J]. International Journal of Educational Research, 1990, 14 (4): 327 - 333.

析公共价值需要在特定的环境下进行。波兹曼提出“公共价值地图”（public value mapping）并建议用以下途径来识别公共价值：依据人们的直觉判断，因为价值具有感性因素，但这种判断需要经过检验；借助询问或访谈等公共意见调查，能较快发现公民的价值偏好；通过投票和选举确定存在竞争关系的公共价值，这普遍用于高度差异化和多元化的社会；在正式文献中提炼公共价值，包括公开发表的学术文献，及政府颁布的法律文件或政策文本等，因为它们本身就是公共价值目标的正式表述。① 鉴于我国国情同西方的差异，“投票或选举”的方式适合“高度差异化”的社会。因此，波兹曼的“公共价值地图”的其他三条可以成为构建政府教育管理绩效评价公共价值的重要途径。简要概述，即依照直觉判断、访谈或调查、文献提炼。鉴于直觉判断往往受限于个体的认识水平、经验能力等因素，且价值的概念具有高度模糊性、复杂性，因此，“在正式文献中提炼”成为一种可行路径。

政策是人们在比较、鉴别、协调、平衡的基础上进行价值选择的结果②，每个教育政策文本都是一个价值综合体③。本研究拟借鉴扎根理论方法技术对县级政府教育督政政策文本中的指标体系价值取向进行识别，对价值维度进行提炼，主要采取“贴标签”的方式。如上海市的推进区域教育现代化综合督政指标中，有“建立并落实贫困家庭的儿童接受学前教育资助制度”，实质指向的价值维度是“教育公平”；“学生体质健康标准合格率达到 90% 以上；初中学生学业合格率达到 95% 以上”指向的是“教育质量”的价值取向。也有一个评价指标指向多个价值维度，如“区域内不分重点校和非重点校，学校不设重点班，形成促进学校依法自主、内涵发展的管理与评价机制”同时指向“教育公平”和“教育质量”的价值取向，等等。通过大量教育指标体系的梳理、编码，提炼出县域教育指标体系的价值取向集合，为识别县级政府教育管理绩效评价公共价值奠定基础。

扎根理论的首要关键是数据资料的收集。收集到翔实且尽可能丰富的资料是开展扎根理论的基础。因此，收集有关指标体系特别是对县级政府教育工作评价的指标体系成为关键。广义的评估概念包含监测、认证、督导、考试和行政性的审查审批中的评审及各类评定、评比活动。④ 开发教育评价指

---

① BOZEMAN B. Public Values and Public Interest：Counterbalancing Economic Individualism［M］. Washington：Georgetown University Press，2007：86－87.

② 劳凯声，刘复兴. 论教育政策的价值基础［J］. 北京师范大学学报（人文社会科学版），2000（6）：5－17.

③ 涂端午，魏巍. 什么是好的教育政策［J］. 教育研究，2014（1）：51.

④ 袁益民. 教育评估的体制创新［M］. 南京：江苏科学技术出版社，2007：131.

标体系已风靡全球，各类指标体系同样众多。本研究拟采用变化概率抽样，即抽取对研究问题而言包含更多有效信息的研究样本。要借鉴已有的指标体系的前提是选取合适的指标体系样本，选择具有代表性的样本对研究结论具有重要意义。

一、方法设计

（一）扎根理论之于本研究的适切性

扎根理论往往基于大量的个人经验，关注具体的人物、事件、场景，具有生动的说服力。因而，扎根理论被认为是“今日社会科学中最有影响的研究范式”，走在“质化研究革命的最前沿”①，“它更容易让我们看到资料中的本土特色”②。作为一种科学的质性研究方法，扎根理论有诸多方面适合本研究的开展。

第一，从研究方法的适切性来看，扎根理论运用于指标体系的构建，能有效满足指标体系的目的性和完备性的要求。③ 格莱斯（Glaser）认为扎根理论的质性研究方法适合社会性及情境性的社会研究，特别是反映真正的社会问题或现象的情况。④ 贾哲敏对在公共管理中适合使用扎根理论的问题进行了分析、总结，认为四类问题适合使用扎根理论：一是因素识别类问题，可以从数量庞大的基础资料中发现影响某一问题的几类因素，并探寻变量间因果关系，从而构建关于研究问题的中层理论。二是解读过程类问题，通过对烦琐、细致的社会现象与资料总结与概括，发现动态过程、变化规律、互动关系，主要集中在公共组织研究领域与“历时性研究”领域。三是分析不易掌握的问题，如在公共管理研究中遇到研究对象情况复杂、难以接近研究对象、数据不易获取、研究对象具有争议性、所涉及条件或关系过多的问

---

① CHARMAZ K. Grounded Theory: Objectivist and Constructivist Methods [M] // Handbook of qualitative research (2nd ed). Thousand Oaks, CA: Sage, 2000: 509 – 536.

② 陈向明. 扎根理论在中国教育研究中的运用探索 [J]. 北京大学教育评论, 2015 (1): 2 – 16.

③ 冯南平，唐运舒，彭张林，等. 基于扎根理论 – 统计方法 – 信息熵的民生工程建设评价指标体系构建 [J]. 预测, 2013 (6): 66 – 72.

④ GLASER B G. Basics of Grounded Theory Analysis: Emergence vs Forcing [M]. Mill Valley: Sociology Press, 1992: 129.

题。四是对新生事物进行探索性研究。[①] 本研究的县级政府教育管理绩效评价的价值问题恰好契合以上观点。在研究县级政府教育管理绩效评价公共价值结构前，一是需要识别公共价值账户中的价值元素，并要探析价值元素间的结构关系。二是需要研究县级政府教育督政的历史形态，符合“历时性研究”内容。三是由于价值和公共价值本身就是一个模糊的哲学概念，而且公共价值本身就是一个动态的价值选择体系，包含着多个甚至是相互冲突的价值元素。因此，县级政府教育管理绩效评价公共价值属于“分析不易掌握的问题”。四是县级政府教育管理绩效评价公共价值属于目前未能涉及的研究主题，属于“新生事物”。

第二，从已有研究看，已有不少研究围绕某一问题借助扎根理论进行理论模型的构建，包括内部构成、指标体系、影响因素等。如杨冉冉、龙如银借助扎根理论构建了城市居民绿色出行行为影响因素的理论模型。[②] 许迈进、章瑚纬借助扎根理论构建了包括 3 个能力维度、7 项自主能力及 56 条行为表现的研究型大学教师教学能力结构体系[③]，等等。鉴于扎根理论的特点以及在实践中运用的案例，县级政府教育管理绩效评价公共价值账户中价值元素的识别问题可以用扎根理论进行研究。

本研究采用扎根理论对已有文本特别是教育指标体系开展研究，比较起全部采用访谈的研究方法，更经济实效、简便可行。同时，扎根理论遵循一系列相对严格的步骤，对文本资料进行深入、结构化的分析，在此基础上做出解释或推论。

（二）扎根理论之于本研究的反思

此外，本研究重点借鉴的是扎根理论的技术方法，特别是扎根理论的编码技术。因此，本研究过程中所运用的“扎根理论”又非传统典型的方式，与一般意义上的扎根理论有两方面不同之处。

第一，与目前已有开展扎根理论研究多采用深度访谈来采集资料数据不同的是，本研究拟将县级政府教育督政指标体系作为资料进行分析、编码，从而采集县级政府教育督政价值取向元素。贾哲敏在对扎根理论和民族志、个案研究、文本分析、常人方法学 4 种质性研究方法进行比较时发现，除了

---

① 贾哲敏. 扎根理论在公共管理研究中的应用：方法与实践［J］. 中国行政管理，2015（3）：91－92.

② 杨冉冉，龙如银. 基于扎根理论的城市居民绿色出行行为影响因素理论模型探讨［J］. 武汉大学学报（哲学社会科学版），2019（5）：17.

③ 许迈进，章瑚纬. 研究型大学教师应具备怎样的教学能力？——基于扎根理论的质性研究探索［J］. 浙江大学学报（人文社会科学版），2014（2）：5.

访谈和观察记录，扎根理论的资料搜集方法多样，还包括了文本资料等。① 政策文本是由国家各级权力机关以文件形式发布的法律、法规及规章制度等正式文本以及其他正式官方文献，是政策研究的重要载体和工具，集中体现了一定时期内主流观点特别是政府的战略意图和价值选择。县级政府教育督政指标体系众多，为构建县级政府教育管理绩效评价指标体系提供了大量的信息借鉴。这些文本基本上在政府网站上能查询到，保证了数据的真实性、可获得性。比较起对受访对象进行访谈，对文献资料进行分析可以不受到时间、空间以及受访对象的专业特长、心理等因素干扰。因此，本研究将县级政府教育督政指标体系作为扎根理论的研究资料。

第二，尽管不少开展研究者认为，扎根理论是一种自下而上的“建构理论”，研究者在研究开始之前一般没有理论假设，而是带着研究问题，直接从原始资料中归纳出概念和命题，然后再上升到理论。② 此种观点认为理论是从资料中产生的，不能带有任何预设进入研究。但现实是，完全不带预设的理论“真空”似乎难以存在，任何研究者都是已有经验的个体存在，且专家学者对公共价值的分类已有较为丰硕的研究成果。格拉瑟指出，研究者可以预先梳理现有的文献并从中建立一定的假设，将其作为分析资料的一部分，并在后期的实地研究中不断与现实出现的社会现象进行比较。③

所以，公共价值分类研究的借鉴相当有必要，能够为县级政府教育管理绩效评价公共价值账户中的价值元素分类提供重要借鉴。内容分析法也是扎根理论研究中的一种，卢姗姗等同样认为，定向内容分析法的编码源自现有的理论或者已有研究结果，理论本身是一种编码框架。④ 从评价内容组成看，政府教育管理绩效评价属于政府绩效评价的具体某个领域。因此，本节的研究假设是：政府绩效评价公共价值的分类符合对公共价值开展分类研究中的某种分类逻辑。但同民族志等其他的质性研究方法不同的是，扎根理论同样可以在研究之初开展文献回顾。在理想的情况下，理论形成应直接源于实地研究资料，但已有的文献与前期研究可以帮助形成理论，它们不仅为“好主意”的诞生提供了必要的刺激，也为实地研究指明了初步方向，有助于研究

---

① 贾哲敏. 扎根理论在公共管理研究中的应用：方法与实践［J］. 中国行政管理，2015（3）：91－92.

② 冯生尧，谢瑶妮. 扎根理论：一种新颖的质化研究方法［J］. 现代教育论丛，2001（6）：51.

③ GLASER B G. Doing Grounded Theory：Issues and Discussions［M］. Mill Valley：Sociology Press，1998：65－71.

④ 卢姗姗，毕华林. 近二十年国际科学概念学习研究的内容分析［J］. 全球教育展望，2015（4）：20.

者为相关类别和属性选择可能的整合模式。① 政府教育管理绩效评价是对政府具体某个方面工作开展的绩效评价，遵循政府绩效评价价值取向的一般规律。因此，文献研究先从政府绩效评价的价值取向开始。此部分在文献综述中已经做出梳理，为本研究确定县级政府教育管理绩效评价公共价值账户中包括的具体价值元素的"直觉判断"提供了基础。

（三）扎根理论之于本研究的运用

尽管没有建立政府教育管理绩效评价的理论及实践，但县级政府教育督政实践早已存在。由上级政府或教育行政部门颁发的政策文本的评价指标体系具有权威性和指引性。斯通认为，社会指标通常建立在定量观察基础上，从这个视角看，指标是客观的；但从关心指标的群体看，这些指标是有"立场"的，从这个视角看，指标又是主观的。② 无疑，教育指标同样是"立场"指标，包含主观"价值"在其中。指标体系就是价值体系，这些指标体系无疑蕴含着上级政府及政策制定者的价值判断及价值取向。相应地，分析这些政策文本及指标体系可以清晰了解、掌握当时社会情境下县级政府教育督政的价值取向。通过扎根理论对县级政府教育督政指标体系研究，可以采集到价值取向要素，为厘清县级政府教育管理绩效评价公共价值账户的价值元素提供参考。

在运用扎根理论研究过程中，基于以下基本假设：县级政府教育督政指标体系所蕴含的价值取向、价值标准能为构建县级政府教育管理绩效评价公共价值账户提供重要参考借鉴。因此，研究县级政府教育督政指标体系的价值取向，识别其价值取向，可以为识别县级政府教育管理绩效评价公共价值账户中的价值元素奠定重要基础。从已有政策文本特别是教育评价指标体系看，尽管各类指标体系以及评价指标众多且任何评价都实际包含价值抉择，但价值都是内隐的，并没有明确指向"价值取向"或"公共价值"。因此，重要的工作就是明确这些指标体系所内隐或指向的大量抽象的"价值元素"，进行归类、编号、整理，然后寻找符合本研究"公共价值"需要的具体评价指标。

常见的编码方式有归纳式和预设式两种，归纳式在扎根理论中最为常用。本研究在一级编码、二级编码中完全使用了归纳式编码。如本研究三级

---

① GLASER B G, STRAUSS A L. The Discovery of Grounded Theory: Strategies for Qualitative Research [M]. New York: Aldine Publishing Company, 1967: 5－12.

② JAEGER R M. About Educational Indicators: Statistics on the Conditions and Trends in Education [J]. Review of Research in Educational, 1978, 6: 280.

编码也同样完全采纳归纳式编码的话，在完成对教育指标体系一级编码、二级编码的整理后，接下来就需要对通过扎根理论得到的县级政府教育督政指标体系的 N 项价值取向元素进行归纳，进行三级编码。此时进行三级编码主要是依靠个人的认知、经验。为了避免个人认知及经验不足所造成的研究偏差，并充分借鉴已有的公共价值分类结构的研究成果，本研究的三级编码采用归纳式编码和预设式编码相结合的形式。在完成教育指标体系一级编码、二级编码后，并不急于进行三级编码，而是先借鉴有关公共价值分类研究的理论成果，当出现与预设式编码分类维度相似的维度分类时，结合预定式编码，最终得出县级政府教育管理绩效评价价值元素的层次结构。而对三级编码同时进行归纳式、预设式编码的过程，也是对相关资料进行综合分析检验的过程，类似于“三角互证”思路。

二、文本抽样

无论是价值还是公共价值都具有变迁性，都与历史时空、经济社会发展等影响因素紧密联系，且不同历史时空中的公共价值必定呈现不同的形态。县域教育发展其评价内容及标准既有基本的共性要求，也会根据各个区域实际而展现不同方面。随着我国决策科学化程度不断提升，作为一种政策文本主要内容的评价指标体系有着自身的科学性、严谨性及可操作性。每一个公共行政范式其实都是关注价值的。① 通过扎根理论研究现有各个省份及地方政府制定的对县级政府教育工作评价指标体系，可以观察评价的价值取向，为识别、厘清县级政府教育管理绩效评价公共价值奠定基础。此外，不同地域的县域教育指标体系也不尽相同。哪些评价指标更具有科学性、可操作性，能更好测量、评价公共价值，都可以通过研究得到启示。

关于抽样的指标体系类型。样本的合理性直接影响研究结论的质量。因此，科学选择有代表性的研究材料作为样本是重要前提步骤。而有关教育评价指标体系的类型众多，针对不同评价对象发挥着不同的功能作用。从第一章对概念的内涵辨析中可知，教育指标概念宽泛，形式也多种多样，有教育统计指标、教育督导指标、教育发展指标等。秦玉友对教育指标进行了深入的学理省思。他根据不同的功能取向将教育指标分为 5 类。其中，教育统计指标是“账本”，描述某个时间刻度上教育事业的发展水平，包括速度、规模、比例、频数等都是统计指标。教育督导指标是“监控器”，对教育事业

---

① 王学军，王子琦．追寻“公共价值”的价值［J］．公共管理与政策评论，2019（3）：3－16.

和教育活动的某个方面的状况进行监控。教育规划指标是"航标"，描述某一时期教育事业应该达到的发展水平。教育绩效指标是"操盘手"，关注的是教育成就与教育投入的比例关系。此外还有教育公平指标等。① 秦玉友对教育指标体系的认识理解及类型划分让大家对教育指标有了更全面深刻的认识。根据以上5类教育指标的划分方法，教育统计指标侧重点是记录教育在某个时间点的"结果"。教育规划指标重点是预测或设定教育"未来"应该或可能达到的状态。教育公平指标的评价对象并不具体，可以是某个具体学段，也可以是某个具体教育项目等。以上对教育指标的分类中，从效率、效益观出发对教育绩效指标的认识有值得商榷之处。其实，教育绩效指标其实不仅仅是一种"投入—产出"的评价，而应该秉持一种综合观，既关注教育产出的结果，即教育目标是否达到，还关注政府在达到教育目标过程中教育资源如何配置，等等。从另一个视角，按照评价对象的领域范围进行划分，教育指标体系可以分为综合性教育指标体系和专项教育指标体系。综合性教育指标体系用于测量一个国家或地区整体教育发展水平，包括教育现代化指标体系、区域教育发展指标体系等。而专项教育指标体系是相对综合性教育指标体系而言的，评价的是教育某个领域或项目，如县域义务教育均衡发展评价指标体系等。本研究的对象是县级政府教育管理绩效，因此，"综合性"的且评价对象是区域的教育指标体系是适合的样本。所以专项教育指标体系如教育公平指标、学校督导指标、学校学生质量监测指标以及作为"航标"的教育规划指标等不纳入研究范畴。结合秦玉友对教育指标体系划分的5个类型，比较而言，作为"监控器"的教育督导指标体系适合作为研究样本。其中，作为"账本"的教育统计指标和作为"航标"的教育规划指标并不是"体系"，虽然不纳入抽样研究的范畴且不对其结构进行分析，但其中的部分教育统计指标可以根据需要作为本研究的评价指标，在设计三级指标时将之纳入，使统计数字成为衡量标准，成为评价"指标"。

作为提供基础教育公共服务的责任主体，地方政府特别是县级政府在教育资源配置、教育公平保障、教育管理制度建设中起着基础性、关键性的重要作用。特别是以县为主的基础教育管理体制逐渐形成后，县级政府在我国基础教育改革发展中扮演着重要角色，发挥了重要作用，对县域教育工作进行评价早就成为基础教育改革发展中的重要内容，并早以不同样态广泛存在于我国的各类评价实践之中，包括"两基"督导检查、县域义务教育均衡发展督导验收评估、县域义务教育优质均衡发展督导验收评估、县级政府教育

① 秦玉友．教育指标研制的学理问题省思［J］．东北师大学报（哲学社会科学版），2007（4）：126－127.

督政制度、县级政府党政领导教育职责考核、区域教育现代化监测评估等不同形式。其中，前三类评价由中央统一部署组织在全国范围内实施，属于“专项”评价，如只涉及义务教育均衡发展等，不属于县级政府教育工作的“综合评价”。比较而言，教育督政与地方政府教育管理绩效评价相比，有诸多相似。教育督政制度是我国教育体制机制中重要内容及组成部分，也是我国教育督导制的重要组成部分。1991年颁布的《教育督导暂行规定》指出，教育督导的任务包括对下级人民政府的教育工作进行监督、检查、评估、指导，保证国家有关教育的方针、政策、法规的贯彻执行和教育目标的实现。2012年，《教育督导条例》再次明确教育督导的任务是：对下级人民政府的教育工作、下级教育行政部门和学校的工作进行监督、检查、评估、指导，保证国家有关教育的方针、政策、法规的贯彻执行和教育目标的实现。

广义的评估概念包含督导。① 虽然不等同于政府教育管理绩效评价，但教育督政与政府教育管理绩效评价在评价目的、功能、受评对象等诸多方面存在相同或类似。从某种意义看，县级政府教育督导可以理解为县级政府教育管理绩效评价的雏形。首先，从评价目的看，以地方政府为评价对象的教育督导目的在于让下级政府贯彻执行既定的教育方针政策等以促进教育效率和教育质量的提高，从而达到教育目标。政府教育管理绩效评价的根本目的是通过绩效评价手段来达到教育目的。两者在目标上有高度的一致性，即“保证教育目标的实现”。其次，从评价对象看，教育督导的评价对象包括地方政府，教育督政的对象直接就是地方政府，与政府教育管理绩效评价的对象高度一致。再次，从评价内容看，教育督政要求督促地方政府依法履行教育职责。而政府教育管理绩效评价的重要内容同样包括政府履行教育职责，且只有政府在履行教育职责即“做什么”的基础上，才能进行评价。最后，从评价的主要功能看，教育督政的主要功能是监督、引导，政府教育管理绩效评价同样具有这两方面功能。此外，从评价方法与工具看，随着测量与评估的兴起与发展，两者运用的评价方法及工具都是综合运用定性研究与定量研究，且都需要价值标准及完整的评价指标体系对教育活动做出评价，从而推动教育不断改进、提升。可见，两者都由专门教育评价机构按照严格程序进行组织实施，运用定性研究和定量研究的方法，对政府教育行为进行评价从而促成达到教育目标，都是作为监督地方政府教育工作的重要手段。两者评价得到的结果在一定程度上与奖惩等利益相关联。作为教育政策的物化载体，教育督政评价指标体系是教育政策文本的重要组成部分，是由政府正式发布的文字记录，是政府教育管理行为的真实“印记”，是政策分析的重要

---

① 袁益民. 教育评估的体制创新［M］. 南京：江苏科学技术出版社，2007：131.

材料，有较好的数据信息可得性。因此，从县级政府教育督政评价指标体系可以窥探我国对县级政府教育工作评价的价值取向。

关于抽样教育之本体系的具体数量。比起量化研究的抽样，扎根理论的抽样通常是小样本。从已有开展的扎根理论的文献看，这些研究的抽样样本从几个到十几个、二十几个或更多。如曹爱华在女研究生成就价值观的研究中就选取了 23 个研究对象通过不同程度的访谈了解情况。① 通常，具体样本数量往往根据研究的目的来定。同时，扎根理论的抽样与资料分析是要求同步进行的。因此抽样贯穿于整个过程始终，直到研究结束即达到理论饱和状态为止。根据扎根理论“理论饱和原则”（Theoretical Saturation），在不断与不同访谈对象实施深度访谈过程中，直到研究者发现很难获取有价值的、新的信息时，就达到“理论饱和”状态，深度访谈的任务即为完成，就不再需要进行其他对象的访谈了。

一般认为，经济社会发展水平直接制约、影响教育的发展规模、速度、质量。考虑到不同地区经济发展水平以及基础教育发展水平存在差异，本研究采取分块抽样方法选取研究样本。分块抽样法，指的是先按有关的品质或数量标志对总体进行分块，将总体中性质和标志基本相近的单位归为一组，即对一定质规定下的量的表现形式进行剖析，提高样本选择的代表性和合理性。② 根据国家统计局最新划分方法，我国经济区域分为东部、中部、西部和东北四大地区。其中，东部地区包括北京、天津、河北、上海、江苏、浙江、福建、山东、广东和海南等 10 个省（市）；中部地区包括山西、安徽、江西、河南、湖北和湖南等 6 个省；西部地区包括内蒙古、广西、重庆、四川、贵州、云南、西藏、陕西、甘肃、青海、宁夏和新疆等 12 个省（自治区、直辖市）；东北地区包括辽宁、吉林和黑龙江等 3 个省。除了“分块”，抽样还综合考虑研究样本来源的严谨性和时效性两个因素。第一，所搜索的教育指标体系来自于官方网站，且尽可能是发布评价办法或通知的政府官方网站，能够保证政策文本及指标体系的严谨性。第二，时效性。运用指标体系评价教育发展状况以及政府履职情况在我国已风靡多年，在不同的历史阶段，即使对同一个县级政府的教育督政指标体系都不一样。且公共价值还具有变迁特点。同一区域，不同历史阶段的评价指标体系并不相同。所以，所选教育指标体系的政策文本公布时间除黑龙江、山东外全部为 2017 年及以后。

---

① 曹爱华. 当代女研究生成就价值观的扎根理论研究［J］. 高教探索，2008（1）：46－49.

② 杜强，许端端. 分块抽样法［J］. 统计研究，1986（2）：60.

基于以上考虑，选择福建、浙江、广东的3个省级单位作为东部地区代表；选择安徽、江西的2个省级单位作为中部地区代表；选择四川、青海、宁夏的3个省级单位作为西部地区代表；选择黑龙江的1个省级单位作为东北地区代表。共计9个单位。由于部分省级单位制定的相关指标体系无法收集到，宁夏、青海、四川3地分别选取银川市、西宁市、成都市三地的指标体系。同时，根据扎根理论“理论饱和”的抽样原则。当然，这里指的“饱和”是相对的，完全“饱和”难以实现。因此，本研究将河南新乡和山东的指标体系作为检验是否“理论饱和”的依据，看是否出现“理论饱和”再决定是否进行新的抽样。研究样本主要是各个省域或地级市制定的指标体系。除黑龙江省外，其余8个样本的政策文本都是在2017—2019年颁布。综上，由9个县级政府教育督政指标体系构成了本研究的研究对象。研究将借鉴扎根理论的技术方法采集指标体系的价值元素。在此基础上，初步构建县级政府教育管理绩效评价公共价值的价值元素库。

表4－1　研究样本

序号	发布时间	发布单位	政策文本名称	一级指标（单位：个）	监测点（单位：个）
1	2018年	广东	市县级人民政府履行教育职责的评价办法	7	37
2	2017年	福建	县级人民政府教育工作督导评估标准	4	164
3	2019年	浙江	对市县级人民政府履行教育职责督导评价体系（试行）	5	31
4	2017年	江西	县（市、区）党政领导干部履行教育职责督导评价评分细则（试行）	4	39
5	2017年	安徽	县（市、区）党政领导干部履行教育职责督导考核指标体系	4	58
6	2017年	宁夏银川	县（市）区人民政府履行教育职责评价测评细则	6	20
7	2018年	青海西宁	县（区）人民政府履行教育职责督导评价指标体系	4	32
8	2019年	四川成都	县级人民政府履行教育职责的评价指标体系	6	62
9	2012年	黑龙江	县域教育发展督导评估指标体系	2	50
10	2017年	河南新乡	县域教育发展督导评估指标体系	4	27
11	2012年	山东	县级人民政府教育工作督导评估指标体系	6	52

第二节　价值元素的抽提

一、文本的编码

文本编码是开展扎根理论研究的重要环节。扎根理论作为一种研究路径，其核心特征就是在通过归纳产生的经验性资料基础上形成新的概念、思想或理论，其第一要务就是要把资料转化成概念，把资料概念化（conceptuallizing）①。扎根理论中的“编码”指的是，通过将事件与事件、事件与概念、概念与概念之间进行连续比较，对资料进行概念化，以形成类属及其属性（property，即类属的性质和特点）。②

（一）编码的步骤

在发展过程中，扎根理论形成了多个版本，包括经典扎根理论、程序化扎根理论和建构型扎根理论。编码程序步骤的不同是不同版本最重要的差别。其中，格莱斯（Glaser）的经典扎根理论提出“实质编码（substantive coding）—理论编码（theoretical coding）”的二阶编码的程序步骤。施特劳斯和科宾的程序化扎根理论提出“开放性编码（open coding）—轴心编码（axial coding）—选择性编码（selective coding）”三阶编码的程序步骤。而建构型扎根理论的编码过程分为 4 个阶段：初级编码—聚焦编码—轴心编码—理论编码（original version）。施特劳斯和科宾的程序化版本清晰明了，容易操作，在我国开展扎根理论实践中运用广泛。本研究的文本编码即采用施特劳斯和科宾的程序化三阶编码版本。

第一步，对收集到的文本进行开放编码。在开放编码中，研究者需要悬置前设，凭着理论敏感性开放地挑选资料，将资料掰开、检视、比较、概念化、类属化。代码可以是被研究者使用的鲜活的本土概念（invivo code），也

① 陈向明. 质的研究方法与社会科学研究［M］. 北京：教育科学出版社，2002：332－336.

② STRAUSS A，CORBIN J. Basics of Qualitative Research：Grounded Theory Procedures and Techniques［M］. Newbury Park：Sage Publications Inc，2014：61－142.

可以是能够表达资料内容的学术概念，即可以结合文化主位与文化客位的视角。① 开放编码需要对原始资料进行初始整理、分析，赋予概念类属。根据扎根理论要求，此环节要尽可能保留全部有用信息并尽可能保留信息的原始状态。在本研究的开放编码过程中，对研究对象信息进行命名类属化的过程中尽可能使用教育指标体系中的原有表述进行初步命名，保留概念类属。

第二步，进行轴心编码。轴心编码是在开放编码的基础上，形成类属、属性和维度（dimension，即属性在一个连续统，如强度、频率上的定位），发展并检验各类属之间的关系。② 通常情况下，运用扎根理论对资料进行研究无须统一的编码名称，而是完全根据开放编码的信息进行轴心编码。但本研究的视角及编码的焦点是价值元素。价值元素是存在某些固定的概念范畴，比如常出现的价值元素：公平、责任、效率、效益等。因此，在本研究进行轴心编码时，不同的研究资料都会频繁、集中地呈现一些共同价值元素。这些价值元素名称一方面借鉴有关政府绩效评价价值取向和公共价值相关名词表达，另一方面在研究样本中随机抽取一个样本进行前期编码，确定轴心编码的名称。本研究拟抽取广东对市、县级人民政府履行教育职责评价指标体系作为前期编码的样本。将两者结合起来，将这些价值元素的名称作为本研究轴心编码的来源。后面所有研究样本的轴心编码照此编码名称进行。如编码过程中出现了新的价值元素，及时进行记录。后面所有的轴心编码名称按此即可，并以此类推，完成全部评价指标体系的轴心编码工作。

第三步，进行选择编码。选择编码即在所有类属中选择一个核心类属（core category），其他类属则成为支援类属（subsidiary category），然后通过一个整合图式（integrating scheme）或故事线（story line），将各种理论要素（类属、属性、假设）整合起来。③ 一般而言，常见的编码有预设和归纳两种方式。比较而言，归纳式编码能够更好地反映原始材料自身的概念、结构、特征。预设式编码由于多建立在理论或其他认知逻辑上，能更好地引导编码的逻辑走向。本研究综合采用预设式编码和归纳式编码。首先，使用归纳式编码对教育指标体系进行价值元素分析、提取，借鉴有关公共价值分类研究的相关成果，当出现与预设式编码分类维度相似的维度分类时，结合预

① 陈向明. 质的研究方法与社会科学研究［M］. 北京：教育科学出版社，2000：286.

② STRAUSS A，CORBIN J. Basics of Qualitative Research：Grounded Theory Procedures and Techniques［M］. Newbury Park：Sage，1990：96－98.

③ STRAUSS A，CORBIN J. Basics of Qualitative Research：Grounded Theory Procedures and Techniques［M］. Newbury Park：Sage，1990：116.

设式编码，最终得出县级政府教育管理绩效评价价值分类结构。此外，在本研究中，选择编码作为最后一个编码步骤，编码命名尽可能采取“价值”命名，以便为后面分析打下基础。

（二）编码的技巧

编码是开展扎根理论重要的环节。已有的研究中，开展扎根理论的对象多为通过访谈收集到的资料。由于本研究的资料是教育指标体系，评价资料中既有定量指标，还有定性评价。且诸多教育指标体系中掺杂着“中国式”的政策评价话语，如“推进学校标准化建设，制定并有效实施了薄弱学校改造计划，财政性教育经费向薄弱学校倾斜”，“义务教育阶段不存在重点学校和重点班，公办义务教育择校现象得到基本遏制”。尽管这与教育评价难以做到完全客观量化相关，但无疑这种评价往往导致评价操作难以把握，也容易引起被评价者的无所适从。

价值的概念模糊、抽象、复杂。价值维度的提炼是一种概括的表达方式，不同概念的内涵和外延有可能存在交叉或重复。因此严格意义上对具体评价指标按照价值类型和价值内容“各安其位”地进行分类是不可能实现的。科学的是按照具体评价指标对应的价值类型和价值内容的“紧密度”进行赋值，但由于具体评价指标的繁多、人工作业精力有限，也不可能准确进行赋值。所以，本研究采取“1 分”或“0 分”的赋值方式：对紧密度最高的价值类别和价值内容赋值“1 分”，其余则赋值“0 分”。当然，在实际编码过程中，有的评价内容是一个长句，里面包含了诸多方面，这样就有可能有多个价值元素在内，如“落实‘党政同责、一岗双责、失职追责’机制”的评价指标，既包括“公共责任”价值选择，同时也包含“政治性”价值选择。“加强教师队伍统筹管理，积极推行中小学校、幼儿园教师‘县管校聘’制度和义务教育校长、教师定期轮岗制度”中既包括“政府公共责任”价值元素，也是指向“教育公平”价值选择。本研究的处理方式是将这两个及其他的价值全部纳入。用量化方式记录每个价值元素在不同维度上的频次分析数据的过程中，有以下几个方面值得注意。第一，尽管不同评价内容的语言文字表达意义不一致，甚至有可能有的评价内容包含了多个价值取向，为保证做到量化分析，须采用事先统一设计的价值元素词汇进行数据量化分析、统计。第二，根据每个分析维度出现的价值元素的频数进行统计分析。第三，为避免不同的材料分析者的个人经验、认识不一，全部研究样本的编码工作由笔者一人完成，保证更好的信效度。

在此基础上，对 9 个指标体系的研究样本进行编码，相应形成 9 个数据表。由于篇幅限制，下面仅以广东对市、县级人民政府履行教育职责评价指标体系为例，以此来呈现扎根理论在本研究中的数据分析以及理论生成的过程。

表 4－2　分析示例

（广东：对市、县级人民政府履行教育职责评价指标体系）

评估内容	观测点	开放式编码	轴心编码	主轴编码
一、贯彻党的教育方针、依法治教和教育重点工作，规范办学行为	1. 全面贯彻党的教育方针，加强和改善党对教育工作的领导，强化教育系统党的建设，落实全面从严治党和党风廉政建设主体责任，加强教育系统领导班子建设，加强学校思想政治工作，把握党对学校意识形态工作的领导权、主导权，维护教育系统安全稳定	教育方针、党的领导、党建、从严治党、党风廉政、领导班子建设、学校思想政治工作、学校意识形态工作、安全稳定	党的领导、党风廉政、意识形态、安全稳定	政治性
	2. 落实教育法律法规和政策，坚持依法治教，坚持深化教育体制改革，强化教育督导。对国家、省重大教育政策、工程和项目，落实配套政策与经费保障，推进有力，督查问责到位，按时完成，取得成效	落实教育法律法规、依法治教、教育体制改革、教育督导、政策制定、经费投入	落实教育政策、教育法治、教育改革、教育督导、教育管理、经费保障	政治性、法治、改革、公共责任
	3. 落实立德树人根本任务，坚持德育为先，在各级各类学校深入开展社会主义核心价值观教育，实现全员育人、全过程育人、全方位育人	立德树人、德育为先、社会主义核心价值观、全员育人、全过程育人、全方位育人	立德树人	政治性、质量
	4. 完善学校管理制度，校长依法治校，教师依法执教，强化教学纪律，规范学生管理，维护正常教育教学秩序和师生合法权益	学校管理、依法治校、依法执教、教学纪律、学生管理、教育教学秩序、师生权益	学校管理、教育法治	公共责任、法治

续上表

评估内容	观测点	开放式编码	轴心编码	主轴编码
二、教育规划与建设	5. 中小学校、幼儿园生均校舍建筑面积（平方米/生）	生均校舍建筑面积	教育用地保障	公共责任
	6. 建立完善学校（幼儿园）建设规划、实施机制；预测学位需求，按要求编制中小学校、幼儿园学位供给规划和学校基本建设专项规划并纳入控制性详细规划	建设规划、供给规划、建设专项规划	教育建设规划保障	公共责任
	7. 按计划推进中小学校、幼儿园新建、改扩建工程；城镇新建居住区配套中小学、幼儿园按规定与居住区建设同步设计、同步建设、同步竣工验收并无偿移交政府使用	新建、改扩建工程；配套中小学、幼儿园	教育工程保障	公共责任
三、教育用地保障	8. 中小学校、幼儿园生均占地面积数（平方米/生）	生均占地面积数	教育用地保障	公共责任
	9. 中小学校、幼儿园千人学位数（学生/千人）	学位数	教育学位保障	公共责任
	10. 优先将教育用地纳入年度国有建设用地供应计划，健全教育建设用地审批、审核机制，实行教育用地联审联批制度，积极解决中小学校、幼儿园建设用地	教育用地、用地联审联批制度	教育用地保障	公共责任
四、教育财政投入	11. 本级财政一般公共预算教育支出逐年只增不减	一般公共预算教育支出	教育经费保障	公共责任
	12. 在校学生人数平均的一般公共预算支出逐年只增不减	一般公共预算支出	教育经费保障	公共责任

续上表

评估内容	观测点	开放式编码	轴心编码	主轴编码
五、教师管理	13. 公办中小学校（幼儿园）教职员编制按规定配备情况	教职员编制	人力资源保障	公共责任
	14. 加强教师队伍统筹管理，积极推行中小学校、幼儿园教师“县管校聘”制度和义务教育校长、教师定期轮岗制度	教师队伍统筹管理、“县管校聘”制度、定期轮岗制度	教师管理、教师轮岗	公共责任、公平
	15. 积极推进教育事业人事制度改革，及时组织学校教师招聘工作，及时核定学校岗位设置结构比例，及时核定学校绩效工资总量	人事制度改革、教师招聘、学校岗位设置、学校绩效工资	人事制度改革、人力资源保障	公共责任
六、教师队伍建设	16. 义务教育阶段体音美、信息技术、科学等学科教师满足率	学科教师满足率	人力资源保障	公共责任
	17. 幼儿园教师持证上岗率	持证上岗率	人力资源保障	公共责任
	18. 专任教师高一级学历比例	高一级学历	人力资源保障	公共责任
	19. 市、县级教师发展中心达到省定标准比例（对市政府评价）县级教师发展中心达到省定标准比例（对县政府评价）	教师发展中心	教师专业发展保障	公共责任
	20. 教师信息技术应用能力达标率	教师信息技术应用能力	教师专业发展	质量
七、教育发展状况	21. 学前教育三年入园率	入园率	教育普及	公平
	22. 公办幼儿园比例	公办幼儿园	公益性	公平
	23. 普惠性幼儿园比例	普惠性幼儿园	公益性	公平
	24. 义务教育标准班额比例	班额	班额	质量
	25. 异地务工人员随迁子女入读公办学校比例	随迁子女入学	随迁子女教育机会	公平

续上表

评估内容	观测点	开放式编码	轴心编码	主轴编码
七、教育发展状况	26. 义务教育质量监测达Ⅲ级以上学生比例	质量监测达标学生比例	学生成绩	质量
	27. 中小学校、幼儿园优质资源比例	学校优质资源	办学水平	质量
	28. “班班通”覆盖率	班班通	教育信息化	质量
	29. 学生体质健康达标率	体质健康达标率	学生体质	质量
	30. 高中阶段毛入学率	高中阶段毛入学率	教育普及	质量
	31. 高中学业水平考试成绩C级以上比例	学业水平考试成绩	学生成绩	质量
	32. 中等职业学校毕业生双证书获取率	毕业生双证书获取率	学生能力	质量
	33. 新增劳动力平均受教育年限（年）	平均受教育年限	学生能力	质量
	34. 特殊教育发展状况	特殊教育发展	特殊教育发展	质量
	35. 民办学校依法为教职工足额缴纳社会保险费	民办学校、教职工社会保险费	教师待遇保障	公共责任
	36. 根据国家战略和有关政策法规，制定本地教育军民融合发展规划，协调推进军民融合工作；将国防教育纳入国民教育体系，丰富国家安全教育和国防教育内容、创新教育形式	教育军民融合发展、国防教育、国家安全教育	国家利益	政治性
公众满意度		公众满意度	公众满意	满意

政策文本分析有三种类型：一是文本定量分析，如对文本中某些关键词的词频统计从而探析某些规律性现象或特征。二是文本定性分析，从某个视

角对文本进行阐释。三是定量和定性结合的综合分析，既有定量描述又有定性分析，对文本既有定量描述也有定性阐释甚至还有预测。① 本研究拟采用定性和定量相结合的综合分析方法。一般认为，特定主题或词汇出现的频次可以体现不同认知主体共同反映的主题的重要性或认知的集中度。同时，特定主题或词汇的变化也可以体现认知的变化。教育指标体系是评价内容和价值取向的载体。对教育指标体系原汁原味、不加任何人为加工的数据分析，能更直接、真实反映评价。此部分采用定性分析，即从价值取向视角研究我国县级政府教育督政指标体系。文本并非是一种静态存在。当把政策看作是一种传统意义上的静态文本时，常常会容易忽视文本的动态积极内涵。政策文本对于研究社会结构、政策过程（政策发展轨迹）以及批判性政策分析有着重要的意义和价值。对教育政策文本的系统分析是从宏观上把握教育政策和教育改革发展的一个起点。② 因此，从价值取向角度对县级政府教育督政的指标体系进行阐释分析，可以观察我国县级政府教育督政价值取向演变的逻辑和路径，为识别县级政府教育管理绩效评价公共价值中的价值元素奠定基础。

二、研究发现

完成开放式编码后，本研究共提取出党的领导、党风廉政、教育改革、教育法制、教育优先、教育督导机构、现代学校制度、生均建筑面积、自主办学、学校建设规划、学位数、用地保障、师生权益、经费投入、一般公共预算教育支出、一般公共预算支出、教职员编制、教师队伍统筹管理、人事制度改革、学科教师满足率、持证上岗率、教师发展中心、信息技术应用能力、入园率、公办幼儿园、普惠性幼儿园、班额、随迁子女、教育质量监测、学生体质健康、简政放权、优化服务、语言文字管理等 174 个相对独立的初始概念。

完成轴心编码后，在 174 个相对独立的初始概念中共提取出 57 个相对独立的内容概念，包括党的领导、落实教育政策、国家利益、教育优先、教育履职、教育经费保障、教育用地保障、教育学位保障、人力资源保障、教育结构布局、教育资源投入、校园安全、教育工作统筹、教育法制、廉洁政府、现代学校制度、依法治教、简政放权、公开、师生合法权益、立德树人、教育普及、教育开放、班额、学生成绩、办学水平、教育信息化、学生

①② 涂端午. 教育政策文本分析及其应用［J］. 复旦教育论坛，2009（5）：22－27.

体质、学生能力、教育质量、学生发展、教育督导、教育管理、制定教育规划、教师管理、义务教育均衡发展、随迁子女教育、公益性、特殊教育发展、满意度、社会参与等。

完成主轴编码后，对 57 个相对独立的内容概念进行范畴化。在概念范畴化过程中，主轴编码尽可能以“价值”方式进行表述。如将党的领导、国家利益等统一编码为“政治性”价值。教育优先、教育履职、教育经费保障、教育用地保障、教育学位保障、人力资源保障、教育结构布局、教育资源投入、校园安全、教育工作统筹等统一编码为“公共责任”价值。由于教育督导、教育管理、制定教育规划、教师管理等属于“教育管理”范畴，也属于政府“公共责任”价值，可以合并。义务教育均衡发展、随迁子女教育、特殊教育发展等统一编码为“公平”价值。立德树人、教育开放、班额、学生成绩、办学水平、教育信息化、学生体质、学生能力、教育质量、学生发展统一编码为“质量”价值。满意度统一编码为“满意”价值。社会参与、民主管理、民主监督统一编码为“民主”价值。教育法治、师生合法权益统一编码为“法治”价值。简政放权、现代学校制度、校长负责统一编码为“有限（政府）”价值。公开、透明统一编码为“公开”价值。此外，还有“（教育）普及”价值、“廉洁（政府）”价值等。

综合分析，初步形成11 个价值元素范畴，具体包括政治性、公共责任、有限（政府）、廉洁（政府）、法治（政府）、公开（政府）、（教育）公平、（教育）普及、（教育）质量、民主、满意等。从表 4－3 中可以看到这些价值元素的频次分布情况以及排序。排序说明了这些价值元素在县级政府教育督政中的重要性，如重要的价值元素包括公共责任、质量、公平等，为县级政府教育管理绩效评价公共价值中价值元素的重要性提供借鉴。

表 4－3　县级政府教育督政价值取向元素统计

序号	价值元素	频次
1	政治性	27
2	公共责任	239
3	有限（政府）	4
4	廉洁（政府）	3
5	法治（政府）	12
6	公开（政府）	4
7	（教育）公平	39

续上表

序号	价值元素	频次
8	（教育）普及	8
9	（教育）质量	97
10	民主	2
11	满意	2

三、讨论及反思

不关注价值取向而研究政府教育管理绩效评价就容易陷入“为评价而评价”的形式主义泥潭。从价值选择看，我国县级政府教育督政的价值选择呈现以下特征。一是“履职”是教育督政关注的首要价值追求。强调政府发展教育的责任或职责成为对县级政府教育督政的共同关注。由于县级政府与上级政府之间存在“委托—代理”关系，同时县级政府在提供教育公共产品或服务时，包括提供教育公共产品或服务的数量规模、如何提供、提供给谁等存在一定程度的自由裁量权，基于公共选择理论的理性“经济人”假设，地方政府存在逃避责任并寻求自身利益最大化动机。因此，县级政府在发展教育方面是否履行职责成为评价首要关注的价值取向。二是“公平”是教育督政的重要价值追求。教育公平是社会公平的基石，成为指标共同关注的重点。不仅如此，关注“弱势群体”“教育普及”的价值选择其实也可归属“教育公平”价值维度。“弱势补偿”是不同教育指标体系的共同重要价值选择。分析可以发现，弱势群体受教育问题从始至终都为教育指标体系共同关注，具体评价内容包括全面关爱特殊群体、随迁子女平等接受义务教育、关爱留守儿童、加强特殊教育、资助贫困学生等。三是“质量”越来越受到教育督政的关注。随着经济社会的进步发展以及基础教育的普及，教育质量受到更多关注，对教育公共产品的追求从关注数量、规模的外延发展到重视质量、内涵发展，具体表现是有关教育质量的具体评价指标增多、细化，所占权重也相应增加。为了督促县级政府履职并提供丰富优质的教育公共产品及服务，上级政府对县级政府教育工作实施了不同类型的评价项目，同时也制定了相应的评价指标体系，取得了实践效果。教育督政在我国实施多年并成为国家教育制度在全国范围内开展。但从以上指标体系整体情况分析看，我国教育督政指标体系所蕴含的价值取向或价值标准维度相对单一，主要集中在质量、公平等少数几个价值取向元素，注重产出结果，倾向工具理性，

“结果”“履职”为导向的价值取向特征明显。

（一）“公共责任”指向无序

“公共责任”是政府组织存在的基本理由，是指政府在教育改革发展中所应履行政策要求的公共职责。教育职责是影响县级政府教育管理绩效评价的重要因素，履行教育职责是县级政府产生绩效的根本保证，评价县级政府教育管理绩效最重要的就是看县级政府是否履行教育职责。只有弄清县级政府在提供教育公共产品与服务方面“应该做什么”，才能判断县级政府教育管理绩效“好不好”。那么，县级政府究竟在基础教育改革发展中应“做什么”以及扮演什么样的角色？其实，县级政府的教育职责是一个复杂且边界模糊的问题。从宏观方面看，我国政府职能还处于探索、完善之中。在当前强调治理范式环境空间下，哪些是县级政府应该承担而不可推卸的职责，哪些应该交由学校、私人机构、社会组织，都值得深入从多个维度进行探究。一方面，地方政府特别是县级政府直接面对广大人民群众，所承担的管理职能繁多、具体，容易遇上一些不该管、管不了的事务。另一方面，对属于自身职责的事务又往往产生错位甚至缺位。还有，网络中可能存在着责任的真空问题。治理的多样性、动态性和复杂性使得网络的管理者、生产者和顾客在问题出现时都无法清楚地确定谁应该担负责任，这可能导致管理者将责任推给生产者，而更糟糕的是寻找“替罪羊”的可能性增加。①

（二）价值偏好倾向明显

从我国县级政府教育督政来看，全部属于自上而下的单向评价，呈现出明显的封闭式、权威性特征。从全部样本数据看，只有2条涉及民众偏好的“民主”价值，包括“广泛听取社会各界对学校发展规划、教育教学、日常管理的建议”“完善教职工代表大会民主管理和民主监督的体制和机制，不断提升学校管理的科学化、民主化和规范化水平”。政府只听见自己的声音，它也知道它听见的只是自己的声音，但是它却欺骗自己，似乎听见的是人民的声音，而且要求人民拥护这种自我欺骗。② 在我国“政府本位”由来已久。在县级政府教育督政中，实质上采取的是“政府主导”：从制定评价标准的上级政府自身需求出发，评价内容制定体现的是上级政府意图。在这种“政府主导”的模式下，评价主体是上级政府或上级政府委派的教育督导机构，采取的是一种“自上而下”的控制路径，评价从一开始体现的就是上级

① 孙斐．基于公共价值创造的网络治理绩效评价框架构建［J］．武汉大学学报（哲学社会科学版），2017（6）：138．

② 马克思，恩格斯．马克思恩格斯全集：第1卷［M］．北京：人民出版社，1965：78．

政府意志，评价主体对整个评价的全部过程有着高强度控制，按自身的价值取向进行价值选择，确定评价目标、评价内容、评价指标、评价程序、参与评价的人员，甚至评价的反馈，没有或较少考虑作为被评价者地方政府的诉求，忽视公众需求，较少考虑所提供的教育公共产品或服务是否符合当地社会公众的需求，缺失教育利益相关者的参与协商，评价呈现明显的管理主义特征。在这种评价模式下，上级的命令、意图成为评价内容及指标最主要的合法来源。评价结果作为一种评价县级政府教育工作成绩的工具，是上级政府对县级政府发展教育的一种管理手段，管理价值至上，管理的工具属性得到极大彰显，将评价结果作为“评先评优”“等次排名”的工具。评价过程缺少对话、交流、协商。作为教育重要利益相关者，家长、学生较少参与相关的教育工作评价。在实践中，只有少数家长及学生可能参与评价过程，众多家长及社会人士缺乏参与政府教育工作评价的独立的主体地位及途径。社会参与评价就更加有限，由于我国专业化、规范化的独立第三方组织并不成熟，其发出的声音、产生的影响相当有限。在教育利益相关者的角色中，政府、个人、社会不会是对立关系，而应是信任、合作关系。

（三）部分价值元素内涵有待丰富

价值具有时代性、社会性。相同的价值元素在不同时代、不同社会有着不同内涵及具体表现形式。以“效率”价值为例，效率有“结果”效率和“过程”效率之分。从我国开展的县级政府教育督政看，强调的是“结果”效率观，即是否有效达到既定教育发展目标。过程“效率”关注的是县级政府的教育资源投入和使用、转化是否达到一个优化状态，是否可能进一步改进。随着经济的快速增长，我国各级政府对教育经费的投入从规模、速度上都实现了快速发展。连续多年的数据显示，一方面，全国一般公共预算教育经费、各级教育生均一般公共预算教育事业费支出等多项关键数据不断增长，另一方面，教育资源配置不合理、效益不高甚至浪费的现象普遍存在。我国教育效率不尽如人意的同时，却并没有引起相应的重视。由于教育事业发展需要规模庞大的资源投入，资源在一定程度上总是有限的，效率提升所带来的变化就变得相当可观。如何利用科学合理利用资源，提高教育资源的使用效率，得到更多的教育产出理应成为关注的重点。对于政府教育管理绩效来讲，如何在一定的教育资源投入水平下获得最大的教育产出，如何配置使其让各种教育资源达到更佳比例，都值得思考。

第三节 价值元素的丰富

一、问题的提出

以上运用扎根理论分析并初步采集了县级政府教育督政指标体系指向的11个价值元素，为识别县级政府教育管理绩效评价公共价值账户提供了重要参考。但县级政府教育督政不等同于县级政府教育管理绩效评价。教育督政体现着典型的“政府主导”特征，存在典型的价值取向偏好。“评什么”由上级政府所决定。尽管在制定指标体系时可能会综合考虑多方利益，但由于立场原因，上级政府或决策者自身的价值偏好无疑成为主要考量因素。不可避免的是这种具有政策性、权威性和纲领性的政策文件蕴含着政府及决策者的价值取向、价值判断及价值准则①，而且主要体现的是决策者的价值取向，不可避免存在价值取向偏见。孙斐等根据来源将公共价值划分为两类。一类是“自下而上”的创造模式：由公民偏好的基本社会价值所形成的基本公共价值。另一类则是“自上而下”的创造模式：由政治精英偏好的基本社会价值所形成的核心公共价值。② 按照这种划分方法，教育督政属于“自上而下”的评价模式。而公共价值其本质是一种在治理框架下的价值建构，是在不同教育利益主体的价值冲突、协商、博弈、妥协中逐渐形成的，其主要特征就是主体多元、对话协商。

进入治理时代，单一突出或强调一种或少数几种价值标准的公共行政已无法适应理论及社会发展诉求。绩效评价需要超越这种强调价值单一、分离甚至冲突的局限，在治理的框架下重新整合不同价值主体的不同价值标准，对不同的价值进行选择、整合、重塑。尽管我国县级政府教育督政评价根据经济社会不断改进发展，但不可避免地陷入了忽视价值的多元化、管理主义倾向严重的尴尬境地。关注利益相关者不同的价值标准，倾听利益相关者的意见并予以应答，使每一个利益相关者群体都能根据自身的价值观，用自己内在的语言说出自己的看法、主张、兴趣或意见，这就可以解决价值多元化

① 文宏. 中国政府推进基本公共服务的注意力测量——基于中央政府工作报告（1954—2013）的文本分析［J］. 吉林大学社会科学学报，2014（3）：22.

② 孙斐，黄卉. 公共价值的类型、关系与结构研究［J］. 甘肃行政学院学报，2015（6）：25.

的问题，因为所有的价值观都可以展现出来。① 在评价过程中关注、承认评价对象的不同情况、不同特征，在评价过程中，评价者与评价对象进行协商，共同构建评价内容，而不是传统地用一套或两套已“生成”的指标体系来评价受评对象。不仅如此，现代评价也已进入“多元价值取向”时代。根据库巴、林肯对教育评价的4阶段划分论，经历“测量时代（measurement generation）”“描述时代（description generation）”“判断时代（judgment generation）”后，现代教育评价已到“建构时代（construction generation）”。库巴和林肯认为前三代评价存在忽视价值的多元化（failure to accommodate value-pluralism）、管理主义倾向（atendency toward managerialism）等问题。第四代评价理论认为，评价就是价值主体共同建构的过程。“建构时代”就是多元价值取向时代，“多元价值取向”符合现代评价发展方向。无疑，“价值协商”模式更加适合地方政府教育管理绩效评价。

此外，价值取向还存在时代性。哈贝马斯认为，在现代社会中，衡量一种政治秩序合法性的标准就是政治秩序与其所处时代价值规范的相容程度。②因此，尽管尽可能采用最新制定的指标体系作为研究样本，但仍不可避免的是这些蕴含着价值选择的指标反映的只能是“过去时”，并且理论和社会发展往往存在“时差”。公共价值具有历史变迁性，在不同时期和条件下，县级政府教育管理绩效评价必定有不同于历史的价值选择。当前治理理论在我国迅速发展也为开展县级政府教育管理绩效评价提供了新的重要理论基础。因此，通过扎根理论“贴标签”技术得出的11个价值元素是否能涵盖县级政府教育管理绩效评价公共价值的全部价值元素还值得商榷，有必要根据前沿公共行政理论特别是治理理论对采集的价值元素进行补充、完善，以便能更好、更全面、更接近地反映县级政府教育管理绩效评价的公共价值。

二、相关研究的借鉴

研究政府教育管理绩效评价价值取向的重要基础是政府绩效评价价值取向。教育是政府职能最为重要的基本领域和组成部分，是政府提供公共服务的重要方面。对于县级政府教育管理绩效评价价值取向来讲，整体意义的政府绩效评价价值取向具有重要参考价值，为厘清政府教育管理绩效评价公共

---

① GUBA E G，LINCOLN Y S. Fourth Generation Evaluation：An “Interview” with Egon G. Guba and Yvonna S. Lincoln［J］. Evaluation Journal of Australasia，1990，2（3）：314.

② 哈贝马斯. 交往与社会进化［M］. 张博树，译. 重庆：重庆出版社，1989：189.

价值账户中的价值元素提供了基本参考，二者是“部分”与“整体”的关系。

（一）西方公共行政发展的价值范式转换

随着时代及社会发展，西方公共行政的价值选择不断发生变迁。从历史演变的进程来看，西方政府绩效评价价值取向的演变与公共行政学的发展进程一脉相承。①

“效率”价值至上。20 世纪初，美国古典管理学家弗雷德里克·泰罗（Frederick Taylor）的《科学管理原理》问世后，科学管理理论作为一种系统哲学对整个西方经济社会生产及公共行政产生重要影响。科学管理理论的核心思想就是“效率”。亨利·法约尔的管理过程理论、马克斯·韦伯古典行政组织理论等也从不同角度研究了企业的管理问题，其重要的思想也是“效率”。科学管理学派主张建立标准化、流程化、科学化的程序及管理方法，目的也是最大可能协调整合人力及物质资源从而最大限度提高组织效率。西方国家政府通过以绩效考核为中心的官僚制来实现行政效率最大化。马克斯·韦伯也认为，官僚模型能够实现最高的效率。② 西方国家最初发起的政府绩效运动，主要目的就是借鉴企业的管理意识、质量意识，通过有效优化公共资源使用、提高政府运行效率，从而达到以尽可能少的资源投入换来政府尽可能多的产出，更好地达到既定目标。这一时期公共行政的单一效率价值取向与威尔逊、古德诺的“政治—行政”二分法思想不无关系。“政治—行政”二分法认为，行政管理不是政治问题。行政管理主要指向的是国家一些具体的、事务性的活动，是技术问题。因此，行政是价值中立的，政府应该思考如何尽可能以更小的代价更好地完成任务。

“公平”价值呈现。20 世纪六七十年代后，一系列经济社会及行政危机的出现使人们开始反思，传统公共行政单一追求效率并将之作为公共行政的终极选择值得怀疑。不仅如此，过度追求“机械效率”而无视了组织及人性需求，忽视了其他价值的选择如平等或参与的关注，传统公共行政单一的“效率”观受到了质疑、批判，西方开始反思推崇效率至上的单一的价值取向，公平、质量等价值取向开始进入视野。20 世纪 60 年代末，随着一系列经济、社会危机，新公共行政学派代表人物弗朗克·马诺力、德怀特·沃尔多等开始系统批判传统行政的单一“效率”价值取向，认为“政治—行政”

① 江易华. 县级政府基本公共服务绩效评估指标体系的理论构建与实证检测研究——基于社会公正的研究视角［D］. 武汉：华中师范大学，2009：44－45.

② 马克斯·韦伯. 经济与社会［M］. 林荣远，译. 北京：商务印书馆，1998：333.

二分法根本不可能实现，认为社会公平才是行政的终极价值。他们对原来以效率为中心的价值观提出了猛烈的批判，他们认为，效率固然重要，但并不是唯一的价值准则，而且从某种程度看，公平有时比效率更加重要。其中，乔治·弗雷德里克森（George Frederickson）提出公共行政正义观。受罗尔斯正义观影响，弗雷德里克森特别强调公共行政中的公平价值，认为公共行政的核心价值就是社会公平，主张将“效率至上”的公共行政观转为“公平至上”的公共行政观。弗雷德里克森提出用“社会性效率”取代“机械性效率”，认为效率价值必须结合公平、公共利益才有意义。新公共行政所倡导的社会公平对传统新政学的“效率”价值取向产生了重大冲击，成为一种新的公共行政范式。

“3E”价值发展。到了20世纪70年代末至80年代，新公共行政也日渐式微，取而代之的是影响至今的新公共管理学派。20世纪后期，以芬维克（Fenwick）等为代表的新公共管理学派学者提出“3E”原则，即经济（Economy）、效率（Efficiency）与效果（Effectiveness）。这一理念愿景是想公共部门同私营部门一样变得更有效率。新公共管理学强调“管理主义”，重视政府的产出及结果以满足社会公众需求。新公共管理学认为，无论是公共组织还是私营组织，管理具有相通性。因此，公共部门完全可以借鉴私营组织的管理理念、技术、方法等，体现出“私有化”“市场化”的价值取向特点。后来，随着公平受到越来越多的关注，有学者在此基础上增加“公平（Equity）”指标，发展成为更加完善的“4E”指标。从某种角度看，新公共管理学派是“效率”价值的回归，但比起传统公共行政，新公共管理学派并不相同，如：并不认可“政治—行政”二分法；社会公众是“顾客”，政府所提供的公共服务应以“顾客”为导向；等等。新公共管理学派影响深广，席卷西方国家，雷纳评审所提出的“3E评价指标体系”也被广泛运用到政府改革运动中并席卷西方，成为政府绩效评价的基本框架。

“公共利益”“民主”等价值得到重视。20世纪90年代后，以登哈特夫妇为代表，新公共服务理论得到了发展。新公共服务理论批判新公共管理的“顾客至上”价值取向，认为“顾客至上”的理念存在局限性，是对公民价值的“矮化”。① 公民和顾客从观念上就存在根本不同，公民不仅是权力的享有者，也是责任的承担者。新公共服务理论认为，政府是公共组织，同企业不一样，不能像企业那样运作。政府应该关注集体的、共同的、超出短期利益之外的公共利益，而不能仅仅关注“顾客”的短期需求。新公共服务是

① 盖伊·彼得斯. 政府管理与公共服务的新思维［M］//国家行政学院国际合作交流部. 西方国家行政改革述评. 北京：国家行政学院出版社，1998：18.

建立在公共利益的观念之上，是建立在公共行政人员为公民服务并确实全心全意为他们服务之上的。[①] 在“公共利益”基础上，民主价值得到了前所未有的重视并成为潮流。在百年公共行政价值发展中，“以人为中心”的价值也逐渐成为社会共识。在人类历史社会发展中，“以经济为中心”的功利主义哲学占据了主流的社会价值观，“增长第一”成为不同国家的共同使命。但“发展的价值究竟是什么”，弗朗索瓦·佩鲁（Francois Perroux）对此进行了哲学层面的反思。佩鲁认为传统的发展观是“见物不见人”，以经济增长为目的的发展观会给包括社会文化、公正价值、环境保护等在内的社会发展带来巨大危害。因此，他对传统的“以经济为中心”“以科学为中心”的发展观进行了批判。在他的新发展观中，“以人为中心”是重要的价值内容，强调为了“一切人的发展和人的全面发展”。他认为，如果这种办法有害于人的生活、有害于人的能力的话，那么，中心是人的发展就与这种办法水火不相容。在考虑规划时，我们所要遵循的准则是人力资源的充分发挥。[②] 佩鲁的新发展观丰富了政府绩效评价价值取向。

（二）我国政府绩效评价价值取向的借鉴

政府绩效评价的价值取向也引起了我国学者的重视。马宝成在总结西方学者对政治产品和政治生产力的政治评价标准的基础上，提出政府绩效评价的价值取向是增长、公平、民主和秩序。[③] 胡宁生认为，服务型政府作为我们今后需要构建的政府治理模式，其基本的价值取向应当是“以人为本”，而责任性、回应性、公平性、节约性、高效性、廉洁性为其基本特征。[④] 李文艳等认为，政府绩效评价的基本价值取向主要是增长、公平、民主、稳定、自由、进步。[⑤] 倪星立足中国情境，指出增长与公平、民主与稳定、服务与顾客至上、公共责任与效率、透明与质量等价值为地方政府绩效评价的

---

① 罗伯特·B. 登哈特. 公共组织理论［M］. 扶松茂，丁力，译. 北京：中国人民大学出版社，2003：207.

② 弗朗索瓦·佩鲁. 新发展观［M］. 张宁，丰子义，译. 北京：华夏出版社，1987：151.

③ 马宝成. 试论政府绩效评估的价值取向［J］. 中国行政管理，2001（5）：19.

④ 胡宁生. 服务型政府建构中政府流程再造的维度、阶段和类型［J］. 南京社会科学，2011（2）：90.

⑤ 李文艳，陈通. 政府绩效评估的价值取向及我国政府绩效评估的完善［J］. 唯实，2004（6）：51.

基本价值取向。① 林琼、凌文辁认为，政府绩效的价值追求包括满足公众需求、公共服务质量、廉洁、高效、公正等。② 臧乃康总结了自西方新公共管理运动以来政府绩效评估的价值，包括顾客至上的价值、公共责任的价值、投入产出的价值等。而中国政府绩效评估价值的缺失或缺陷包括公共服务的价值缺失、公共责任的价值缺失、公正公平的价值缺失等。臧乃康还指出中国政府绩效评估还必须突出以下价值：以人为本的价值、公共利益的价值、公平正义的价值。③ 盛明科认为我国政府绩效评估价值取向需要进行重塑。其首要价值取向是由全能政府转向效能政府，具体包括有限行政取向、服务行政取向、法治行政取向；终极价值取向是由政府本位转向公众本位，包括责任、廉洁、公平；基本价值取向是由机械效率转向系统效能。④ 陈国权认为政府绩效评估体系设计应该以和谐社会构建为导向，实现经济与社会、公平与效率、发展与稳定等多元价值的平衡。⑤ 廖晓明、孙莉认为，政府绩效评估指标体系构建应体现和遵循以下具体的价值取向：政府本位转向以人为本；全能政府转向效能政府；片面发展转向全面、协调、可持续发展。⑥ 孙斐选择四川省资中县作为案例研究对象，形成 15 个相对独立的价值概念，包括质量、责任、效益、效率、透明、廉洁、控制、经济发展、回应性、创新、社会稳定、可持续性、公共利益、公民参与、公众满意等⑦，孙斐清晰描绘出县级政府的具体价值选择，给予本研究重要启示。

（三）借鉴及启示

纵观西方公共行政百年历程，整体来看呈现以下特征。一是公共行政的价值选择随着经济社会发展环境变化而不断演化、变迁。在 20 世纪初，公

---

① 倪星，付景涛．企业绩效评估技术及其在政府部门中的运用［J］．中山大学学报（社会科学版），2004（5）：34－39.

② 林琼，凌文辁．试论社会转型期政府绩效的价值选择［J］．学术研究，2002（3）：88－90.

③ 臧乃康．科学发展观视域下政府绩效评估价值选择［J］．长白学刊，2007（3）：43－46.

④ 盛明科．论当前我国政府绩效评估价值取向的重塑［J］．行政论坛，2004（11）：25－26.

⑤ 陈国权．基于和谐社会构建的政府绩效评估［J］．公共管理学报，2005（4）：10.

⑥ 廖晓明，孙莉．论我国地方政府绩效评估中的价值取向［J］．中国行政管理，2010（4）：29.

⑦ 孙斐．地方政府绩效评价的价值分类及结构［J］．兰州大学学报（社会科学版），2018（4）：138.

共行政的价值选择顺应工业革命潮流的以“效率”为核心，强调工作效率、管理效率、财政资金支出效率；到20世纪40年代后，经济衰退，社会不稳定，随着行为科学、决策理论等学科的发展，公平、效益、民众满意度得到了重视；到70年代后，经济的发展对政府提出更高水平的服务需求，伴随着新公共管理发展，强调“结果导向”成为重点；到90年代后，新公共服务等治理理论发展，民主、公共利益等得到了重视。无疑，公共行政的价值选择不可能脱离社会环境而存在，它是顺应、回应社会发展需求的自然产物。二是西方公共行政的价值选择发生了若干次重大整体范式转换，逐渐从重视工具理性到工具理性、价值理性并重，并从单一逐渐走向多元、融合。尽管不是一蹴而就且错综复杂，但纵观公共行政百年历程，大致走过了“效率—社会正义—效率效能—公共利益—民主”的价值选择范式变迁，从前期的强调管理性逐渐转向管理性与公共性的结合，从前期的强调对立、非此即彼的视角转向多元、融合。如传统公共行政强调“效率”价值观转向“公平”价值观时，新公共行政就猛烈抨击了“效率”价值观，试图也用单一的“公平”取代“效率”。而到了后期，人们开始对不同的价值选择采取包容的态度，不同的价值选择开始对话、协商、调和，这为政府绩效评价提供了更多元的价值空间及价值选择机会。

比起西方百年公共行政发展，我国学者对政府绩效评价的价值取向研究具有以下特征。一是深受西方公共行政学发展影响，当前阶段特别是新公共服务等现代治理理论思潮以及民主价值以及民众参与、民众意愿等受到前所未有的重视。二是在借鉴西方公共行政基础上，我国学者的相关研究充分体现了国情。政府绩效评价的价值取向和国情及社会文化高度相关，不同国家，不同社会文化，政府在社会中所扮演的角色并不相同，所以不同国家的政府绩效评价的价值取向不尽相同，如效能政府及有限政府的价值选择对我国就有着很强的借鉴性。此外，即使是同一价值元素在不同的国家及社会文化中都有不同的内涵及表征。三是尽管价值取向自身具有主观性特征，不同主体受其认识结构、价值观、利益立场的影响，对同一客体的认识并不一致，不同人对政府绩效评价的价值取向并不一致，但对于政府绩效评价的价值集合，还是存在相当共识。从词频看，诸如增长、公平、效率、民主等词高频出现。

三、价值元素的丰富发展

公共价值内生于具体的社会情境，不同公共服务或项目的公共价值内容往往不同。[①] 鉴于作为一种特殊的公共服务，教育存在自身特性及发展规律，政府教育管理绩效评价的价值取向既不会等同于政府绩效评价的价值取向，也不会是政府绩效评价的价值取向和政府的教育价值取向的简单线性相加。作为一种特殊的公共产品，县级政府教育管理绩效评价的价值取向必定需要遵循自身的逻辑规律。因此，有必要根据西方公共行政发展变迁历史和我国政府绩效评价价值取向借鉴，对所采集到的价值元素进行完善、丰富、发展，从而形成县级政府教育管理绩效评价的公共价值账户。

（一）“公共责任”价值元素的厘清

克纳汉（Kernaghan）指出绝大多数公共组织所追求的价值都与其职责相联系。[②] 从某种意义看，评价政府教育管理绩效就是评价政府教育履职表现。只有系统研究县级政府的教育管理职责，才能科学设计县级政府教育管理绩效评价指标。在我国全能型政府传统管理文化下，厘清县级政府教育职责更显其合理价值。政府自其存在之日起便承担着提供包括教育在内公共服务的职责，但县级政府教育职责却是一个笼统、复杂且在我国教育管理行政实践中还在不断探索的问题，同时包含了地方政府、市场、社会、家庭及个体不同组织、个人教育权力边界的“块”的问题以及中央政府、省级政府、地市级政府、县级政府教育职责边界的“条”的问题。不同组织及个体、不同层级政府履行教育职责在内容、重点、范围、方式、方法方面应有何差异。作为一个大国，我国政府包括中央政府、省级政府、地级市政府、县区政府、镇（乡）政府五个层级。各级政府都有设置有相应的教育行政部门来统一负责教育事业，中央政府设有教育部，省级政府设有教育委员会或教育厅，地级市、县区级政府设有教育局等，不同层级政府都承担着教育职责，存在典型“职责同构”特征。经过多年的改革探索，我国不同层级政府共同发展基础教育事业的管理路径已基本清晰。但当各个层级政府都有发展教育、管理基础教育的职责之时，就会产生不同层级政府发展教育、管理教育的职责边界并不清晰的问题，具体表现在事权不清，事权、财权不匹配等问题，常导致多级政府共同管理却又解决不好的矛盾问题，而这又在基础教育领域中表现较为突出。为解决好不同层级政府管理基础教育的职责边界问题，我国在实践中逐渐探索出了“以县为主”的义务教育管理体制。尽管

---

① 王学军，韦林. 公共价值研究的几个重要问题［J］. 公共行政评论，2018（6）：199.

② KERNAGHAN K. The Post-Bureaucratic Organization and Public Service Values［J］. International Review of Administrative Sciences，2000，66（1）：91－104.

“以县为主”为我国基础教育发展制定了基本管理体制框架，也为不同层级政府因地制宜发展基础教育留下了政策空间，但并没有对“以县为主”的具体内容及范围做出解释，政策缺乏操作性。如1985年出台的《关于教育体制改革的决定》中提出了省、市（地）、县、乡四级政府教育管理职责的划分，由省级政府决定。但实际无论是“分级管理、分工负责”、还是“以县为主”或是强化“省级统筹”都没有从根本上解决各级政府教育职责不清的问题。同时，作为公共服务的教育事业需要政府大量财政经费投入，但人力资本投资见效慢、周期长，基础教育更是凸显此特征。地方政府作为利益主体有逐利冲动并对教育有功利性需求取向，在资源相对有限情况下不愿将工作的重点以及资源投入的重点放在基础教育事业发展中，没有将基础教育事业发展列入政府优先解决的工作，更普遍存在缺乏将基础教育上升到对国家重大战略意义和人一生成长的重大意义。基于“理性经济人”假设，地方政府在提供公共服务及履行教育职责方面往往存在“惰性”。

（二）“民主”价值内容的丰富

尽管在前文所述的9个指标体系的研究样本中出现了“民主”价值元素，但无论是从民主出现的频次还是所展示的评价内容看，“民主”价值在县级政府教育督政中体现相当不充分，内容展现的形式同样单一。随着治理理论的兴起，政府绩效评价呈现更加多元的趋势，凸显民主价值是重要趋向。登哈特夫妇认为，民主政治、公民权利、公民参与等概念已经被融入到绩效评价的价值追求中了。① 其中，新公共服务理论和公共价值管理理论所蕴含的民主意愿更加强烈而真实，民主的内容、形式在治理理论发展中也得到极大丰富、发展。从新公共服务理论看，其理论来源包括民主公民权理论、社区和公民社会理论等也围绕民主价值而来，民主、公民权利和公共利益成为新公共服务理论的核心主张，但后两者无疑也同样是民主价值的延伸及体现，民主成为新公共服务理论至关重要的价值。登哈特夫妇同样认为应该把民主放在第一位。新公共服务理论并不赞同新公共管理将服务对象看作是顾客的观点，认为这样会导致公民权利丧失。公民还应有其他自身的权利和利益。政府工作人员必须乐意倾听公民的心声，并且把公民的需要和价值放在第一位。“公民第一”的思想开始于顾客与公民的区别。②

① DENHARDT R B, DENHARDT J V. The New Public Service: Serving Rather Than Steering [J]. Public Administration Review, 2000, 60 (6): 549 – 559.

② DENHARDT R B, DENHARDT J V. The New Public Service: An Approach to Reform [J]. International Review of Public Administration, 2003 (1): 8.

从公共价值管理理论看，公共价值扎根于公民个人期望，公民个人期望的集合构成了公共价值的全部内容，公共管理者的重要使命就是探寻和回应公众真实的期望。① 从公共价值管理理论的理论主张来看，“公众偏好”是公共价值管理理论强调的核心。公共价值最终需要交由公众确定。而传统行政及新公共管理往往忽视公众参与或公众价值偏好。对公共价值管理理论来讲，让公众参与成为最为重要之事。可以说，与传统公共管理理论相比，公共价值管理所蕴含的民主意蕴无疑更加强烈、突出和迫切。公共价值管理理论强调社会公众在社会治理中具有重要中心地位，是社会事务和社区治理的建设者、参与者。社会公众有权通过参与政府管理来表达、实现自身的利益价值诉求，政府所要做的就是帮助社会公众满足、实现他们的利益需求。在公共价值管理理论中，社会公众参与在整个政府管理及社会生活中所扮演的角色及所起到的作用大大增强。社会公众不仅广泛参与到政府决策当中，而且在政策的传导、执行、反馈、监督各个方面都应发挥重要作用。可以说，公共价值管理理论拓展了民主的含义、范围及深度，包括参与公共事务的决策以及公共事务执行全过程，还让民主价值在公共行政领域真正具有实践层面的可操作性。

（三）“回应性”价值元素的补充

回应意味着政府对民众对于政策变革的接纳和对民众要求做出的反应，并采取积极措施解决问题。② 随着治理理论的兴起，大家发现，尽管是为社会公众提供产品或服务，政府同企业有诸多不同。相对于政府，社会公众不仅仅是“顾客”，也是权力的委托方：政府权力根本来自民授。因此，社会公众不仅是“顾客”，也是社会治理的重要“参与者”。同时，公民和政府的关系还是一种特殊的“委托—代理”关系，由于政府由公民选举产生，因此由公民选出的政府就需要对公民的诉求进行回应，并采取积极的措施让公民合理需求得到有效满足，反映社会公众价值诉求。回应对应的英文是“response”，意为“回答、答复或反映”。在莫尔看来，公共价值扎根于公民个人期望，公民个人期望的集合构成了公共价值的全部内容，公共管理者的重要使命就是探寻和回应公众真实的期望。③ 回应性政府，也有学者称之为“回应型”政府。“回应性”是建立在治理理论基础上而提出的概念。在公共行政中，“回应”指的是政府对公众诉求所做出的答复或反映。美国行政

①③ MOORE M H. Creating Public Value: Strategic Management in Government [M]. Cambridge, MA: Harvard University Press, 1995: 30.

② 何增科. 论进一步推进政府管理创新 [J]. 学习与探索, 2007 (3): 57.

管理学者格罗弗·斯塔林认为，公共管理责任的基本理念之一就是回应。[①] 俞可平认为，回应性的基本意义是公共管理人员和管理机构必须对公民的要求做出及时的和负责的反应，不得无故拖延或没有下文。在必要时还应当定期、主动地向公民征询意见、解释政策和回答问题。[②]

自20世纪70年代末以来，无论是新公共管理运动的“顾客导向”，还是新公共服务理论的“公民导向”、公共价值管理理论的“公众集体价值偏好”，都强调政府对社会、对民众的回应，积极主动加强与社会及民众之间形成信任、合作关系成为不同社会、不同国家共同的选择及趋势。政府对公众的及时回应可以有效增加政府的合法性及支持。英国行政改革所推行的公民宪章运动成为“整个90年代政府政策的核心”。英国政府要求所有的公共服务部门建立公民服务标准、内容、责任以及相关投诉的渠道，听取公民的意见并予以改进。安东尼·吉登斯认为，政府和国家的自身改革不仅需要满足效率的目标，也得对选民冷漠做出回应，即使是最发达的民主国家也存在这个问题。[③] 从现代评价理论的发展看，库巴、林肯同样强调“回应模式”(responsive model)，对评价各方面利益相关者的主张、担心及问题等予以应答。他们认为，评价应关注、承认不同利益主体的不同价值标准，评价过程中应充分听取不同利益相关者的意见，评价实质是评价的多元参与者特别是评价者与被评价者相互协商最后形成一致观点的过程。政府回应性包括内部和外部。内部的回应性主要指对下级官员或下级政府部门的回应，外部的回应性主要指政府对社会民众的回应。

尽管回应性概念来源于西方，但从我国公共行政实践看，长期以来我国实行的是政府“单中心”社会管理模式，政府与社会边界关系不明，与社会公众缺乏互动，政府回应力弱化。由于政府天然具有垄断性特征，政府对公众的回应不足是政府普遍存在的问题。传统公共行政中，地方政府往往对上级政府负责，以上级政府指令为主。公众的合理诉求得不到满足，长此以往对政府产生不满，影响政府权威。回应性不足的直接后果就是人民的价值诉求得不到满足，影响政府的权威直至合法性。回应性越大，善治的程度也就越高。[④] 建设回应性政府，成为我国推进国家治理现代化的急迫需求和内在

① 格罗弗·斯塔林．公共部门管理［M］．陈宪，等译．上海：上海译文出版社，2003：132.

② 俞可平．全球治理引论［J］．马克思主义与现实，2002（1）：24.

③ 欧文·E．休斯．公共管理导论［M］．彭和平，等译．北京：中国人民大学出版社，2001：268－269.

④ 俞可平．全球化：全球治理［M］．北京：社会科学文献出版社，2003：12.

要求。回应性政府要求政府以人民为中心，从人民需求出发提供公共产品或服务，并对社会公众需求及时反应并采取有效措施。在与社会民众有直接利益关系特别是包括教育在内的公共服务方面，主动、广泛与社会民众进行互动，对家长及社会诉求积极回应，在社会公众对教育改革发展中采取的政策措施有不同看法、观点或产生不满时，政府及相关教育行政部门采取相关措施进行改进。在政府教育工作中，常见到的现象就是——在人民群众关心的教育热点难点问题，如中小学生课业负担过重、中小学教师额外负担过多、校外教育机构不够规范、农村教育发展不平衡等问题上。教育利益相关方的意见以及社会公众参与评价的渠道、机制往往受限。这种政府本位主义评价行为忽视教育利益相关者的关注、参与，较少与其他组织、社会和家庭进行沟通、合作、协商。而当前全球治理范式潮流发展中，除政府外，鼓励社会组织、公民、企业等积极参与社会事务的决策、管理，共同承担责任，形成信任、合作共治关系。

（四）“效率”价值元素的丰富

“效率”最初来自于社会生产部门，是对投入与产出关系的测量。尽管西方公共行政价值范式发生了几次重大转变，但“效率”却是一直以来追求不变的核心。从本研究 9 个指标体系的研究样本来看，并没有单独呈现效率价值元素。研究分析，其中原因有以下几个方面。一是与教育督政目的高度相关。我国县级政府教育督政的重点是政府履职即考虑“公共责任”，以及教育产出即考虑教育公平、教育质量。二是效率价值蕴含在整个指标体系之中。尽管不同国家、不同地域、不同功能的评价对象的绩效评价模式各有不同，但“投入—产出”系统评价模型是主流。其中，就蕴含有“效率”价值取向。对县级政府教育督政的各类指标体系尽管不一定运用了系统评价模式，但评价县级政府的教育投入、管理过程和教育产出确必不可少。对于绩效评价来说，“效率”价值必不可少。政府绩效评价运动兴起之初，就意图改变政府臃肿和缺乏效率意识、成本意识的弊端，带有强烈的借鉴企业管理烙印，其主要出发点及主张是借鉴现代企业管理提高政府管理效率。我国公共教育资源的分配比例、结构等主要由政府决定。“输入”到“产出”之间经过了系统内部的转化，而这个系统的内部转化主要是基于政府对教育的管理，主要包括政府对教育资源配置的结构比例安排、政府对教育事业发展的决策管理、制度安排等，体现政府教育管理的能力。所以，县级政府教育管理绩效的好坏，很重要的是系统内部的转化。在一定资源投入情况下，转化得好，产出就多，政府的绩效就高；反之则绩效有待提升。县级政府教育管理绩效的高低实质反映了教育资源转化的成效。

综上，我国县级政府教育管理绩效评价需要根据公共行政理论的前行而不断丰富发展，特别是需要借鉴前沿公共治理理论。一是在治理理论视角下，重新定位政府特别是县级政府发展教育的“公共责任”。在区域教育改革发展中，究竟哪些属于县级政府的“公共责任”，哪些属于县级政府无须管、管不好、管不了的，需进一步厘清。二是重新理解定位“民主”价值元素在公共价值中的作用及体现途径，公众需求价值及民主价值需要更加凸显。因此，需要将公众需求及民主价值放在县级政府教育管理绩效评价公共价值账户中更重要的位置。三是应补充“回应性”价值元素。“回应性”价值是根据西方前沿公共行政理论发展所补充。四是“效率”价值是根据县级政府教育督政缺失所补充。至此，综合本章第二节，通过采集到的县级政府教育督政的 11 个价值元素，以及本章第三节通过借鉴政府绩效评价价值取向等补充完善的价值元素，共计得到 13 个价值元素，具体包括政治性、公共责任、有限（政府）、廉洁（政府）、法治（政府）、公开（政府）、（教育）公平、（教育）普及、（教育）质量、民主、满意、回应性、效率。这 13 个价值元素构成县级政府教育管理绩效公共价值账户。

四、价值元素的完善

以上这 13 个价值元素通过采集政策文本的价值元素及进行理论思辨所得，还不一定完善。一方面，尽管研究设计时对研究样本进行了科学抽样，但抽样只能解决代表性问题，即基于 11 个评价指标体系，不可能对所有评价指标体系一一穷尽分析研究，仍有可能有其他的价值元素没有纳入。此外，所有样本的编码由笔者一人完成，在“贴标签”过程中不可避免受到个人经验限制或主观看法影响，还具有相当的主观性。加之价值元素自身所具有的抽象模糊特征，县级政府教育管理绩效评价公共价值账户是否就由这 13 个价值元素组合而成，还有待验证。为完善价值元素集合，拟运用深度访谈，邀请熟悉评价的 5 位专家发表看法。访谈对象信息如表 4－4 所示。

表 4－4　深度访谈对象的基本信息

访谈对象代码	性别	访谈对象所在单位性质	年龄	职称	学历
A	男	教育科研机构	59	正高	硕士
B	男	高校	39	副高	博士
C	男	高校	42	副高	硕士

续上表

访谈对象代码	性别	访谈对象所在单位性质	年龄	职称	学历
D	女	教育科研机构	52	正高	博士
E	男	学校（校长）	48	副高	硕士

（一）过程概述

为保证深度访谈的效果，达到访谈目的，访谈需要做好以下方面准备工作。

（1）访谈专家前需要提前做好相应准备，例如：根据计划收集的资料提前制定访谈提纲，准备录音笔；与专家沟通好具体的访谈时间，提前告诉专家大概需要的时长；与专家沟通好访谈的地点，最好是安静的办公室或教室，适合一对一访谈的环境；等等。做好必须的沟通工作。

（2）编制半结构访谈提纲。访谈问题包括两个方面，3 个问题。

第 1 个问题。请专家结合个人研究方向或经验就县级政府教育督政谈个人的观点看法，追问专家哪些方面的评价内容比较重要并请举例说明。找到访谈对象的“兴奋点”非常重要。访谈对象个人的工作、生活经验史是访谈的最佳进入点。访谈设计的第一个问题既是为了解县级政府教育督政评价，也是为一种“渐进式聚焦”，引导访谈对象就自己有经验、有兴趣的话题开始交流，而且这个话题是与研究主题密切相关的。这样，访谈对象就容易进入主题并就访谈内容发表有价值意义的观点。此外，由于价值是“隐藏”的，是“深度”的，评价内容及指标体系是其外在表现形式。因此，专家所谈到的自己认为重要的评价内容实质就体现了自己对评价的价值标准选择。

第 2 个问题。请专家谈谈如果开展县级政府教育管理绩效评价的话，应坚持哪些价值取向或价值标准。请举例说明，例子最好能有 3 ~ 5 个以上。“深入事实内部”是深度访谈的重要特征。如专家短时间内无法快速深入思考，可做适当提示引导，请专家结合第 1 个问题谈到的重点评价内容进行交流。

第 3 个问题。请专家结合政治性、公共责任、有限（政府）、廉洁（政府）、法治（政府）、公开（政府）、（教育）公平、（教育）普及、（教育）质量、民主、满意、回应性、效率等 13 个价值取向或价值标准，谈谈个人看法，并请专家说明理由。如有需要，对其中的名词如“回应性”做出解释。此外，保持了半结构访谈问卷的开放性，征求专家意见看有无其他价值标准或元素需要纳入。将专家对 13 个价值元素的态度及取舍放在问卷的最后部分，为了悬置前期研究获得的知识与立场，避免先入为主。

（3）在访谈正式开始前，征求专家意见，如专家不反对的话，对访谈内容进行录音。在访谈过程中，要求访谈者善于与受访者互动，引导受访者围绕访谈主题进行交流，尽可能深入了解受访者对问题的看法、观点特别是深层次的价值观方面，同时不能带有研究者个人的价值、观点、看法。

（4）在访谈结束后，结合个人笔记本记录和录音笔记录，尽快整理收集到的访谈资料并转化为适合进行质性研究的文本资料。

（5）访谈内容示例。考虑到篇幅限制，此处选取部分原始访谈内容作为示例。

示例1：关于县级政府教育督政评价的观点看法。

访谈专家：对于开展县级政府教育督政，我个人观点，感觉相当有必要。因为对于基础教育发展来说，县一级政府的作用越来越重要，现在基础教育管理基本是“以县为主”了。中央及上级政府主要做一些宏观的政策指导、标准制定、财政转移支付以及改革方向的把握等方面的指导工作，具体经费投入、教师管理、校长任命以及上级政策如何落实实施都依靠县级政府。我参加过对地方政府的教育评估。评估能起到督促的作用，因为不少政府对教育的投入是存在“惰性”的，教育经费投入量大，短期效果又难以显现，地方政府领导更愿意抓经济以及一些看得见的工作。但目标评估还是存在不少值得改进的地方。比如说，很多数据需要到地方去采集，由地方提供。其实，由评价对象提供评价基础数据的方式不好，谁知道这些数据是不是真实的？是不是通过一些方式让数据变得好看？其实，政府应该建立相关方面的数据库，有些基础统计数据，我们需要哪些，一导就能出来，根本不用评价对象提供。这样也减少了地方政府接待评估的工作量是不是？

在评价内容方面，我认为一是政府的人、财、物投入非常重要。政府对教育是否重视，首先就是直接看你的投入够不够。基本的投入不保障，教育发展怎么有可能？还有土地问题。目前的土地资源太紧张了。原来城市发展规划不好，现在拓展起来几无可能。另外就是，小区配套建设幼儿园、小学的制度执行不好。你寄希望开发商能先把教育用地预留好，将学校建好，那只能看个人良心。没有一个可执行的制度坚持是不行的。二是教师很重要。教育发展好不好，最根本的还是校长队伍和教师队伍。信息化当然很重要，但信息化也是教师来使用的，没有教师素质的提升，教育发展就很难有大的变化，目前，很多地方教师的待遇是普遍提高了，但乡村教师如何留下来，如何保证他们的专业发展，值得深入思考，有时候不单单是提高工资就解决了。三是要看改革。比如说，目前中小学的办学自主权，我们呼吁这么多年了，很多地方变化并不是很大。校长没有财权、人事权，没有办法调动教师的活力和积极性，只是一个“教务处”处长主任的，完全听从安排，你说学校怎么办活？四是坚决反对应试教育。我在评估的时候特别关注这一点。很多地方说自己的素质教育搞得怎么好，但我到学校，从当地的熟人朋友一了解，其实有时候根本不是这样。学生的负担还是很重。当然，这个东西也不能全部怪学校、怪老师。另外，“达标”评估很重要，但“增值”评估也同样重要。这个和评价学生是一样的，你不能老是看这个学生成绩是不是很优秀，而不去看他的进步。每个学生的天赋、底子是不一样的。广东这边也很明显，你用同一把尺子去衡量珠三角和粤东西北地区，这本身的公平性就值得怀疑。要看到一些地方的“努力”和进步。

示例 2：应坚持哪些价值取向或价值标准。

访谈专家：既然是“绩效评价”，那么“投入”和“产出”当然很重要。“投入”比较好衡量，就是政府投入了多少人、财、物。但教育产出衡量起来就比较困难。目前，很多地方衡量教育产出时，考虑的是各种规模的提升，比如入学率、入园率、高中阶段教育升学率等等。但其实上，教育质量越来越重要，也是最难衡量的地方。教育质量好不好，最重要的是看学生培养质量。但教育质量如何评价到现在仍然是一个难题，我们做得不好。所以，也导致了以分数论成败的错误的评价观。因为考试最简单，也客观，好量化，一张试卷一考，学生得了多少分，学校平均分多少，高分比例多少，都可以量化，特别是中考、高考，容易比较。所以政府和教育局喜欢用这个来评价。这无疑是相当有害的，直接助长了应试教育，后果很坏。我们也在积极探索素质教育评价，比如学生综合素质评价等，但实际在操作层面上还有很长的路要走。另外，比较重要的是要真真实实地坚持“人民满意”的取向。目前，教育的一些热点、难点问题，学生家长关心的一些问题始终没有得到很好的解决。比如随迁子女的入学难、学生的择校问题、学生负担问题、校外机构的治理问题、学生的创新精神培养问题等等。这些问题，都切实需要政府积极面对，拿出解决方案，一步步向前推。

示例 3：对于 13 个价值元素的看法。

访谈专家：这个“政治性”是不是指的是“党的领导”？“回应性”呢？（笔者及时进行解释）因为这些价值取向或标准，我没有提前看，没有深入思考。我就我目前的认知谈一点看法。总体看，这些价值标准很有意义。特别是“回应性”的提出，感觉确实有必要。如果民众有强烈的呼声，特别是反映比较集中的问题，那么政府就有责任去做出回应。这里，还有一个前提，就是要制定一些机制，建立一些平台让群众提出意见诉求。对民众提出的问题，及时能解决的就尽快解决；短期内解决不好的，要制定解决方案，广而告之，并一步一步向前推进，一步步解决，我相信群众也是理解的。不过，我觉得里面有些价值元素是不是有交叉或重复的地方。比如廉洁（政府)、法治（政府)、公开（政府)，这里是不是有些重复。法治（政府）一定是要求廉洁、公开透明的。建议对这些价值元素的内涵要弄清楚，不要混淆。另外就是对于教育质量的评价，前面我已说过自己的观点了，对它的评价比较难，特别是想用客观评价指标的话。另外，对于教育效率的价值标准，要客观理解看待。我们要提高教育资金的使用效率，但同时，教育同企业生成不一样，教育不能过于强调“效率”。教育一旦过于强调“效率”，就容易导致急功近利。

（二）结果讨论

重点围绕专家有无提出新的价值元素，或对已有价值元素的观点看法进行结果讨论。其中，需要对专家第 1 个问题的访谈材料进行编码，贴标签，采取价值取向元素。在访谈中，有专家提到教育的“可持续发展”“以人为本”等。经辨析，以上两点是对教育改革发展的价值取向，具体体现在“（教育）质量”中。专家对采集到的 13 个价值元素提出的意见主要集中在概念的内涵方面，认为有的价值元素概念内涵存在交叉。一是有专家认为法治（政府)、公开（政府)、廉洁（政府）有内涵重复。经对法治政府的概念梳理，尽管没有形成一致看法，但学者对法治政府形成某些基本共同认知。本研究采用马怀德的观点，认为法治政府包括以下基本特征：有限有为的政府；是透明廉洁的政府；是诚信负责的政府；是便民高效的服务型政府。[①] 因此，法治（政府）价值元素是一个小的价值集合，这一价值集合由有限（政府)、公开（政府)、廉洁（政府)、效率（政府）等 4 个价值元素聚集而成。二是对于（教育）普及价值元素，有专家认为，从某种角度看，教育普及也是代表着教育质量，如普及九年义务教育代表着整体教育质量的提升；也有将教育普及看作一种公平，如实现了人人有书读，代表着实现了教育的起点公平。随着我国教育发展特别是义务教育实现全面普及后，对教育质量的要求已从初期的普及到更多着眼于人的发展及教育质量的内涵提升方面。本研究将（教育）普及看作是更广含义的（教育）公平，即为受教育者提供了更多的接受教育机会，是一种起点公平。因此，本研究将“（教育）普及”价值元素纳入“（教育）公平”价值元素中。不过需要注意的是，在制定法治（政府）和（教育）公平这两个价值元素对应的三级指标时，需要单独体现被合并的有限（政府)、公开（政府)、廉洁（政府)、效率（政府)、（教育）普及 5 个价值元素，且不能疏漏任何一个。

---

① 马怀德．法治政府特征及建设途径［J］．国家行政学院学报，2008（2)：36－37.

至此，通过以上研究共采集到的价值元素包括政治性、公共责任、（教育）公平、（教育）质量、满意、民主（政府）、法治（政府）、回应性等8个价值元素。这8个价值元素共同构成了县级政府教育管理绩效评价的公共价值账户。

第四节　评价模型的构建

根据以上分析识别得出县级政府教育管理绩效评价公共价值账户包含8个价值元素：公共责任、法治、公平、质量、政治性、满意、回应性、民主。接下来，需要做的是探究这8个价值元素间的结构关系。根据绪论中所构建的理论分析框架，结合深度访谈专家的意见，完成基于公共价值的县级政府教育管理绩效评价模型的构建。

一、过程绩效（Operation Performance）的测量模型

根据盖尔文等人的观点，公共价值有3个关键组成部分。第一个维度是服务的价值。公共服务不仅满足了公民的基本需求，同时也是传递公平、平等、正义等价值的载体。[①] 从某种意义看，提供公共服务是政府的核心职能及存在重要缘由。服务的价值层面指向的是政府在提供教育公共服务过程中的公共责任、民主参与、公共治理等，实质考量“运行绩效”，即县级政府作为教育公共产品或服务的提供主体，其公共履职情况如何。在此基础上，“运行绩效”维度包含公共责任、民主、法治3个价值元素。

二、结果绩效（Production Performance）的测量模型

盖尔文的公共价值分析框架的第二个维度是结果的价值。尽管结果和服务在内容上存在重叠，但是结果所体现的价值是区别于公共服务质量本身的，如作为结果的低失业率与高质量的公共就业服务所贡献的价值是不同

① 杨博，谢光远．论“公共价值管理”：一种后新公共管理理论的超越与限度［J］．政治学研究，2014（6）：116.

的。具有公共价值的结果需要公众与公共服务部门共同创造。① 结果的价值层面指向的是县级政府所提供的教育公共产品或服务的规模、质量等，考量的是“生产绩效”，指向的是政府所提供的教育公共产品或服务如何。公平而有质量的教育是全球各国教育改革发展孜孜不怠追求的价值目标。据经合组织（OECD）《教育开放政策2015》报告显示，目前经合组织成员国的改革方案中，约有16%的措施聚焦教育公平和质量。在此基础上，“结果绩效”维度包含质量、公平2个价值元素。

三、关系绩效（Relationships Performance）的测量模型

凯利·盖尔文的公共价值分析框架的第三个维度是合法性以及对政府信任的价值。本研究界定县级政府教育管理绩效评价的关系绩效是县级政府提供教育公共产品或服务过程中与其他组织或个体产生联系时所表现出来的主动、积极的社会行为，这种行为有助于县级政府教育管理绩效的整体提高。在这里，关系绩效对象包括其他组织和个体。为了更清晰了解县级政府的关系绩效对象，本研究将县级政府的关系绩效对象分为两个向度。一个是“向下”的向度，对象是社会公众；另一个是“向上”的向度，对象是上级政党及上级政府。外部的政治支持或者直接影响绩效管理的有效性，或者通过影响组织支持和外部利益相关者的参与来间接影响绩效管理的有效性。② 缺乏上级组织支持的地方政府绩效管理无疑会面临严峻考验。莫尔在“战略三角”模型中也强调了向上获得政治授权的重要性。在此基础上，“关系绩效”维度包含满意、回应性、政治性3个价值元素。

四、基于公共价值的县级政府教育管理绩效评价模型及测量模型

综合以上分析，在莫尔的“战略三角”理论基础上，本研究借鉴凯利·盖尔文以及我国学者尤建新等人的划分方法，在伍德鲁夫（Woodruff）的顾客价值层级模型以及公共价值来源的3个层面基础上，构建政府教育管理绩效评价公共价值实现的3个层面，并将这3个层面作为县级政府教育管理绩效评价的3个基本维度。其中，“过程绩效”指向的是县级政府作为教育公

① 杨博，谢光远．论“公共价值管理”：一种后新公共管理理论的超越与限度［J］．政治学研究，2014（6）：116.

② YANG K，HOLZER M. The Performance－Trust Link：Implications for Performance Measurement［J］．Public Administration Review，2006，66（1）：114－126.

共产品或服务的提供主体，“应该做什么”“不应该做什么”“如何做更加有效”，关注的是公共责任、民主、法治的价值取向，主要研究县级政府在提供教育公共产品或服务过程中如何做才能更加有效地提供教育公共产品或服务，聚焦的是“过程”。“结果绩效”指向的是县级政府所提供的教育公共产品或服务的规模、质量，关注的是教育公平、质量的价值取向，聚焦的是“产出”。“关系绩效”指向的是作为提供教育公共产品或服务主体的县级政府，教育利益相关者是否满意，关注的是满意、政治性、回应性的价值取向。“过程绩效”“结果绩效”“关系绩效”这三个维度指向分别不同，同时又是一个有机整体。即县级政府教育管理绩效好不好需要评价三方面内容。三者关系比较来看，结果维度的重要性似乎占据首位，因为提供教育公共产品或服务是政府存在的重要意义。但从另外一种视角看，却是过程维度最为重要。如可能出现这样的情形：教育发展的规模、速度、质量并不能让人满意，但政府尽了自身最大努力并取得了公众的信任，囿于历史及现实其他因素影响，而教育发展受限。此时，政府教育管理绩效仍可能取得一个较好的表现。

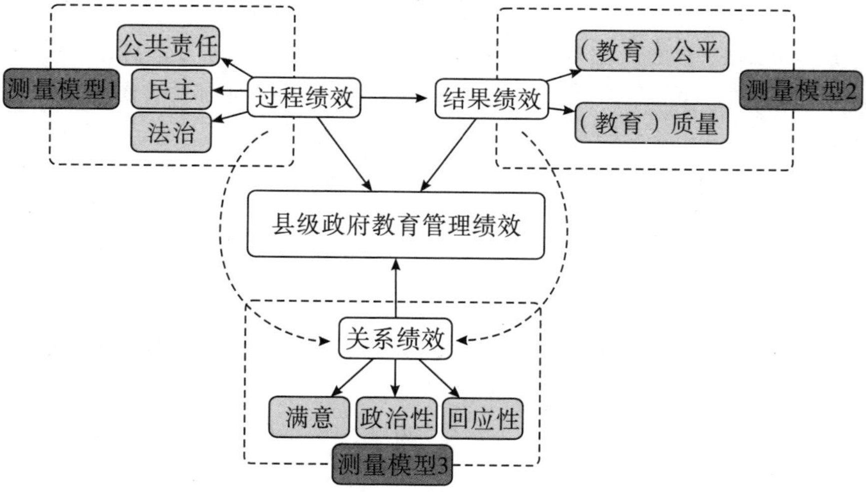

图 4－1　基于公共价值的县级政府教育管理绩效评价模型及测量模型

第五章　县级政府教育管理绩效评价指标体系构建

第一节　问题的提出

评价指标体系是由评价指标根据评价对象诸因素构成的逻辑结构组织成的有机整体。通常由 3 个系统组成：一是指标系统及其要素的结构；二是权重系统，包括各级指标及要素的自重权数和加重权数；三是标准计量系统，包括标准和计量方法。① 本章的研究内容即包括确定指标要素系统和指标要素权重两部分。

一、问题的提出

第一，通过前面的研究，识别了县级政府教育管理绩效评价公共价值账户中的价值元素并完成评价模型的构建。由于价值元素具有模糊、抽象特性，如何使这些抽象、模糊的价值元素概念可操作化，即转化为可测量、可观测的具体评价指标，成为下一步需要重点研究解决的问题。

第二，不同价值元素在县级政府教育管理绩效评价公共价值账户中的重要性及先后顺序是不一样的，即不同的价值元素权重并不一样，但权重问题

---

① 陶西平. 教育评价辞典［M］. 北京：北京师范大学出版社，1998：112.

仅仅通过文献、访谈等质性研究很难准确获取。研究这些价值元素的先后顺序，即在指标体系中的权重，也是研究县级政府教育管理绩效评价公共价值结构问题中的重要内容。

二、三级指标设计与遴选的技术路径

三级指标的选择是指标体系是否在实践中具有可操作性的关键。价值元素概念抽象、模糊，认识不尽一致且不可避免出现某些交叉、相似。

首先，参考相关理论，对 8 项价值元素的概念内涵做出解释。三级指标应是对价值元素内涵的分解，需要根据价值元素内涵进一步分解出三级指标。在此基础上，运用文献分析法、关键绩效指标法构建三级指标备选库。其中，文献来源主要分为两类：一类是借鉴国际指标体系已有的评价指标，包括国际通用的教育指标体系，如经合组织的教育评价指标、联合国教科文组织的教育评价指标、世界银行的教育评价指标。另一类是我国的教育现代化评价指标体系、区域教育评价指标体系、教育督政评价指标体系等。此外，对于新补充的价值元素则根据研究制定评价指标。在政府颁布的相关政策文件基础上，并在兼顾我国国情及县域特殊性前提下，优先选用已有权威指标体系所采用的高频评价指标，对县级政府教育管理绩效评价备选三级指标进行收集、整理、设计。

其次，设计调查问卷并进行试测。根据已初选的三级指标，研究编制县级政府教育管理绩效评价调查问卷。为提高三级指标备选库的科学性，本研究设计了试测环节。在试测过程中，邀请专家对三级指标备选库提出意见建议，包括三级指标的选择、指标名称、数据可能来源等。在此基础上，形成正式的县级政府教育管理绩效评价调查问卷。

最后，遴选三级指标。发放调查问卷，根据被调查对象的专业知识、经验认知进行判断，从而对三级指标库中各个三级指标的重要性进行排序，获得各项指标重要性系数。根据收集到的数据对构建的三级指标备选库进行遴选，将重要性程度较低的删除，对指标名称、内涵等进行调整完善，从而遴选出最终的基于公共价值的县级政府教育管理绩效评价三级指标。

三、三级指标设计与遴选的基本原则

第一，选取三级指标的原则。在三级指标的设计过程中，本研究将采用在绩效指标设计中经常会被使用到的“SMART”原则。S 代表“Specific”，意指绩效指标必须是具体的、明确的，要明确清晰地表达要达成的行为标准，而不能笼统。M 代表“Measurable”，意指绩效指标必须是可度量的，即验证指标的信息或数据是可获得的。如果无法获得准确的信息，其理念及方法再好也毫无意义。因此，三级指标的信息要尽可能可以获取，特别是容易方便获取。对于定量的评价，要尽可能从已有的政府统计数据、工作报告、教育统计年鉴、政府预算及执行情况报告等直接获取。对于定性指标，也尽可能通过简单易行的专家评判打分的方式进行。这样可以大大减少绩效评价过程中带来的不必要的额外工作，减少评价对象由于大量额外工作带来的负面消极情绪甚至抵制情绪。A 代表“Attainable”，意指绩效指标在付出努力的情况下是可以实现的。过低的绩效目标毫无意义，无法激励受评对象；过高的绩效目标不仅会使评价对象感到目标高不可攀，而且容易使评价对象容易产生沮丧、挫伤感。过高或过低的绩效指标是无效的。R 代表“Relevant”，即绩效指标与工作目标应具有相关性。T 代表“Time-bound”，即完成绩效目标必须有明确的时限。

第二，定性评价指标和定量评价指标相结合。一般认为，可量化的指标以及数字会带来指标体系的可信度及可操作性。莫尔特别强调了公共价值测量的误区：在经济学中，价值通常是可比的，所有东西都能够转化为等价的货币进行比较。然而政府部门需要处理的价值并不等同于经济学关注的价值，有些价值不能被货币化、不能被交易……将价值数据化的做法可能会摧毁重要的信息。① 其实，不仅公共价值有诸多方面难以用量化的指标来表达，教育同样如此。作为促进人的发展的事业，尽管教育发展的结果可以用学校数、学业成绩来评价，但教育的可持续发展、受教育者的综合素质及核心创新思维等诸多方面，很难用简单的数据进行测量评价。无论是公共价值还是绩效评价，完全用量化评价指标并不可取。因此，本研究在评价指标的选取上采取定量评价和定性评价相结合的方法。阿里·哈拉契米也认为，业绩测评能够是定量和定性的。② 其中，对于客观评价指标尽可能考虑指标数据的可获得性并优先选择有权威来源的数据，优先从教育统计年鉴、政府报告、教育行政部门公开的信息数据中获取。主观指标则尽可能避免使用概念内涵不清晰的评价指标。

第三，三级指标的来源。选择指标的一个重要考量是尽可能基于现有的数据库的统计数据信息。有相对比较简便、可靠的数据采取资源，每个评价

① BENINGTON J，MOORE M H. Public Value：Theory and Practice［M］. New York：Palgrave Macmillan，2011：216.

② 阿里·哈拉契米. 政府业绩与质量测评：问题与经验［M］. 张梦中，等译校. 广州：中山大学出版社，2003：35.

指标都有明确的内涵定义。具有以上特征的评价指标收集来源可靠、稳定，具有可比性，且在实际的评价实践操作中能节省大量的人力。因此，无须同第四章一样将研究对象限定在“指标体系”上，教育统计指标、教育规划指标等都可以纳入。因此，《中国教育统计年鉴》《全国教育事业发展简明统计分析》《中国教育经费统计年鉴》等可作为重要三级指标来源。此外，在评价指标体系中出现频度较高的指标也是重要三级指标来源。

评价指标数量的多少也需要适宜。过少的评价指标，无法采集到评价对象的有效信息，也无法完成科学评价；过多的评价指标，必定也会带来评价实操过程中的烦琐及人力成本的增加。

第二节　三级指标备选库构建

三级指标是对价值元素的进一步分解，需要兼顾评估可操作性等因素。作为具体观察点，设计三级指标时要尽可能概括可能涉及的评价内容，以便专家在筛选时能全面做出比较、判断，从而快速、准确筛选出有代表意义的三级指标。同时，为提高调查问卷的科学性，本研究在正式发放专家问卷之前设计了试测环节。因此，需要提出足够的测量题项以便删除、修改试测不佳的指标。

一、“公共责任”价值元素内容解析及评价指标的抽提

责任和义务、职责两个词语在伦理学上具有相近含义，指的是主体应该尽到的义务，分内应该做的事，表现为社会公众对政府作为一个组织存在的要求。简言之，就是政府所应负担的全部责任。责任是民主政治和公共行政的核心问题。美国总统伍德罗·威尔逊指出：权力及其使用权力的严格负责态度是良好政治的主要内容。① 责任是权力的孪生物，是权力的当然结果和必要补充。有权力的地方，就有责任。崇尚“责任”可以强化县级政府发展教育的主体责任意识。在有关政府绩效评价的研究中，政府公共责任或政府职责成为诸多研究者共同关注的重点。柯纳翰（Kernaghan）指出绝大多数

① 伍德罗·威尔逊. 国会政体［M］. 熊希龄，吕德本，译. 北京：商务印书馆，1986：156.

公共组织所追求的价值都与其职责相联系。① 从某种意义看，政府教育管理绩效就是政府履行教育职责情况表现。因此，要衡量政府对教育的服务品质如何，要看政府对教育公共责任是否到位，即政府在教育公共服务中应该“做什么”。只有明确县级政府在教育公共服务方面“做什么”，才能进一步评价“好不好”，绩效如何。教育职责是县级政府教育管理绩效评价的价值供给载体，县级政府教育职责是影响、构建县级政府教育管理绩效评价的重要影响因素及基本前提，是产生绩效的根本保证。评价县级政府教育管理绩效最重要的就是看县级政府是否履行教育职责。只有系统研究县级政府的教育职责，才能设计指向“服务品质”部分的县级政府教育管理绩效评价指标。对“公共责任”的界定有两个维度：一个是美德维度，从人性角度出发进行界定；另一个从外在责任控制维度看待公共责任。比较而言，尽管美德能够提高政府及公务人员的公德意识及奉献精神，但在很大程度上依赖于个体道德水平的高低，且受制于人类文明发展及社会环境影响，容易陷入唯心主义，因此并非易事。因此，本研究侧重于从第二个维度即外在控制维度看待县级政府的教育“公共责任”。

改革开放后，我国基础教育管理体制经历多次变革。这些变革无不杂糅时代社会变迁、管理体制改革、教育发展变化等多种经济社会文化因素。县级政府发展教育的公共责任或者说教育职责究竟包括哪些实质还处于在理论上研究、在实践中摸索的过程，如哪些方面是政府的公共责任必须义不容辞承担起来，哪些应该让渡于社会、学校及社会组织，而在这其中政府应该发挥什么样的作用，等等。在不同的历史阶段和社会环境中，政府发展教育事业所承担的责任、发挥的作用以及扮演的角色也并不完全一致。因此，科学界定现阶段县级政府教育行政职责至关重要，对本研究设计评价指标也同样十分重要。但现实是，县级政府究竟在基础教育改革发展中应“做什么”以及扮演什么样的角色（即县级政府的教育职责）却是一个复杂且边界模糊的问题。西方学者对公共责任构成的要素及模型展开了研究，但这样的研究无疑还远不能厘清县级政府发展教育的公共责任。与此同时，我国是典型的中央集权制国家，县级政府究竟有哪些职责，很多时候是由上级政府特别是中央政府的统一部署来决定。与此同时，我国政府职能还处于探索、完善之中，特别在当前治理范式下，哪些是县级政府应该承担而不可推卸的职责，哪些应该交由学校、私人机构、社会组织，都值得从多个维度进行深入探究。

---

① KERNAGHAN K. The Post-Bureaucratic Organization and Public Service Values [J]. International Review of Administrative Sciences, 2000, 66 (1): 91 - 104.

对于政府的教育职责，学者们提出了不同的认识和看法。阮成武认为社会建设领域中的政府教育职能在于：以教育利益关系统筹协调为核心，建立公共教育政策体系；以促进教育公平和社会公平为核心，建立公共教育财政体制；以政事分开、政校分开为核心，建立公共教育治理结构；以人民满意为衡量标准，建立公共教育服务体系。① 此种观点将政府教育职能归纳为建立公共教育的政策体系、财政体制、治理结构、服务体系等四大方面。樊纲认为现代政府最基本的教育责任之一是通过制定教育政策，为教育的发展提供既能够保障教育公平，又能够在此基础上保证效率的教育制度。保障实现教育利益分配和教育公共参与机会的“最有效率的公平分配”。② 樊纲的观点相对比较抽象，政府教育职责的重点是制定公平而有效率的教育制度。褚宏启则对政府教育职责进行了分类明确，具体包括宏观调控、制定推行政策法规、制定各类标准、制定发展规划、财政支持、建立服务体系、检查评估等7类教育职责。其中，他认为“确立教育标准、学校提供保障和服务应成为政府教育责任的重点”。③ 靳希斌将政府教育职能分为服务型管理职能及管理服务型职能两大类。其中管理职能包括：行使管理职能的公共权力；制定教育法规、政策与条例；合理有效配置教育资源；通过宏观调控，解决教育某些方面的市场失灵。服务型职能包括：制定和实施公共教育政策；为社会提供公共教育产品与公共服务；政府教育职能拥有改革与推动教育发展的公共权力；政府教育管理具有部分纠正市场失灵的职能，具有稳定与配置教育资源的职能。④ 杨娟等的责任划分则较为简单清晰，将县级政府的教育基本责任归纳为两部分：教育财政责任和教育管理责任。其中，教育财政责任包括对教育经费的筹集、预算、分配和管理。教育管理责任主要由政府领导、人力资源管理，保障教育质量和法律规范组成。⑤

学者的观点虽不尽相同，但对县级政府的教育职责应包括以下几大方面基本形成共识。具体包括：落实教育优先发展战略地位；统筹政府有关部门涉及教育的工作；制定各类标准、制定发展规划等公共教育政策体系；落实

---

① 阮成武．论社会建设中的政府教育职能［J］．中国教育学刊，2009（3）：1.

② 樊纲．平等、公平与经济发展［M］．北京：中国人民大学出版社，2004：624－628.

③ 褚宏启．审视现代学校制度［A］//中国教育管理评论：第2卷．北京：教育科学出版社，2004：93.

④ 靳希斌．政府教育管理职能转变与公共教育财政体制建构［J］．现代教育管理，2011（10）：10.

⑤ 杨娟，刘亚荣，王善迈．“以县为主”政策中县级政府责任探析［J］．教育发展研究，2009（12）：12.

教育投入与保障；落实对学校的检查评估；建立公共教育治理结构；不断改革创新教育管理方式；建立现代教育体系。其中，“落实教育优先发展战略地位”完全可以通过后面“落实教育投入与保障”等几大具体职责来保障。以上是学者对政府教育职责的看法观点。本研究将县级政府发展教育的公共责任概括为教育资源供给和教育制度供给两大方面：一是教育资源供给职责。教育资源供给是政府教育公共服务履职重要表现之一。作为理性经济人，政府特别是地方政府存在着逃离公共责任的原始冲动。教育需要政府大量的财政经费投入，而且家庭、社会对教育尤其是优质教育需求的不断增长，而教育资源相对短缺是常态。作为人成长成才的重要教育阶段，基础教育的基本功能是培养人。短期内的教育投入在相当长时期内无法见到回报，这一点在基础教育领域表现突出。二是教育制度供给职责。除了物化的教育资源供给外，教育政策供给同样不可忽视。从某种程度看，教育制度供给对教育改革发展的影响更为广泛而深刻。制度提供了人类相互影响的框架，它们建立了构成一个社会，或更确切地说一种经济秩序的合作与竞争关系。①现代政府的基本教育职能是供给教育政策和做出教育制度安排。②

（一）教育资源供给

教育资源供给主要指政府为教育改革发展提供必需的经费投入、人力资源保障、设施设备及土地空间等物化资源。

1. 教育经费投入

教育经费投入是政府教育职责的首要任务。《中华人民共和国教育法》明确要求：“国家建立以财政拨款为主、其他多种渠道筹措教育经费为辅的体制，逐步增加对教育的投入，保证国家举办的学校教育经费的稳定来源。”此外，还对教育经费的可持续增长提出要求：“全国各级财政支出总额中教育经费所占比例应当随着国民经济的发展逐步提高。”此外，政府教育财政支出还与政府对教育投入的努力程度相关。地方经济社会发展水平越高，政府财政收入随之不断增长，可以用于教育支出的财政经费也就越多。在充分借鉴国内多个教育指标数据等基础上，本研究筛选出“财政教育支出占公共财政支出的比例”“财政教育支出预算增长比例”2个三级指标评价县级政府的“教育经费投入”责任。

---

① 道格拉斯·C. 诺思. 经济史中的结构与变迁［M］. 陈郁，罗华平，等译. 上海：三联书店，1994：226.

② 刘复兴. 政府的基本教育责任：供给“公平”的教育政策［J］. 北京师范大学学报，2008（4）：5.

2．教育人力资源保障

教师是教育发展的关键和教育质量的核心，师资统筹调配是政府履行职责重要的内容。中共中央、国务院在《关于全面深化新时代教师队伍建设改革的意见》中明确要求“各级党委和政府要从战略和全局高度充分认识教师工作的极端重要性，把全面加强教师队伍建设作为一项重大政治任务和根本性民生工程切实抓紧抓好”。一支数量充足的高素质教师队伍是教育发展的根本保证，教育优先发展的前提及基础是教师队伍建设优先发展。在充分借鉴国内多个教育指标数据等基础上，本研究筛选出“生师比”“教师平均工资收入水平不低于或高于当地公务员平均工资收入水平”2 个三级指标评价县级政府的“教育人力资源保障”责任。

3．教育设备资源保障

在组织管理中，人、财、物、信息都是不可或缺的资源。其中，在“物”化资源中，土地资源最为重要。由于城市快速发展带来人口的迅猛集中，我国城市普遍面临教育用地缺口大、学位不足、生均占地面积严重不够等问题。大城市面临的教育用地不足与用地需求不断增大的矛盾问题更为突出。由于土地资源的总量是有限的，具有稀缺性，建立教育用地保障机制成为教育改革发展的重要内容。在充分借鉴国内多个教育指标数据等基础上，本研究筛选出“教育用地纳入年度国有建设用地供应计划”“生均教育建筑面积”2 个三级指标。此外，信息化是教育现代化的重要特征，也是教育现代化的重要保障。信息化对人类生活及教育学习产生越来越深刻的变革影响，随着信息化的快速发展以及信息技术在教育领域内的广泛应用，学校的教育教学内容、方式以及教师的角色定位都在发生着深刻变化。在充分借鉴国内多个教育指标数据等基础上，本研究筛选出“生均计算机数量”“生均图书数量”2 个三级指标，共计 4 个三级评价指标评价县级政府“教育设备资源保障”责任。

（二）教育制度供给

制度就是指人类相互交往的一系列规则，它抑制着可能出现的、机会主义的和乖僻的个人行为。① 从某种意义看，制度其实也是一种由政府提供的“公共产品”。教育制度是社会制度重要组成部分，发挥着创建教育活动秩序的重要作用，从根本上规范不同教育活动主体的行为，并为教育改革发展注入强劲的发展动能。制定教育政策就是对教育活动做出制度性安排。从我国

① 柯武刚，史曼飞．制度经济学：社会秩序与公共政策［M］．韩朝华，译．北京：商务印书馆，2000：35.

基础教育管理体制的制度安排看，县级政府和中央、省级、地级以上市政府共同成为基础教育制度的供给者。上级政府特别是中央政府负责宏观基础教育制度的供给，包括教育方针、宏观目标、管理体制、标准制定等。这其中，县级政府在基础教育制度供给中同样扮演重要角色，发挥重要作用。一方面，上级政府在制定教育政策时，总会预留给一定的空间便于县级政府调整、优化政策的执行。另一方面，县级政府也会根据区域经济社会及教育发展实际来制定相关政策来推进区域教育改革发展。从总体情况看，我国基础教育制度供给充足，各级政府都将基础教育政策制定作为重要工作内容。但同时，低效甚至无效的教育政策供给过剩成为常见现象。以教育政策文件制定发布为例，各级政府对中央制定的教育政策文件层层转发，要求贯彻落实。但实际过程中，由于考虑到制度改革往往会带来风险，包括县级政府在内的地方政府教育制度供给意愿不强、能力弱化，往往期望“搭便车”，期待上级政府做出安排或等待其他区域政府的推进。所以，涉及基础教育改革结构性、深层次问题的改革，包括简政放权、学校办学自主权、管办评分离等政策改革推进缓慢。如何提高教育制度供给质量，减少教育制度无效的供给、增加有效供给成为县级政府提高教育管理绩效的重要内容。政府是教育制度的主要提供者，需要就内部不同主体以及外部主体在教育活动中做出制度性安排。在不同教育相关主体各种各样的教育活动中，最主要的教育活动来自于两个方面：一是来自政府与学校，政府需要制定组织自身与学校之间的交往规则。二是相关部门、组织及社会支持发展教育的规则。

1．制定政府自身与学校交往活动的规则

政府与学校之间的关系是最主要的活动关系。科学制定政府与学校之间的教育活动规则，有助于最大限度调动学校办学积极性，释放学校办学活力。一直以来，我国政府与中小学呈高度的控制关系，政府通过人事任命、资源分配、课程设置、督导检查等方式实现对学校的管理控制。政府对学校正常办学管理甚至干预过多，导致政府有限的精力及资源并不能放在做最有效的事情上，限制了本属于学校的办学自主权及办学活力。在教育制度供给改革中，通过权力清单、责任清单的方式明确政府的权力是切实可行的路径。与此同时，管理权下放后，政府应该积极转变管理方式，从对学校的一般性常规管理中退出，通过制定教育规划等方式服务学校，通过教育督导评估等方式监督、引导学校，从“控制模式”转向服务模式、监督模式。将来的政校关系与现在政校关系的区别，不是“管”与“不管”的区别，而是管什么、怎么管的区别。“管”是不变的，而管什么、怎么管是变化的。①根据教育管办评分离及简政放权要求，政府要减少对学校具体办学的行政干预，取而代之的是运用政策、规划、信息服务等引导学校办学。在充分借鉴国内多个省市教育评价指标体系基础上，本研究筛选出“政府定期专题研究教育工作制度”“编制各类教育专项规划”“教育督导机构相对独立”3个三级指标指向县级政府的教育职责。这里的教育职责是狭义范围的，指的是政府自身需要履行的教育事务。

2. 制定协调相关部门及社会支持教育活动的规则

尽管政府需要承担起教育公共产品供给的主要职责，但教育发展却离不开家庭、社会的支持。一方面，政府需要协调内部组织对教育改革发展的支持。由于存在不同的权力利益及职责权限，我国同级政府下属的各个部门间往往存在较强的边界意识。在教育改革发展实践中，经常会面临着教育改革因为政府各个部门间的权责不清、缺乏协调而难以推进的问题。面对跨部门协调事宜，通常采取的是机构重组或成立临时非常设的议事组织。议事协调小组是中国治理过程中普遍存在的一种机制，是传统官僚制在新环境下对非常规任务的反应，体现的是效率逻辑和合法性逻辑。② 成立国家教育体制改革领导小组这样的教育议事协调组织，其重要职责之一就是就教育改革发展中遇到的问题进行跨部门的协调，从而实现教育资源配置的优化和政策的创新。本书研究的是县级政府教育管理绩效，为了不成为对教育行政部门绩效评价，因此评价的重点是县级政府层面应该做什么，评价指标并不涉及教育行政部门的常规管理及工作内容。因此，县级政府的职责应重点放在教育行政部门由于职责权限问题管不了、管不好且需要同级政府相关部门协调、配合的事项。另一方面，政府还应积极与企业、与社区、与社会加强合作，确保教育事业发展得到最大支持。在充分借鉴国内多个教育指标数据等基础上，本研究筛选出“相关部门教育工作协调机制”“学校周边安全环境”2个三级指标评价县级政府的“协调统筹相关组织”责任。

综上，指向“公共责任”价值元素的评价指标包括财政教育支出占公共财政支出的比例、财政教育支出预算增长比例、生师比、教师平均工资收入水平不低于或高于当地公务员平均工资收入水平、教育用地纳入年度国有建设用地供应计划、生均教育建筑面积、生均计算机数量、生均图书数量、编

---

① 褚宏启. 审视现代学校制度［M］//中国教育管理评论：第2卷. 北京：教育科学出版社，2004：90.

② 刘军强，谢延会. 非常规任务、官员注意力与中国地方议事协调小组治理机制——基于A省A市的研究（2002—2012）［J］. 政治学研究，2015（1）：84－97.

制各类教育专项规划、相关部门教育工作协调机制、学校周边安全环境、教育督导机构相对独立、政府定期专题研究教育工作制度共计 13 个三级评价指标。

二、“法治”价值元素内容解析及评价指标的抽提

在社会前行发展进程中，法治价值得到人类社会的广泛认同。大家对法治概念理解不一，在不同历史时期及不同社会，法治概念的内容、意义也并不相同。在我国古代，法治概念和人治、德治概念相对立。马怀德认为法治政府具有如下几个有共识的特征：有限有为的政府、透明廉洁的政府、诚信负责的政府、便民高效的服务型政府。①

（一）有限（政府）

有限政府指的是政府的权力并不是毫无限制，政府的权力范围是有限的，实现权力的手段也是有限的，与之相对应的是“无限政府”。我国经历了长时期的计划经济，政府在相当长一段时期内充当了社会各种资源配置的唯一主体，成为各种社会活动的中心。政府职能无所不包，导致的后果就是机构膨胀、效率运行低下，该履行的职责没有做好，管了很多管不了、管不好的事。

法治政府首先是有限政府，即政府的权力以法律授予为准，行使权力的方式必须符合法律规定。政府除了必须“做什么”，也同时明确“不能做什么”，政府的权力、职能都是有边界的。政府要将主要精力放在宏观管理及提供公共产品及服务等方面。治理理论的重要体现就是从全能政府、无限政府转变为有限政府。即在治理框架下县级政府在提供教育公共产品或服务过程中在哪些方面应该放权给学校，哪些应该交给社会等，限制政府“权力的手”，制约政府的权力越位行为。在我国教育管理体制中，政府对教育的传统型管理表现为“全能型”“控制型”，特别是县级政府，既是办学者，实际上又是管理者。它既是县域基础教育改革发展的规划者、决策者，又是县域各个中小学办学的领导者、管理者，所扮演的角色无所不能。既难以管好学校，又让中小学校长感到处处掣肘，认为自己只是一名“教务处长”。随着行政体制不断改革，政府办教育包办一切已经不复存在，需要将不属于自身管理的事务下放，实现简政放权。同时，还须对政府管理教育的权力进行必要的约束，明确作为县域内公办学校举办者县级政府的权限。根据当前我

① 马怀德．法治政府特征及建设途径［J］．国家行政学院学报，2008（2）：36－37．

国教育管理体制改革发展需要，一是要加大政府在教育方面的简政放权，不断深化教育行政审批制度改革，减少对学校的各类评审。二是要确保学校的办学自主权。在借鉴相关教育指标体系基础上，本研究筛选出“学校按章程自主办学”“教育行政审批项目数量”2 个三级指标评价县级政府教育管理绩效评价的“有限”价值元素。

（二）公开（政府）

公开同秘密、隐瞒相对，意为让大家都知道。现代治理理论认为，政府应公开决策、执行、监督的相关过程以及相关财务信息，让公民所知，公民有权获得与自身利益相关的政府相关非涉密信息。正义不仅要实现，而且要以看得见的方式去实现。政府行政权力的行使过程及结果都应该公开。政务公开有助于保障公民的知情权，提高政府办事效率，强化对政府权力的监督制约，有助于民主决策、民主管理、民主监督制度的落实。“公开”价值元素选择要求政府有关教育立法活动、重大决策、政策执行、财政预算开支等信息，只要不涉及国家机密，应该让社会公众知晓，以便社会公众能够有效参与教育公共决策以及过程的执行、监督等。政府还应积极加强教育政策解读，特别是直接关系到家长、人民群众切实利益的重大教育事项，充分保障人民群众的知情权、表达权、监督权，让人民群众了解、参与教育管理。在借鉴相关教育指标体系基础上，本研究筛选出“教育政务公开制度”1 个三级指标评价县级政府教育管理绩效评价的“公开”价值元素。

（三）廉洁（政府）

廉洁一词最早出现在《楚辞·招魂》：“朕幼清以廉洁兮。”后王逸注：“不受曰廉，不污曰洁。”即政府公务人员清廉、清白，不以权谋私，办事公正廉洁。廉洁是现代社会对政府运行的基本要求，是政府公务人员基本道德要求，是国家政治文明进步的重要体现。政府公务人员一旦贪污腐败无疑会增加政府运营成本，侵占公共利益，导致政府逐渐丧失公信力，丧失群众基础。本研究筛选出“教育行政部门公务人员违法违纪率”1 个三级指标评价县级政府教育管理绩效评价的“廉洁”价值元素。

（四）效率（政府）

根据当代汉语字典，效率指的是单位时间内完成的工作量。科尔曼报告（Coleman Report）提出“教育效率”概念。自 19 世纪末行政学创立以来，效率价值就成为行政学重要的价值倾向，关注的是如何充分利用人力、物力资源，优化管理，达到最优效果。“如何做更加有效”体现的是效率政府。效率高往往意味着以最小的代价或资源损耗取得最好的教育发展效果。本研究所指的“效率”指的是县级政府在发展教育事业所取得的成绩，与所耗用的时间、经费、人力资源等的比值。本研究筛选出“教育行政审批限时办结效率”“教育类行政审批和公共服务事项统一实行服务中心窗口办理”2个三级指标指向县级政府教育管理绩效评价的“效率”价值元素。

综上，指向“法治”价值元素的评价指标包括学校按章程自主办学、教育行政审批项目数量、教育政务公开制度、教育行政部门公务人员违法违纪率、教育行政审批限时办结效率、教育类行政审批和公共服务事项统一实行服务中心窗口办理共计6项三级评价指标。

三、“民主”价值元素内容解析及评价指标的抽提

“民主”一词最初源于希腊文字“demos”，意为人民。《辞海》对民主的定义是：人民的权力。民主与专制相对，指的是“多数人的统治”。民主是一种价值信仰、目标，也是一种国家政治制度设计。民主是我国社会主义核心价值观的重要内容，其实质及核心是人民当家作主，人民有权发表意见、参与政府公共事务管理。民主政府有着特定原则和运作方式，既包括政府内部民主，还包括广泛的社会民主。建设民主政府需要社会公众在不同层面广泛参与社会管理特别是社会公共服务。在制度设计过程中，需要给予社会各个阶层充分表达意愿及诉求的空间，并在法规制度中得到体现。我国已进入一个强调治理的时代。在诸多方面，民主价值理念同治理理论一脉相承。现代治理理论认为政府不是现代社会治理的唯一权力中心。党的十八届三中全会明确提出“推进国家治理体系和治理能力现代化”。治理理论强调权力分散，主张将单一的权威政府的权力分散到利益相关组织和个人。教育的“民主”指的是政府在教育改革发展过程中进行制度设计，让更多的教育利益相关方知晓并参与教育改革发展的决策、评价等事宜。公众是教育公共服务或产品的“顾客”，也是教育政策制定的“参与者”，是提供教育公共服务的“合作者”，还是教育公共服务或产品提供主体的“监督者”。因此，在县级政府教育管理绩效评价中，需要更加全面理解公众的角色，而不仅仅将公众看作“顾客”。政府作为教育制度的主要构建者，应在教育改革发展中创造一个更灵活、开放的环境，让公众积极主动参与、对话、协商、合作，从而达成共识。教育公共事务的决策不应再是政府“说了算”，而应是一个民主互动的过程，应当与其他非政府组织、教育利益相关的组织及个人，包括家长、专家、第三方组织、社区、媒体等进行协商、对话，从而形成共识。政府的教育管理权力将向公众转移，向第三方服务组织转移。在借鉴相关教育指标体系基础上，本研究筛选出“重大教育决策的专家、公众参

与”“重大教育民生决策咨询听证率”“中小学校民主制度建设情况”3个三级指标评价县级政府教育管理绩效评价的“民主”价值元素。

四、“公平”价值元素内容解析及评价指标的抽提

公平与正义、公正等概念含义相近。公平是社会发展的永恒价值追求。教育公平是社会公平的基石，是社会公平的重要组成及社会公平的重要体现，是实现社会公平“最伟大的工具”。教育是所有人都应享有的基本权利，它甚至是根本性的、内在的，不需要任何前提。① 教育公平是一种重要基本价值理念，也是基本教育行为准则，受到国际组织关注。我国《教育规划纲要》明确提出“把促进公平作为国家基本教育政策”。党的十九大报告强调“进一步推进教育公平”。

尽管对于教育公平的理解难形成一致看法，不过在以下方面大家形成了基本共识。一是平等原则。平等原则包括受教育权的平等和机会平等两重含义，体现的是罗尔斯所持正义论观点中的“无差别原则”，即人人都享有“最广泛的基本自由权”。受教育的平等即人人都平等接受教育的权利。作为最重要的基本人权，受教育权平等是教育公平最直接的体现。我国《宪法》中明确规定公民不分民族、种族、性别、职业、财产状况、宗教信仰等，依法享有平等的受教育机会。机会平等即每个受教育者都有大致平等的受教育机会。在社会提供的教育机会面前，人人平等。如入学机会的教育公平，即为所有适龄儿童提供入学公平的机会；教育资源配置的公平，保障受教育者受到同等质量的教育服务；等等。二是差异原则，即受教育者个体存在差异，让每个受教育者的禀赋得到最充分的发展才是真正的公平。差异原则体现的是罗尔斯所持正义论观点中的“差别原则”。罗尔斯认为，为了平等地对待所有人，提供真正的同等机会，社会必须更多注意那些天赋较低和出生于较不利的社会地位的人们。② 受教育个体天生存在差异，不同受教育主体有不同需求及禀赋。教育公平要求正视这种差异，尽最大可能满足受教育者个性、能力发展需求。我国的义务教育均衡发展的路径实行的即是差异原则，教育资源向中西部地区、农村地区倾斜。另外，对社会弱势群体，如农

---

① 陈学军. 理据的寻问：西方社会指标中的教育指标［J］. 外国中小学教育，2007（4）：35.

② 约翰·罗尔斯. 正义论［M］. 何怀宏，何包钢，廖申白，译. 北京：中国社会科学出版社，2009：74.

村留守儿童、城市随迁子女、家庭经济困难学生、特殊儿童应该成为差异原则重点关注的对象。因此，教育公平重点关注的是每个社会成员能否享有同等的教育机会、同等的教育资源以及弱势群体是否得到补偿。

在借鉴相关教育指标体系基础上，本研究筛选出“0～3 岁婴幼儿教育普及率”“学前教育入园率”“九年义务教育巩固率”“高中阶段教育毛入学率”4 个指标重点评价社会成员是否能得到同等的教育机会；“规范化幼儿园比例”“公办（普惠性）幼儿园比例”“实行阳光招生”“义务教育标准化学校比例”“义务教育办学条件校际均衡差异系数”“义务教育教师合理流动比例”等6 个指标指向社会成员是否能享有同等的教育资源；“随迁子女与户籍学生享受同等待遇的比例”“家庭经济困难学生受帮扶比例”“家庭经济困难学生资助水平”“建立学生资助制度”“残疾儿童少年接受教育比例”“农村留守儿童关爱服务体系和救助保护机制”6 个指标重点评价对弱势及处境不利儿童的帮扶。综上，共计 16 个指标指向县级政府教育管理绩效评价的“公平”价值元素。

五、“质量”价值元素内容解析及评价指标的抽提

“质量”是教育的核心。世界各国都将质量问题作为发展教育的核心。我国基础教育经过改革开放几十年的发展，已经实现了“有学上”，有能力为所有适龄儿童提供入学机会，义务教育实现全面普及。教育改革发展面临的主要问题不是数量、规模等外延发展难题，而是优质教育不能满足人民群众的难题，即教育发展面临的主要矛盾已从 20 世纪八九十年代如何“有学上”转变为如何“上好学”。《国家中长期教育改革和发展规划纲要（2010—2020年）》明确“把提高教育质量作为教育改革发展的核心任务”；《国家教育事业发展“十三五”规划》提出“不断满足广大人民群众对更高质量教育的需求”；党的十九大报告强调“要让每个孩子都能享受有质量的教育”。我国基础教育发展已经从“普及”的主题转变为“质量”主题。即对教育公共产品的追求从关注数量、规模的外延发展到重视质量、内涵的发展。从教育评价指标体系看，反映教育规模的评价指标相应减少，转而有关教育质量、教育内涵的评价指标逐渐增多、细化，如重视学生学业的指标等。

“质量”概念存在模糊性，是多维的，并没有单一的标准。不同国家、不同组织、不同个体对“质量”概念的理解并不一致。不同的利益相关者对什么是教育的首要目标、什么是教育产出的看法，形成了对教育质量相关性

的认识。因此，质量没有统一的界定，它应该是复数。① 如何科学评价教育质量是各国共同面对的挑战。尽管对教育质量概念理解不一，但教育质量评价存在诸多困难是大家共同面临的难题。一般认为，教育质量可以从学习者层面和系统层面两个层面来进行观察。学习者层面的教育质量指的是教育在促进学习者能力提升与情感发展方面的发展；系统层面的教育质量指的是教育在促进经济社会发展、社会文明进步等方面的发展。

综上，在借鉴相关教育指标体系基础上，本研究筛选出“以游戏为基本活动开展幼儿教育教学”“中小学生学业负担指数”“学生近视率”“学生学业考试水平合格率”“学生学业考试水平”“学生体质健康合格率”“学校规模和班额符合标准比例”“开齐开足国家规定课程的学校比例”“学校提供课程的丰富性”“初中毕业生升学率”“德育艺术实践课程开设水平”“专任教师学历达标率”“名校长、名师培养效果”等13个三级指标评价县级政府教育管理绩效评价的“质量”价值元素。

六、“政治性”价值元素内容解析及评价指标的抽提

公共价值本质上是一种政治价值……具有清晰的政治使命与政治属性。② 政治是国家意志的表达，行政是国家意志的执行。③ 尽管古德诺的早期公共行政学的思想为“政治—行政”二分法奠定了基础，同时也很好地阐述了公共行政和政治的重要关联，那就是公共行政不可能脱离政治及国家而存在。任何地域的公共行政都必须遵循一定的国家意志也就是政治使命。在我国，“政治性”要求坚持执政党领导即中国共产党的领导，具体表现在坚持党对教育的领导，包括遵循党的教育方针、路线、政策等。我国是社会主义国家，这就决定了我国的教育必须把培养社会主义建设者和接班人作为教育事业发展的根本任务。此外，包括教育体制改革、人事制度改革、资源配置调整等在内的重大教育改革会涉及不同部门的利益调整，如何打破“部门分割”，党委领导机制至关重要。

在借鉴相关教育指标体系基础上，本研究筛选出“县级党委牵头建立教育工作领导协调机制”“中小学幼儿园校党建工作管理体制”“各级各类学

① D'ANDREA V，GOSLING D. Improving Teaching and Learning in Higher Education［M］. Berkshire：Open University Press，2005：171.

② 任晓林. 公共管理中公共价值的基本维度与认知［J］. 广东行政学院学报，2019（8）：7.

③ 古德诺. 政治与行政［M］. 王元，译. 北京：华夏出版社，1987：10.

校党组织覆盖率”等3个三级指标评价县级政府教育管理绩效评价的“政治性”价值元素。

七、“回应性”价值元素内容解析及评价指标的抽提

对于什么是“回应性”，本研究在第三章进行了专门论述，因此，在这里并不重复阐述。建立回应性政府的重点是完善政府回应民意的运行机制。一是构建民意通达的制度，保障社会公众的情绪、意见、建议能够畅达决策者及政府相关公务人员，以便政府听取社会意见进行合理决策。二是制定政府回应民意的运行制度，保障合理的民意诉求能得到回答并予以解决。三是建立回应性反馈机制，即当社会公众利益诉求得不到解决时的政府回应制度设计。由于民意来自不同的独立个体，个体的问题往往是具体的。

在借鉴相关教育指标体系基础上，本研究筛选出“教育热点难点问题的解决”“教育热点问题信息发布制度”“群众教育信访工作制度”“群众网上办事平台的建立”“教育政策和法规的制定落实”等5个三级评价指标评价县级政府教育管理绩效评价的“回应性”价值元素。其中，由于电子政务能很好地满足政府与社会公众进行广泛、高效、便捷的互动，所以设计“群众网上办事平台的建立”1个三级指标。综上，共计6个指标指向县级政府教育管理绩效评价的“回应性”价值元素。

八、“满意”价值元素内容解析及评价指标的抽提

“满意”的主体是社会公众或人民群众，意指满足人民群众的愿望或心意。姆维塔（Mwita）阐述了政府部门存在的目的就是追求公共利益，体现公共责任，满足公众需要，否则政府部门就失去了存在的价值，这是绩效评价的根本前提。[①]“满意”的价值取向来源于企业经营中的“顾客导向”理念。没有顾客，企业无法生存。企业若想生存必须提供符合顾客需求的产品及服务。“满意”的根本思想源于民众本位。民众与政府之间是“委托—代理”关系，政府是民众的委托代理人，政府的一切权力来自人民授予。失去了人民的支持，政府的存在就失去合法性，社会公众与政府之间的关系决定了政府的一切行为要从维护社会公众的根本利益出发。亚里士多德认为，政

① MWITA J I. Performance Management Model: A Systems-Based Approach to Public Service Quality [J]. International Journal of Public Sector Management, 2000, 13 (1): 19-37.

府行为的价值就在于创造和保护公民或社会的“公共幸福”。无论是新公共管理理论的“顾客至上”“顾客满意”，还是新公共服务理论的“重视公民权”“服务公民”，以及公共价值管理理论的“关注集体偏好”“推行网络治理”，都将人民放在了重要核心位置。政府绩效评价逐渐从聚焦内部管理技术水平提升逐步转向外部责任，重视社会公众的利益及诉求成为趋势，公众满意度逐渐成为我国政府绩效评价的重要评价指标。公众满意度实质体现了以人为本、人民当家作主的理念及追求。提出基于以满意原则为导向的人民群众评判政府绩效是政府绩效评价的一种新形式和新机制，反映了世界各国政府市场化改革的发展趋势，体现了人民当家作主的社会主义民主政治本质，对加强政府与人民群众的联系、增强政府服务意识、改善政府服务质量、提高政府的服务效率具有重要的作用。①

从本研究来看，政府作为教育公共产品及服务的提供者，需要研究人民的教育需求，提供符合人民需要的教育公平服务及产品；回应人民群众需求，不断保障教育公平、提高教育质量；为民众服务，准确把握民众需求，提高民众满意度。因此，政府教育管理绩效评价应将“满意”作为重要价值取向，充分考虑社会公众诉求，把提升社会公众的满意度作为政府教育管理绩效的重要使命。与此同时，如何把握“人民满意”成为难题。毕竟公众由众多个体组成，每个个体的需求并不相同，且个体的价值取向会随着个体认识的变化而不断变化。因此，大多数人对政府发展教育事业的需求及期望就成为政府教育管理绩效评价的重要价值取向。满意度评价需要对教育利益相关者进行满意度测试，具体对象包括学生及家长、校长及教师、社会（相关人士）。

综上，在借鉴相关教育指标体系基础上，本研究筛选出“社会公众对县级政府教育工作满意度”“校长教师对县级政府教育工作满意度”“学生家长对县级政府教育工作满意度”等 3 个三级指标评价县级政府教育管理绩效评价的“满意”价值元素。

第三节　三级指标遴选

建立指标体系使用的指标筛选技术方法基本有主观经验判断和客观数理

① 范柏乃，韩东晓，那明国．基于满意原则为导向的人民评判政府绩效的意义阐释［J］．行政与法，2004（2）：14－16.

统计两类。其中，主观经验判断主要依靠专家的专业知识和认知经验，德尔菲法使用较为常见；客观数理统计筛选法则主要依靠“数据驱动”，通过统计数据进行客观定量分析，常用的方法主要包括主成分分析法等。德尔菲法样本量小，简单易行，但不足之处是主观性较强，过于依赖专家个人的认知。本研究中的三级指标遴选主要依靠数理统计筛选，同时在试测环节辅以专家访谈，试图结合两者的长处。

一、问卷编制及试测

根据对二级指标价值元素的内涵分析及对现有的各类教育评价指标的借鉴，本研究最终构建出的县级政府教育管理绩效评价三级指标备选库包括62个备选评价指标（初选）。

表5-1　三级指标备选库（初选）

二级指标	三级指标库
公共责任	1. 财政教育支出占公共财政支出的比例；2. 财政教育支出预算增长比例；3. 生师比；4. 教师平均工资收入水平不低于或高于当地公务员平均工资收入水平；5. 教育用地纳入年度国有建设用地供应计划；6. 生均教育建筑面积；7. 生均计算机数量；8. 生均图书数量；9. 编制各类教育专项规划；10. 相关部门教育工作协调机制；11. 学校周边安全环境；12. 教育督导机构相对独立；13. 政府定期专题研究教育工作制度
法治	14. 学校按章程自主办学；15. 教育行政审批项目数量；16. 教育政务公开制度；17. 教育行政审批限时办结效率；18. 教育行政部门公务人员违法违纪率；19. 教育类行政审批和公共服务事项统一实行服务中心窗口办理
民主	20. 重大教育决策的专家、公众参与；21. 重大教育民生决策咨询听证率；22. 中小学校民主制度建设情况
公平	23. 0~3岁婴幼儿教育普及率；24. 学前教育入园率；25. 规范化幼儿园比例；26. 公办（普惠性）幼儿园比例；27. 实行阳光招生；28. 义务教育标准化学校比例；29. 九年义务教育巩固率；30. 义务教育办学条件校际均衡差异系数；31. 高中阶段教育毛入学率；32. 随迁子女与户籍学生享受同等待遇的比例；33. 家庭经济困难学生受帮扶比例；34. 家庭经济困难学生资助水平；35. 建立学生资助制度；36. 残疾儿童少年接受教育比例；37. 义务教育教师合理流动比例；38. 农村留守儿童关爱服务体系和救助保护机制

续上表

二级指标	三级指标库
质量	39. 以游戏为基本活动开展幼儿教育教学；40. 中小学生学业负担指数；41. 学生近视率；42. 学生学业考试水平合格率；43. 普通高中学业水平考试合格率；44. 学生体质健康合格率；45. 学校规模和班额符合标准比例；46. 开齐开足国家规定课程的学校比例；47. 学校提供课程的丰富性；48. 初中毕业生升学率；49. 德育艺术实践课程开设水平；50. 专任教师学历达标率；51. 名校长、名师培养效果
政治性	52. 县级党委牵头建立教育工作领导协调机制；53. 中小学幼儿园校党建工作管理体制；54. 各级各类学校党组织覆盖率
回应性	55. 教育热点难点问题的解决；56. 教育热点问题信息发布制度；57. 群众教育信访工作制度；58. 群众网上办事平台的建立；59. 教育政策和法规的制定落实
满意	60. 社会公众对县级政府教育工作满意度；61. 校长教师对县级政府教育工作满意度；62. 学生家长对县级政府教育工作满意度

（一）问卷设计

尽管三级指标备选库的构建是建立在对价值元素内涵界定以及参考国内外大量教育评价指标体系基础上，但个人的理解、认知、经验不可避免有局限性。为在正式开展问卷调查环节最大可能减少专家工作量，避免三级指标概念的不清晰、交叉、缺漏，提高调查问卷的科学性，在初步拟定三级指标后，有必要采取试测。

根据已初选的县级政府教育管理绩效评价三级指标，研究编制县级政府教育管理绩效评价调查问卷（测试版）。调查问卷采用李克特 5 级量表，各个评价指标根据重要性程度划分为“极其重要”“很重要”“重要”“不太重要”“不重要”，代表的分值分别为 5 分、4 分、3 分、2 分、1 分，从 5 分至 1 分代表指标的重要性程度由高到低。请 5 位专家对 62 个备选评价指标的重要性进行打分。在调查问卷中还设置空白专栏以方便专家提出修改意见和建议，保持问卷一定的开放性。

（二）问卷试测

为提高试测的科学性并能得到及时有效的信息反馈，本研究的试测对象选定为 5 位教育研究领域的专家。5 名专家均为副高级及以上职称，有丰富的教育研究及教育实践经历，熟悉教育评价。此外，试测的 5 位专家与笔者较为熟悉，能够真诚坦率地就调查话题展开深入交流，有利于采集到真实信息。在试测过程中，笔者保持与专家进行良好沟通，征求他们的意见建议。

（三）试测结果

根据参加试测的5位专家反馈意见，对初步构建的指标备选库做出如下调整和完善。

（1）“政府定期专题研究教育工作制度”指标。有专家认为，教育工作是县级政府工作中的重要组成部分，定期研究教育工作应该是县级政府工作的常态。因此，指标在实际使用中可能存在区分度不大的问题，建议删除此项指标。

（2）“生均教育建筑面积”指标。有专家认为，考虑到城市、农村的自然条件的不同及现实情况，且“义务教育标准化学校比例”指标已包含相关方面的评价内容，建议删除此项指标。

（3）“生均图书数量”指标。有专家认为，我国中小学办学条件已取得了巨大进步，图书配置并不是大多数中小学发展面临的主要困难，且“义务教育标准化学校比例”指标已包含相关方面的评价内容，建议删除此项指标。

（4）“教育政策和法规的制定落实”指标。有专家认为，此项指标概念比较模糊，建议修改该项指标表述为：中央、省、市教育法律法规政策的贯彻执行。

（5）“生均计算机数量”指标。有专家建议将此项指标表述改为：每百名学生拥有教学用终端数。

（6）“0～3岁婴幼儿教育普及率”指标。有专家提出，对于婴幼儿教育普及，应该家庭、企业、政府、社会共同参与，共同承担责任。建议删除此项指标。

（7）“家庭经济困难学生资助水平”指标。有专家认为，由于我国各地经济发展水平及生活消费水平存在差异，比较难科学界定什么样的“水平”是合适的，此项指标操作性不强，建议删除此项指标。

（8）“初中毕业生升学率”指标。有专家提出，截至2015年，我国高中阶段毛入学率为87.0%，全面普及高中教育并不存在突出矛盾或极大困难，许多经济社会发达的地区已提前实现这一目标。且我国已制定“到2020年全国普及高中阶段教育”目标。因此，专家认为，初中毕业生升学率的高低更多反映的是家庭及学生个人的意愿，并不能反映教育质量，建议删除此项指标。

综上，根据专家意见建议，删除“政府定期专题研究教育工作制度”

"生均教育建筑面积""生均图书数量""0～3岁婴幼儿教育普及率""家庭经济困难学生资助水平""初中毕业生升学率"等共计6项指标。修改完善2项指标的名称表述：将"教育政策和法规的制定落实"指标名称修改为"中央、省、市教育法律法规政策的贯彻执行"；将"生均计算机数量"指标名称修改为"每百名学生拥有教学用终端数"。

最终，经过试测，形成如表5－2所示的县级政府教育管理绩效评价三级指标备选库，共计56个三级指标。

表5－2　三级指标备选库

二级指标	三级指标库
公共责任	1. 财政教育支出占公共财政支出的比例；2. 财政教育支出预算增长比例；3. 教育用地纳入年度国有建设用地供应计划；4. 每百名学生拥有教学用终端数；5. 生师比；6. 教师平均工资收入水平不低于或高于当地公务员平均工资收入水平；7. 编制各类教育专项规划；8. 相关部门教育工作协调机制；9. 学校周边安全环境；10. 教育督导机构相对独立
法治	11. 学校按章程自主办学；12. 教育行政审批项目数量；13. 教育行政审批限时办结效率；14. 教育类行政审批和公共服务事项统一实行服务中心窗口办理；15. 教育政务公开制度；16. 教育行政部门公务人员违法违纪率
民主	17. 重大教育决策的专家、公众参与；18. 重大教育民生决策咨询听证率；19. 中小学校民主制度建设
公平	20. 学前教育入园率；21. 规范化幼儿园比例；22. 公办（普惠性）幼儿园比例；23. 实行阳光招生；24. 义务教育标准化学校比例；25. 九年义务教育巩固率；26. 义务教育办学条件校际均衡差异系数；27. 高中阶段教育毛入学率；28. 随迁子女与户籍学生享受同等待遇的比例；29. 家庭经济困难学生受帮扶比例；30. 建立学生资助制度；31. 残疾儿童少年接受教育比例；32. 义务教育教师合理流动比例；33. 农村留守儿童关爱服务体系和救助保护机制

续上表

二级指标	三级指标库
质量	34. 以游戏为基本活动开展幼儿教育教学；35. 学校规模和班额符合标准比例；36. 开齐开足国家规定课程的学校比例；37. 中小学生学业负担指数；38. 学校提供课程的丰富性；39. 学生近视率；40. 学生学业考试水平合格率；41. 德育艺术实践课程开设水平；42. 普通高中学业水平考试合格率；43. 学生体质健康合格率；44. 专任教师学历达标率；45. 名校长、名师培养效果
政治性	46. 县级党委牵头建立教育工作领导协调机制；47. 中小学幼儿园校党建工作管理体制；48. 各级各类学校党组织覆盖率
回应性	49. 教育热点难点问题的解决；50. 教育热点问题信息发布制度；51. 群众教育信访工作制度；52. 群众网上办事平台的建立；53. 中央、省、市教育法律法规政策的贯彻执行
满意	54. 社会公众对县级政府教育工作满意度；55. 校长教师对县级政府教育工作满意度；56. 学生家长对县级政府教育工作满意度

二、调查的实施及结果

经过试测并修改完善后，形成正式的县级政府教育管理绩效评价调查问卷。在问卷发放过程中，采用网络问卷星和现场发放纸质问卷两种方式结合。其中，通过网络问卷星回收调查问卷 641 份，采取了随机取样，对象为政府公务人员、中小学校长、教师及相关教育系统从业人员，共有 641 名对象参加了调查。其中，绝大多数调查对象属广东省内。现场发放调查问卷 70 份。现场发放通过某省非营利教育评估组织召开学术年会时进行。该学术组织为教育评估科学研究、教育评估实践服务、教育评估培训的专业性、非营利性社会团体，其会员主要来自高等学校、科研机构及中小学的专家学者和一线工作者，熟悉教育评价。问卷发放共计 711 份，剔除有缺失值的调查问卷后，回收有效调查问卷 693 份，有效回收率为 97.47%。

表 5-3　受访对象基本情况

对象	有效样本量	受访对象界定
理论专家	36	有关公共管理、教育研究高校及科研机构学者专家
行业专家	566	中小学校长、教师及相关教育系统从业人员
政府公务人员	36	政府及教育行政部门公务人员
社会人士	55	学生家长及社会从业人员

（一）描述统计统计结果

本次调查问卷总分平均分为 250.96 分，其中，最高分为 280 分，最低分为 112 分，高于总分的中间值 168 分（五级评定，中间值为 3，项目数为 56）。其中，过程绩效总分的平均值为 4.518 分、结果绩效总分的平均值为 4.488 分、关系绩效总分的平均值为 4.402 分，均高于总分的中间值。各个因子总分平均值均大于中间值，过程绩效的各个因子总分平均值相比于其他因子得分更高且高于中间值。数据统计结果表明，调查问卷从整体上得到调查对象认可。

表 5-4　描述性统计结果

项目	*M*	*SD*	Max	Min
总分	250.960	29.901	280	112
B1 公共责任	4.582	4.987	50	16
B2 法治	4.435	3.872	30	11
B3 民主	4.477	2.046	15	3
A1 过程绩效	4.518	10.087	95	33
B4 公平	4.518	7.838	70	32
B5 质量	4.453	6.960	60	25
A2 结果绩效	4.488	14.273	130	57
B6 满意	4.410	2.121	15	3
B7 政治性	4.413	2.686	20	6
B8 回应性	4.385	2.866	20	6
A3 关系绩效	4.402	7.087	55	20

（二）问卷的信度检验

信度（reliability）即可靠性，是测量调查问卷的可靠性和稳定性。信度系数愈高，即表示该问卷调查的结果愈一致、稳定，可信程度越大。本研究采用的是评分者信度（scorer reliability），指的是不同的调查对象使用同一量表进行测量所得结果的一致性。和重测信度法、复本信度法一样，Cronbach's α 信度系数是常用的信度分析方法，能够较好地检验量表中各个题项的一致性以及内在相关性，操作简便且无须进行重复测试，效果得到认可。Cronbach's α 信度方法比较适用分析态度、意见的量表。一般认为，分量表的信度系数最好在 0.7 以上，如在 0.6 以下则要考虑重新设计调查问卷。根据调查数据，“县级政府教育管理绩效评价”调查量表中过程绩效维度的 Cronbach's α 系数为 0.949，所有题项分别删去后 α 值变小；结果绩效维度的 Cronbach's α 系数为 0.967，所有题项分别删去后 α 值变小；关系绩效维度的 Cronbach's α 系数为 0.948。

表 5－5　题项 Cronbach's α 系数结果

题号	删掉后 α	α
1	0.949	0.949
2	0.948	
3	0.948	
4	0.947	
5	0.947	
6	0.948	
7	0.952	
8	0.946	
9	0.946	
10	0.948	
11	0.947	
12	0.947	
13	0.946	
14	0.946	
15	0.946	
16	0.946	

续上表

题号	删掉后 α	α
17	0. 947	
18	0. 946	
19	0. 946	
20	0. 946	
21	0. 965	0. 967
22	0. 965	
23	0. 966	
24	0. 966	
25	0. 966	
26	0. 965	
27	0. 965	
28	0. 966	
29	0. 966	
30	0. 965	
31	0. 965	
32	0. 965	
33	0. 966	
34	0. 965	
35	0. 966	
36	0. 965	
37	0. 965	
38	0. 966	
39	0. 965	
40	0. 966	
41	0. 966	
42	0. 966	
43	0. 966	
44	0. 966	
45	0. 966	

续上表

题号	删掉后 α	α
46	0.966	
47	0.943	0.948
48	0.943	
49	0.942	
50	0.943	
51	0.943	
52	0.943	
53	0.943	
54	0.941	
55	0.941	
56	0.942	

（三）三级指标调查结果

以5分制设定分值范围，调查结果表明学校周边安全环境（4.75分）、实行阳光招生（4.71分）、学生体质健康合格率（4.67分）、财政教育支出占公共财政支出的比例（4.66分）、义务教育标准化学校比例（4.63分）、九年义务教育巩固率（4.63分）、规范化幼儿园比例（4.60分），平均得分超过4.60分，受评对象认为该7项评价指标对县级政府教育管理绩效最为重要。得分最低的评价指标为教育行政审批项目数量，为4.24分。

表5－6　三级指标专家评议得分（5分制）

三级指标	得分
1. 财政教育支出占公共财政支出的比例	4.66
2. 财政教育支出预算增长比例	4.59
3. 教育用地纳入年度国有建设用地供应计划	4.54
4. 每百名学生拥有教学用终端数	4.37
5. 生师比	4.58
6. 教师平均工资收入水平不低于或高于当地公务员平均工资收入水平	4.71
7. 编制各类教育专项规划	4.35

续上表

三级指标	得分
8. 相关部门教育工作协调机制	4.35
9. 学校周边安全环境	4.75
10. 教育督导机构相对独立	4.36
11. 学校按章程自主办学	4.46
12. 教育行政审批项目数量	4.24
13. 教育行政审批限时办结效率	4.54
14. 教育类行政审批和公共服务事项统一实行服务中心窗口办理	4.37
15. 教育政务公开制度	4.53
16. 教育行政部门公务人员违法违纪率	4.45
17. 重大教育决策的专家、公众参与	4.50
18. 重大教育民生决策咨询听证率	4.48
19. 中小学校民主制度建设	4.46
20. 学前教育入园率	4.51
21. 规范化幼儿园比例	4.60
22. 公办（普惠性）幼儿园比例	4.59
23. 实行阳光招生	4.71
24. 义务教育标准化学校比例	4.63
25. 九年义务教育巩固率	4.63
26. 义务教育办学条件校际均衡差异系数	4.56
27. 高中阶段教育毛入学率	4.46
28. 随迁子女与户籍学生享受同等待遇的比例	4.45
29. 家庭经济困难学生受帮扶比例	4.39
30. 建立学生资助制度	4.46
31. 残疾儿童少年接受教育比例	4.47
32. 义务教育教师合理流动比例	4.31
33. 农村留守儿童关爱服务体系和救助保护机制	4.50
34. 以游戏为基本活动开展幼儿教育教学	4.33

续上表

三级指标	得分
35. 学校规模和班额符合标准比例	4.52
36. 开齐开足国家规定课程的学校比例	4.49
37. 中小学生学业负担指数	4.44
38. 学校提供课程的丰富性	4.49
39. 学生近视率	4.49
40. 学生学业考试水平合格率	4.41
41. 德育艺术实践课程开设水平	4.48
42. 普通高中学业水平考试合格率	4.35
43. 学生体质健康合格率	4.67
44. 专任教师学历达标率	4.46
45. 名校长、名师培养效果	4.32
46. 县级党委牵头建立教育工作领导协调机制	4.46
47. 中小学幼儿园校党建工作管理体制	4.29
48. 各级各类学校党组织覆盖率	4.25
49. 教育热点难点问题的解决	4.51
50. 教育热点问题信息发布制度	4.40
51. 群众教育信访工作制度	4.30
52. 群众网上办事平台的建立	4.36
53. 中央、省、市教育法律法规政策的贯彻执行	4.48
54. 社会公众对县级政府教育工作满意度	4.46
55. 校长教师对县级政府教育工作满意度	4.49
56. 学生家长对县级政府教育工作满意度	4.38

过多的三级指标无疑会带来实践操作的烦琐，考虑到三级指标相互之间的逻辑性、关联度以及数据来源等可操作原则，根据收集到的数据以及在发放问卷过程中专家的反馈交流，对三级指标库中的指标进行取舍及修改完善。去掉了重要性相对偏低实际得分低于 4.4 分的评价指标共计 17 个，具体包括“每百名学生拥有教学用终端数（4.37 分）”“相关部门教育工作协调机制（4.35 分）”“编制各类教育专项规划（4.35 分）”“教育督导机构相

对独立（4.36 分）”“教育行政审批项目数量（4.24 分）”“教育类行政审批和公共服务事项统一实行服务中心窗口办理（4.37 分）”“家庭经济困难学生受帮扶比例（4.39 分）”“义务教育教师合理流动比例（4.31 分）”“以游戏为基本活动开展幼儿教育教学（4.33 分）”“学校规模和班额符合标准比例（4.52 分）”“普通高中学业水平考试合格率（4.35 分）”“名校长、名师培养效果（4.32 分）”“中小学幼儿园校党建工作管理体制（4.29 分）”“各级各类学校党组织覆盖率（4.25 分）”“群众教育信访工作制度（4.30 分）”“群众网上办事平台的建立（4.36 分）”“学生家长对县级政府教育工作满意度（4.38 分）”。

另还根据专家意见修改、完善 4 个评价指标，删除 1 个。在问卷发放及回收过程中，根据专家的反馈以及主动与专家的沟通，有部分指标存在主客观、表述等方面完善的空间，需要进行修改完善。具体如下：

（1）“教育行政部门公务人员违法违纪率”指标。有专家反映“教育行政部门公务人员违法违纪率”存在定量统计困难，除部分典型案例或违法犯罪等出现在媒体或被公开外，公务人员违法违纪情况不一定会向公众公开，如有的公务人员轻微违规违纪案件只是以通报批评方式在内部公开。此外，有专家认为，校长作为学校法人代表，在学校管理中扮演重要角色，预防校长违规违纪对于教育系统廉政建设至关重要。因此，建议应将校长群体纳入。所以，此项指标修改为：教育系统廉政建设成效。

（2）“教育政务公开制度”指标。政务公开是国家层面统一要求，各级政府都会制定政务公开相关制度，仅仅通过“有”或“无”很难判断县级政府教育政务公开制度执行的情况。根据专家建议，此项客观评价指标改为主观评价指标：教育政务公开执行情况。

（3）“重大教育民生决策咨询听证率”指标。该项评价指标存在分子、分母难以确定的现实，对于哪些事项属于教育民生决策属于“重大”也不好把握。同时，此项评价指标与“重大教育决策的专家、公众参与”评价内容指向类似。根据专家建议，此项评价指标改为主观评价指标：重大教育民生决策咨询听证制度执行。

（4）“中小学生学业负担指数”指标。对于中小学生学业负担指数是否处于合理范围，专家认为比较难以用一个具体量化指标进行确定。目前，我国中小学学业负担过重广泛存在。结合专家意见，此项评价指标改为：中小学生减负效果。

经修改完善，共计遴选出包括 20 个客观指标和 18 个主观指标在内的共计 38 个三级评价指标。

表 5－7　三级指标遴选结果

价值元素	三级指标	
	客观评价指标	主观评价指标
公共责任	1. 财政教育支出占公共财政支出的比例；2. 财政教育支出预算增长比例；3. 教育用地纳入年度国有建设用地供应计划；4. 生师比；5. 教师平均工资收入水平不低于或高于当地公务员平均工资收入水平	1. 学校周边安全环境
法治		2. 学校按章程自主办学；3. 教育行政审批限时办结效率；4. 教育政务公开执行情况；5. 教育系统廉政建设成效
民主		6. 重大教育民生决策咨询听证制度执行；7. 学校民主制度建设
公平	6. 学前教育入园率；7. 公办（普惠性）幼儿园比例；8. 九年义务教育巩固率；9. 义务教育办学条件校际均衡差异系数；10. 高中阶段教育毛入学率；11. 随迁子女与户籍学生享受同等待遇的比例；12. 建立学生资助制度；13. 残疾儿童少年接受教育比例	8. 实行阳光招生；9. 农村留守儿童关爱服务体系和救助保护机制
质量	14. 规范化幼儿园比例；15. 义务教育标准化学校比例；16. 开齐开足国家规定课程的学校比例；17. 学生近视率；18. 学生学业水平考试合格率；19. 学生体质健康合格率；20. 专任教师学历达标率	10. 中小学生减负效果；11. 学校提供课程的丰富性；12. 德育艺术实践课程开设水平
政治性		13. 县级党委牵头建立教育工作领导协调机制；14. 中央、省、市教育法律法规政策的贯彻执行

续上表

价值元素	三级指标	
	客观评价指标	主观评价指标
回应性		15. 教育热点难点问题的解决；16. 教育热点问题信息发布制度
满意		17. 社会公众对县级政府教育工作满意度；18. 校长教师对县级政府教育工作满意度

三、隶属度分析

隶属度概念源自于模糊数学，用于解释某个元素属于某一集合的程度大小。隶属度分析是指将初步构建的指标体系以专家咨询访问形式听取专家意见。隶属度用 Ri 值来表达。隶属度越高，该评价指标属于同一价值元素的程度概率就越大。在本研究中，8 个价值元素就是包含 8 个模糊集的模糊集合。如果专家选择某个层级的价值元素的总次数为 i，表示共有 i 位专家认可此项判断，则该指标在指标体系中的隶属度可以表示为：Ri = m/T。其中，T 值表示的是有效调查问卷的数量。在本研究中，T = 15。一般情况下如 Ri 值大于 0.5，即可认为该项指标可以归入该项价值元素。本研究中制定了专家调查问卷，邀请 15 位领域专家对最终得出的 38 个备选指标进行隶属度判断，来得出备选指标的隶属度情况。专家对象人选同指一级指标、二级指标权重分配调查的专家一致。得到评价指标的隶属度如表 5－8 所示。

表 5－8　三级指标隶属度指数

评价指标	隶属度系数
1. 财政教育支出占公共财政支出的比例	0.933
2. 财政教育支出预算增长比例	0.867
3. 教育用地纳入年度国有建设用地供应计划	1
4. 生师比	0.667
5. 教师平均工资收入水平不低于或高于当地公务员平均工资收入水平	0.933
6. 学校周边安全环境	1

续上表

评价指标	隶属度系数
7. 学校按章程自主办学	0.867
8. 教育行政审批限时办结效率	0.867
9. 教育政务公开执行情况	0.933
10. 中央、省、市教育法律法规政策的贯彻执行	1
11. 重大教育民生决策咨询听证制度执行	1
12. 学校民主制度建设	1
13. 学前教育入园率	0.800
14. 公办（普惠性）幼儿园比例	0.867
15. 九年义务教育巩固率	0.8
16. 义务教育办学条件校际均衡差异系数	0.933
17. 高中阶段教育毛入学率	0.800
18. 随迁子女与户籍学生享受同等待遇的比例	1
19. 建立学生资助制度	0.933
20. 残疾儿童少年接受教育比例	0.933
21. 实行阳光招生	0.933
22. 农村留守儿童关爱服务体系和救助保护机制	0.933
23. 规范化幼儿园比例	0.867
24. 义务教育标准化学校比例	0.733
25. 开齐开足国家规定课程的学校比例	0.867
26. 中小学生减负效果	0.867
27. 学校提供课程的丰富性	0.933
28. 学生近视率	0.867
29. 学生学业水平考试合格率	1
30. 德育艺术实践课程开设水平	0.933
31. 学生体质健康合格率	1

续上表

评价指标	隶属度系数
32. 专任教师学历达标率	0.867
33. 县级党委牵头建立教育工作领导协调机制	1
34. 教育系统廉政建设成效	1
35. 教育热点难点问题的解决	1
36. 教育热点问题信息发布制度	0.933
37. 社会公众对县级政府教育工作满意度	1
38. 校长教师对县级政府教育工作满意度	1

尽管中间个别指标如“生师比”Ri 值偏低，但总体看，本研究制定的 38 个评价指标的隶属度得到专家的认同。

四、三级指标释义

（一）客观指标释义

对遴选出来的三级指标进行释义，主要是便于在运用指标进行评价时更容易、更准确被理解，有助于使用者在评价过程中更好地做出准确的判断。

（1）财政教育支出占公共财政支出的比例。县级政府每年用于教育的财政支出占全部公共财政支出的比例，反映县级政府教育经费投入总量多少。计算公式为：财政教育支出占公共财政支出的比例 = 财政教育支出总额/公共财政支出 ×100%。

（2）财政教育支出预算增长比例。县级政府每年用于教育的财政支出比上一年增长的比例，反映县级政府教育经费投入的增长速度。计算公式为：财政教育支出预算增长比例 = （当年财政教育支出总额 - 去年财政教育支出总额）/去年财政教育支出总额 ×100%。

（3）教育用地纳入年度国有建设用地供应计划。针对土地资源紧张现状，对县级政府保障教育用地进行考评，反映县级政府保障教育用地的情况。

（4）生师比。县域内每位专任教师平均对应的学生数。计算公式为：生师比生师比 = 在校生总数/专任教师总数 ×100%。分幼儿园、小学、初中、普通高中、中职学校 5 个层级。该项指标体现教师数量的充足程度，反映教育的条件保障水平，是影响教育质量的关键因素。

(5) 教师平均工资收入水平不低于或高于当地公务员平均工资收入水平。县域内教师收入水平和公务员收入水平比较，反映县级政府保障教师待遇的情况。

(6) 学前教育入园率。县域内学前教育在园（班）幼儿数占适龄人口的比例。反映适龄儿童学前教育入学机会，衡量教育普及程度，体现教育发展水平。计算公式为：学前教育毛入园率（%）=学前教育在园（班）幼儿数/3～5岁年龄组人口数×100%。该项指标是国际和国内统计学前教育事业发展的重要常用指标，具有国际可比较性，受社会高度关注。该项指标主要用来反映适龄儿童学前教育入学机会，衡量教育普及程度，体现教育发展水平。

(7) 公办（普惠性）幼儿园比例。即县域内公办（普惠性）幼儿园数量占全部幼儿园的比例。计算公式为：公办（普惠性）幼儿园比例=公办（普惠性）幼儿园/县域全部幼儿园数量×100%。该项指标反映的是学前教育的公益性、普惠性。在评价实践中，公办幼儿园或普惠性幼儿园两者选一即可。

(8) 九年义务教育巩固率。县域内初中毕业班学生数占该年级入小学一年级时学生数的百分比。计算公式为：九年义务教育巩固率=初中毕业班学生数/该年级入小学一年级时学生数×100%。该项指标是衡量区域义务教育普及质量和效益的重要指标。

(9) 义务教育办学条件校际均衡差异系数。用生均教学及辅助用房面积、生均体育运动场馆面积、生均教学仪器设备值、每百名学生拥有的计算机台数、生均图书册数、师生比、生均高于规定学历教师数、生均中级及以上专业技术职务教师数这8项指标来分别计算小学、初中综合差异系数。

(10) 高中阶段教育毛入学率。县域内普通高中、中等职业教育在校生数占适龄人口的比例。反映高中阶段教育的普及程度和高中阶段教育总体入学机会。计算公式为：高中阶段教育毛入学率=高中阶段教育在校生数/15～17岁年龄组人口数×100%。该项指标是国际和国内统计高中教育事业发展的重要常用指标，具有国际可比较性，主要用来反映高中阶段教育的普及程度，反映高中阶段教育总体入学机会，体现教育发展水平。

(11) 随迁子女与户籍学生享受同等待遇的比例。即县域内义务教育阶段就读的随迁子女中在公办学校就读学生所占的比例。计算公式为：随迁子女与户籍学生享受同等待遇的比例=随迁子女在公办学校就读学生人数/随迁子女在校生总数×100%。该项指标主要用来评价“两为主”政策贯彻落实情况、衡量各地公共教育服务水平、教育公平和普及程度。

（12）建立学生资助制度。县级政府应根据政策要求建立对贫困学生的资助政策。该项指标属社会高度关注的民生热点，有助于县级政府提高家庭经济困难学生资助水平，促进教育公平，主要用来反映资助的覆盖程度，体现教育公平、普及以及保障程度。

（13）残疾儿童少年接受教育比例。县域内接受教育的残疾儿童少年数量占全部残疾儿童少年数量的比例，反映县级政府对残疾儿童少年接受教育的支持力度。计算公式为：残疾儿童少年接受教育比例 = 入学的残疾儿童少年数量/适龄残疾儿童少年数量 ×100%。

（14）规范化幼儿园比例。县域内达到规范的幼儿园的数量占全部幼儿园数量的比例。计算公式为：规范化幼儿园比例 = 县域内达到规范的幼儿园的数量/全部幼儿园数量 ×100%。该项指标反映的是县域幼儿园办学的规范化水平。

（15）义务教育标准化学校比例。县域内达到义务教育标准化的学校数量占全部义务教育学校数量的比例。计算公式为：义务教育标准化学校比例 = 义务教育标准化学校的数量/全部义务教育学校数量 ×100%。该项指标反映的是县域义务阶段学校办学条件和办学水平。

（16）开齐开足国家规定课程的学校比例。计算公式为：开齐开足国家规定课程的学校比例 = 开齐开足国家规定课程的学校/全部学校数量 ×100%。该项指标反映的是学校执行课程的规范及质量水平。

（17）学生近视率。县域内患有近视的学生数量占全部学生数量的比例。计算公式为：学生近视率 = 参加抽查患有近视的学生数量/参加抽查的总人数 ×100%。反映的是学生健康状况情况。

（18）学生学业考试水平。学生在语文、科学、数学等学科测试中的成绩表现。该项指标主要用于评价基础教育阶段学生在语文、科学、数学学科的学业表现水平，主要用于反映县域教育质量水平和未来公民竞争力。

（19）学生体质健康合格率。学生体质健康合格人数占全部学生数量比例。计算公式为：学生体质健康合格率 = 参加学生体质健康测试达到合格及优秀等级的人数/参加测试的总人数 ×100%。反映的是学生体质健康水平及教育质量。

（20）专任教师学历达标率。达到国家规定学历要求的专任教师数占专任教师总数的比例。计算公式为：专任教师学历达标率 = 达到规定学历专任教师数/专任教师总数 ×100%。反映教师的素质水平，体现教育条件保障及质量水平。

（二）主观指标释义

（1）学校周边安全环境。该项指标评价的是县域内学校周边的交通、卫生等方面安全情况。学校周边安全环境事关广大师生身体健康和生命安全，潜移默化影响着学生的行为习惯、精神健康。不良的学校周边环境影响教育教学活动正常开展。确保学生有一个安全安静的学习环境是政府履行教育职责的重要内容。

（2）学校按章程自主办学。该项指标评价的是县域内中小学是否以章程为统领，自主办学落实的情况。政府对中小学管得过多、统得过死，影响学校办学的自主性和积极性，不利于激发校长和教师的活力。学校按章程自主办学是政府简政放权的具体表现。

（3）教育行政审批限时办结效率。该项指标评价的是县级政府及教育行政部门教育行政审批的办结效率。提高教育行政审批限时办结效率要求政府规范行政审批制度，对办理的事项有明确的时限要求，提高办事效率，优化服务质量。

（4）教育政务公开执行情况。该项指标评价的是政府的教育行政事务公开情况。教育政务公开要求县级政府及教育行政机关工作内容及进程通过政务公开栏、政府网站公开化，包括有关教育的决策、执行、结果等只要不涉密的就全程公开，方便社会公众查询、监督，提高教育行政透明度和公众参与度。

（5）教育系统廉政建设成效。该项指标评价的是县级政府及教育行政部门廉政建设工作成效的好坏。廉政建设从根本上要求对权力进行制约，要求政府按照规章制度运行，是法治政府的重要内容及目标。

（6）重大教育民生决策咨询听证制度执行。该项指标评价的是县级政府在进行重大教育民生决策时是否执行咨询听证会制度。重大教育决策的专家、公众参与是指在进行有关民生重大教育决策时主动邀请专家、公众参与，比如建立教育咨询委员会制度、重大教育决策听证制度等，推进教育决策科学化、民主化。

（7）学校民主制度建设。该项指标评价的是县域内中小学学校民主制度建设落实情况。学校按需建立重大事项决策程序、监督机制，形成完整稳定的民主管理制度和运行机制，实现学校自我激励、自我发展、自我约束。

（8）实行阳光招生。该项指标评价的是县级政府及学校落实招生工作政策要求，包括落实义务教育免试就近入学、民办学校免试自主录取等。实行阳光招生要求县级政府及学校将招生的办法、程序、范围、结果等通过网站、媒体、通告等方式公开，主动接受社会监督。罗尔斯正义论的正义第一原则即“平等原则”：人人享有平等的受教育权利。保障每位适龄儿童接受教育的权利，确保入学机会公平，就是保障教育公平。

（9）农村留守儿童关爱服务体系和救助保护机制。该项指标评价的是县域内农村留守儿童关爱服务体系和救助保护机制制定及执行落实情况。罗尔斯正义论的正义第二原则“差别原则”认为：应对弱势群体给予补偿。应对农村留守儿童的生存状况、身心发展予以全面关注，包括他们的安全问题、生活问题、学习问题、情感问题等。

（10）中小学生减负效果。该项指标评价的是县域内中小学生课业负担情况。课业负担指的是学生应该或必须承担的课业任务。如何保证学生在符合身心发展规律和教育教学规律前提下合理承担学业的责任和压力并避免“过重的”课业负担是重点。中小学生学业负担过重已经成为当前我国亟待解决的社会热点问题，并受到政府、社会和家庭的广泛关注，科学合理减轻学生过重学业负担有利于学生的身心健康和个性发展。

（11）学校提供课程的丰富性。该项指标评价的是县域内的中小学是否提供了丰富的课程满足学生全面发展的需求。课程是学校教育的核心，是学校开展教育的重要依据。我国实行三级课程管理后，校本课程能够有效弥补国家课程、地方课程个性特色不足的问题。丰富的课程有利于学生个性成长需要。

（12）德育艺术实践课程开设水平。该项指标评价的是县域内中小学德育艺术课程开设水平。德育能够提高学生道德素质，有效引导学生的价值观和道德行为规范。艺术课程能够培养学生的审美能力，陶冶情操，使学生获得丰富的情感体验。德育、艺术都关注学生的精神世界，直接影响学生的世界观、价值观、人生观的形成。

（13）县级党委牵头建立教育工作领导协调机制。在我国的政治体制中，县级党委对教育工作领导协调机制对基础教育改革发展水平有重要影响。此外，我国政府管理建立在“条”“块”分工基础上，强调“本位主义”，容易照章办事、路径依赖。在教育改革发展过程中，有诸多方面需要相关部门及组织协同解决，如高考改革中的户籍改革问题、校外培训机构治理中的教育执法问题、教师“县管校聘”中的人事问题等，都需要多部门协同处理。

（14）中央、省、市教育法律法规政策的贯彻执行。该项指标评价的是县级政府及学校执行上级政府教育政策的情况。我国基础教育具有较强的政策性，县级政府及学校只有贯彻执行上级政府制定的教育政策，才能赢得上级政府的认可。

（15）教育热点难点问题的解决。该项指标评价的是县级政府对民生教育热点难题问题的解决情况。只有加大力度解决社会反映的教育热点难点问题，包括入园难问题、择校问题、校外培训治理问题等，政府才能赢得社会认同。

（16）教育热点问题信息发布制度。该项指标评价的是县级政府回应教育热点问题的信息发布情况。为提高回应性，县级政府及教育行政部门应主动围绕社会公众关注的热点问题进行政府权威信息发布，内容包括重要政策解读、重大突发事件、澄清不实传言等。形式可以是新闻发布会、政务微博微信等新媒体，并充分运用新媒体互动功能，与社会公众进行交流、反馈社会公众关切的教育问题。

（17）社会公众对县级政府教育工作满意度。该项指标评价的是社会公众对县级政府教育工作的整体满意情况。这里的社会公众对象主要包括学生家长、企业及其他组织人士。

（18）校长教师对县级政府教育工作满意度。该项指标评价的是县域内校长、教师对县级政府教育工作整体满意度。

第四节　指标权重分配

遴选并确定三级评价指标后，本研究初步形成县级政府教育管理绩效评价三级指标体系。接下来，需要确定的是指标体系要素权重问题。权重是一个相对概念，反映的是因子在指标体系中所处的位置，某项指标的权重表示的是该项指标在评价体系中的相对重要程度。指标要素的权重是指标体系的重要组成部分，并直接关系到指标体系是否具有可操作性。

一、权重的分配方法

权重体系由两部分组成：一是具体评价指标权重，反映的是单个评价指标在某个价值元素中的重要性程度。具体评价指标的权重根据调查问卷收集的信息数据可以完成。二是领域层，也就是一级指标、二级指标的权重。在本研究中，二级占比权重配置实际上就是对价值元素的重要性进行排序，体现的是县级政府教育管理绩效评价公共价值账户中的价值元素的重要程度不一。科学确定各个价值元素的权重系数对于确保评价体系的客观性、准确性至关重要。

学界提供了包括层次分析法、结构方程模型和德尔菲法等多种权重分配方法，既有主观赋值法也有客观赋值法。其中，主观赋值法主要根据专家个人的认识、经验来获取指标权重，优点是简便快捷且无须大样本开展调研，但是受调研专家的主观认知、经验、偏好影响较大。客观赋值法主要根据大规模调查所获得的大数据计算得出指标权重，可以最大限度降低人为影响因素，避免个人的偏好，但所获得的结构与采集的数据质量有较大关联。数据质量不佳的话，很可能得到的权重与实际偏离较大。为最大可能综合不同方法的优点，本研究采用主观赋值法和客观赋值法相结合的方式来确定指标体系各个要素的权重。其中，由于公共价值的抽象、复杂且不容易理解的特点，一级指标、二级指标具有相当的模糊性、概念性，大规模开展问卷调查可能面临着受访对象不理解概念或不明白研究目的的现实困境，因此本研究采用主观赋值法请15位专家对指标体系要素进行判断。具体方法采用的是层次分析法，对各个评价指标的重要性进行专家咨询，采用矩阵对偶法来确定一级指标和二级指标的权重，然后量化赋值。采用矩阵对比方式确定权重，受访专家不必做深入思考，对抽象元素做具体权重判断，只需对要素两两对比，对二者的重要程度进行研判即可，提高客观性的同时也极大方便了受访专家。

理论上讲，三级指标的权重分配同样可以运用层次分析法，由专家对每个二级指标下的各个三级要素指标进行评断，构造出判断矩阵，给出三级指标权重。但由于三级指标个数较多，共计38个。在某些二级指标下，第三层级的指标个数达到10个。在实际操作过程中，专家需要比较的信息太多，而且过程也较为繁杂，通常不能达到较好的效果，所给出的矩阵有较大比例不能通过逻辑一致性检验。因此，本研究的三级指标权重不太适合使用层次分析法。本书研究过程中，邀请15名专家，通过问卷调查的方式广泛集中专家的判断意见，由专家独自对每一个三级指标对所在二级指标的重要程度进行评判，打出相应的分数。调查的专家对象主要来自高等学校、科研机构及中小学的专家学者和一线工作者，熟悉教育评价。

表5-9　调查对象的基本信息

调查对象	人数
理论专家	9人
行业专家	6人

二、一级指标和二级指标的权重分配

（一）构造判断矩阵

建立判断矩阵是层次分析法重要的一个步骤。根据前面研究，分别得到目标层即一级指标A1、A2、A3；准则层即二级指标B1、B2、B3、B4、B5、

B6、B7、B8。通过同一层的指标元素两两比较判断矩阵。通过因素两两比较，将因素分别对上一级目标的影响大小用“重要性”进行量化，请专家对相关因素进行两两比较，计算得到各因素所占权重。问卷采用托马斯·塞蒂（T. L. Saaty）的“1－9 标度法”。

表 5－10　评分标准及说明

标度	重要程度	说明
1	同等重要	两因素具有相同的重要性
3	稍微重要	两因素相比，一个因素比另一个因素稍微重要
5	比较重要	两因素比较，一个因素比另一个因素比较重要
7	十分重要	两因素比较，一个因素比另一个因素十分重要
9	绝对重要	两因素比较，一个因素比另一个因素绝对重要
2，4，6，8	两相邻程度的中间值	介于1，3，5，7，9之间的中间评判值
倒数	反比较	两因素反过来比较

以表 5－11 中的“A1 过程绩效”和“A2 结果绩效”比较为例，如 A1 过程绩效/A2 结果绩效＝1，则“A1 过程绩效”与“A2 结果绩效”对上一级指标“县级政府教育管理绩效”同等重要；如 A1 过程绩效/A2 结果绩效＝2，则“A1 过程绩效”与“A2 结果绩效”对上一级指标“县级政府教育管理绩效”稍微重要；如 A1 过程绩效/A2 结果绩效＝3，则“A1 过程绩效”与“A2 结果绩效”对上一级指标“县级政府教育管理绩效”比较重要；以此类推。下面以一级指标的判断矩阵为例。

表 5－11　县级政府教育管理绩效评价一级指标的判断矩阵表

县级政府教育管理绩效	A1 过程绩效	A2 结果绩效	A3 关系绩效
A1 过程绩效	1		
A2 结果绩效		1	
A3 关系绩效			1

本阶段邀请 15 位教育研究领域的专家填写矩阵调查问卷。15 名专家均有丰富的教育研究及教育实践经历，熟悉教育评价。由于教育领域的专家可能对层次分析法特别是矩阵具体方法比较陌生，为使调查对象尽可能清楚明白所设计问题的意图，准确快速完成所需的调查，本次调查采用纸质问卷形

式逐一当面发放。发放问卷时，为所有的调查对象清晰无误表达问卷调查的目的，并协助调查对象了解矩阵比较的具体做法。

（二）指标权数计算

（1）对第一层级下的过程绩效、结果绩效、关系绩效 3 个指标，通过邀请 15 位专家进行两两比较，分别构造判断矩阵如下：

$$A_1=\begin{bmatrix}1 & 1/4 & 5\\ 4 & 1 & 9\\ 1/5 & 1/9 & 1\end{bmatrix},\ A_2=\begin{bmatrix}1 & 1/4 & 1\\ 4 & 1 & 1/4\\ 1 & 4 & 1\end{bmatrix},\ \cdots,\ A_{15}\begin{bmatrix}1 & 5 & 1\\ 1/5 & 1 & 5\\ 1 & 1/5 & 1\end{bmatrix},$$

运用统计工具 R 语言计算各判断矩阵对应的指标权重 w_1，w_2，…，w_{15}，再对 15 个权重结果向量进行算术平均，得到一级指标层各指标要素的权重

$$w=\frac{\sum_{i=1}^{15} w_i}{15},$$

经计算，结果为 w_A = （0. 304 4，0. 572 8，0. 122 7），即过程绩效、结果绩效、关系绩效所占权重分别为 0. 304 4，0. 572 8，0. 122 7。

（2）对每个第一层下指标下的各二级指标，同样邀请 15 位专家运用两两比较的方式给出判定矩阵，分别计算权重后，再用算术平均得到结果。

经计算，“过程绩效”下的公共责任、法治、民主 3 个指标的权重结果为 w_{B_1} = （0. 555 8，0. 289 8，0. 154 4），即公共责任、法治、民主 3 个指标的权重分别为 0. 555 8，0. 289 8，0. 154 4。

“结果绩效”下的公平、质量 2 个指标的权重结果为 w_{B_2} = （0. 541 7，0. 458 3），即公平、质量 2 个指标的权重分别为 0. 541 7，0. 458 3。“关系绩效”下的满意、政治性、回应性 3 个指标的权重结果为 w_{B_3} = （0. 296 0，0. 484 1，0. 219 9），即满意、政治性、回应性 3 个指标的权重分别为 0. 296 0，0. 484 1，0. 219 9。

（3）判断矩阵一致性检验。

由于判断矩阵是专家通过对各指标两两比较得出的，当指标个数超过两个（此时对应的矩阵维数超过 2 维）时，需要对此过程进行一致性检验，以保证专家思想逻辑上没有矛盾，这也是选择层次分析法对各个指标进行赋权的一个优点。

对 15 位专家给出的一二级指标各个判断矩阵，计算其最大特征根

$$\lambda_{\max}=\frac{1}{m}\sum_{i=1}^{m}\frac{(AW)_i}{w_i},$$

其中，AW 为判断矩阵 A 和特征向量 W 的乘积，

$$AW=\begin{Bmatrix} a_{11} & a_{12} & \cdots & a_{1n} \\ a_{21} & a_{22} & \cdots & a_{2n} \\ a_{m1} & a_{m2} & \cdots & a_{mn} \end{Bmatrix},$$

计算一致性指标和随机一致性比率，将一致性指标记为 CI，随机一致性比率记为 CR，

$$CI=\frac{\lambda_{\max}-m}{m-1},$$

$$CR=\frac{CI}{RI},$$

式中 RI 为判断矩阵的平均随机一致性指标，对固定的判断矩阵维数，其为一个固定值，其取值可从文献查得。① 当随机一致性比率小于 0.1 时，可以认为该判定矩阵满足一致性要求，所计算获得的指标体系的权数是符合逻辑一致性的。

本研究中，第一层级指标含有过程绩效、结果绩效、关系绩效 3 个要素指标，对 15 位专家所给判断矩阵计算其随机一致性比率，得到的结果如表 5－12所示。

表 5－12　15 位专家所给判断矩阵的一致性比率

序号	1	2	3	4	5	6	7	8
比率	0.084 1	0.096 4	0.066 1	0.030 9	0.052 2	0.050 5	0.097 2	0.030 2
序号	9	10	11	12	13	14	15	
比率	0.070 7	0.049 7	0.048 5	0.061 2	0.064 7	0.027 5	0.075 6	

表明 15 位专家所给的矩阵均能通过逻辑一致性检验，其所计算的权重结果有效。

第二层的“过程绩效”下有公共责任、法治、民主 3 个要素指标，对 15 位专家所给判断矩阵计算其随机一致性比率，得到的结果如表 5－13 所示。

表 5－13　15 位专家所给判断矩阵的一致性比率

序号	1	2	3	4	5	6	7	8
比率	0.016 7	0.010 5	0.099 3	0.019 7	0.073 1	0.022 4	0.046 1	0.021 0
序号	9	10	11	12	13	14	15	
比率	0.083 5	0.014 7	0.033 0	0.020 1	0.031 2	0.072 5	0.011 4	

① 王斌会．多元统计分析及 R 语言建模［M］．广州：暨南大学出版社，2010：290.

以上结果表明15位专家所给的矩阵均能通过逻辑一致性检验，其所计算的权重结果有效。

第二层的“结果绩效”下只有公平、质量2个指标，这表明专家给定的判断矩阵不需要经过一致性检验。事实上，对两个指标，不会出现甲指标比乙指标重要，乙指标比丙指标重要，丙指标又比甲指标重要的逻辑非一致性。

第二层的“关系绩效”下有满意、政治性、回应性3个要素指标，对15位专家所给判断矩阵计算其随机一致性比率，得到的结果如表5－14所示。

表5－14　15位专家所给判断矩阵的一致性比率

序号	1	2	3	4	5	6	7	8
比率	0.064 6	0.087 2	0.013 4	0.029 2	0.011 7	0.021 0	0.019 1	0.018 3
序号	9	10	11	12	13	14	15	
比率	0.038 5	0.012 2	0.017 0	0.022 7	0.028 7	0.014 2	0.055 2	

表明15位专家所给的矩阵均能通过逻辑一致性检验，其所计算的权重结果有效。

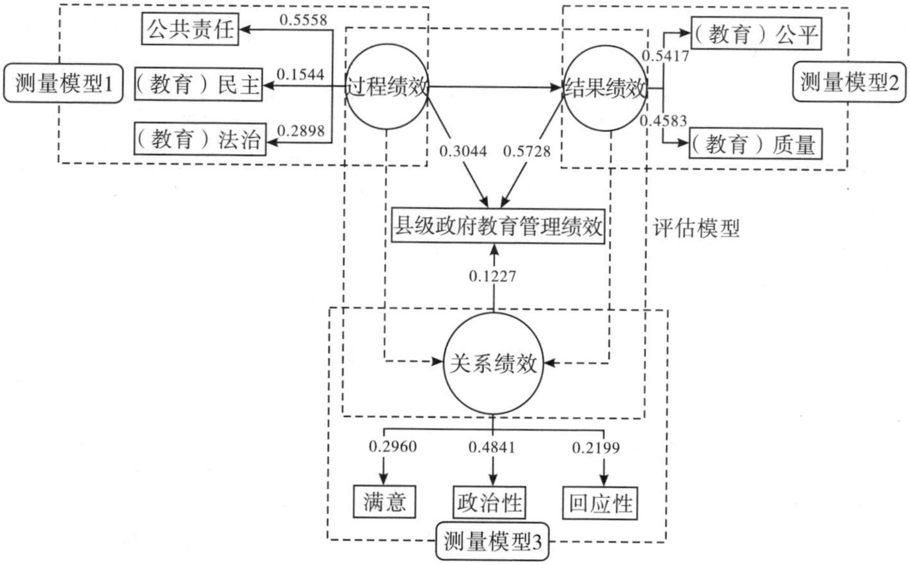

图5－1　县级政府教育管理绩效评价指标体系一级指标、二级指标权重分配

三、三级指标的权重分配

本研究采用对专家打分加总平均，再用归一化处理的方式，对三级指标赋权。对某一个二级指标 B_i（$i=1, 2, \cdots, 8,$），其下层含有 K_i（$i-1, 2, \cdots, 8$）个三级指标，每一个三级指标，693 位专家分别对其重要性打分，分值 X 的取值为

$$X=\begin{cases}5，极端重要\\4，非常重要\\3，一般重要\\2，不太重要\\1，不重要\end{cases}$$

对 693 个得分取平均后，得到该三级指标的专家赋值平均分

$$\overline{X}=\frac{\sum_{i=1}^{693}X_i}{693},$$

再对所有二级指标 B_i（$i=1, 2, \cdots, 8$）变量下的每一个三级指标平均分进行归一化处理，也就是求其平均得分占它所在二级指标下的比重

$$w=\frac{\overline{X_j}}{\sum_{j=1}^{K_i}\overline{X_j}},$$

并将此比重作为该三级指标的权重。该权重反映了专家对该指标赋予的重要程度得分，权重值越大，表明该指标重要性越高，反之则重要性越低。对某一个二级指标 B_i，其下层的 K_i 个三级指标权重之和为 1。

经过对 693 份专家问卷进行数据处理，加总平均并归一化处理后，我们得到了各二级指标下层三级指标的权重结果。

表 5－15　“公共责任”维度所属三级指标权重分配结果

指标	权重
C1 财政教育支出占公共财政支出的比例	0.164 584
C2 财政教育支出预算增长比例	0.164 475
C3 教育用地纳入年度国有建设用地供应计划	0.164 038
C4 生师比	0.168 083
C5 教师平均工资收入水平不低于或高于当地公务员平均工资收入水平	0.169 021
C6 学校周边安全环境	0.169 457

表 5－16　“法治”维度所属三级指标权重分配结果

指标	权重
C7 学校按章程自主办学	0. 249 273
C8 教育行政审批限时办结效率	0. 245 283
C9 教育政务公开执行情况	0. 255 241
C10 教育系统廉政建设成效	0. 250 203

表 5－17　“民主”维度所属三级指标权重分配结果

指标	权重
C11 重大教育民生决策咨询听证制度执行	0. 501 288
C12 学校民主制度建设	0. 498 712

表 5－18　“公平”维度所属三级指标权重分配结果

指标	权重
C13 学前教育入园率	0. 099 630
C14 公办（普惠性）幼儿园比例	0. 101 255
C15 九年义务教育巩固率	0. 102 242
C16 义务教育办学条件校际均衡差异系数	0. 100 586
C17 高中阶段教育毛入学率	0. 098 324
C18 随迁子女与户籍学生享受同等待遇的比例	0. 098 147
C19 建立学生资助制度	0. 098 196
C20 残疾儿童少年接受教育比例	0. 098 483
C21 实行阳光招生	0. 103 954
C22 农村留守儿童关爱服务体系和救助保护机制	0. 099 184

表 5－19　“质量”维度所属三级指标权重分配结果

指标	权重
C23 规范化幼儿园比例	0. 101 903
C24 义务教育标准化学校比例	0. 102 487

续上表

指标	权重
C25 开齐开足国家规定课程的学校比例	0. 099 295
C26 中小学生减负效果	0. 098 255
C27 学校提供课程的丰富性	0. 099 247
C28 学生近视率	0. 099 471
C29 学生学业水平考试合格率	0. 097 661
C30 德育艺术实践课程开设水平	0. 099 278
C31 学生体质健康合格率	0. 103 556
C32 专任教师学历达标率	0. 098 846

表 5－20　“政治性”维度所属三级指标权重分配结果

指标	权重
C33 县级党委牵头建立教育工作领导协调机制	0. 500 288
C34 中央、省、市教育法律法规政策的贯彻执行	0. 499 712

表 5－21　“回应性”维度所属三级指标权重分配结果

指标	权重
C35 教育热点难点问题的解决	0. 497 338
C36 教育热点问题信息发布制度	0. 502 662

表 5－22　“满意”维度所属三级指标权重分配结果

指标	权重
C37 社会公众对县级政府教育工作满意度	0. 499 015
C38 校长教师对县级政府教育工作满意度	0. 500 985

四、指标权重分配结果

综上，综合一级指标、二级指标和三级指标权重设计结果，得到县级政府教育管理绩效评价指标各要素的权重。权重分配方案如表5－23所示。

表5－23　县级政府教育管理绩效评价指标体系权重分配方案（权重/%）

一级指标	二级指标	三级指标	
指标名称	指标名称	指标名称（客观指标）	指标名称（主观指标）
A1 过程绩效（30.4）	B1 公共责任（16.9）	C1 财政教育支出占公共财政支出的比例（2.8）	/
		C2 财政教育支出预算增长比例（2.8）	/
		C3 教育用地纳入年度国有建设用地供应计划（2.8）	/
		C4 生师比（2.8）	/
		C5 教师平均工资收入水平不低于或高于当地公务员平均工资收入水平（2.85）	/
		/	C6 学校周边安全环境（2.85）
	B2 法治（8.8）	/	C7 学校按章程自主办学（2.4）
		/	C8 教育行政审批限时办结效率（2.0）
		/	C9 教育政务公开执行情况（2.4）
		/	C10 教育系统廉政建设成效（2.0）
	B3 民主（4.7）	/	C11 重大教育民生决策咨询听证制度执行（2.35）
		/	C12 学校民主制度建设（2.35）

续上表

一级指标	二级指标	三级指标	
指标名称	指标名称	指标名称（客观指标）	指标名称（主观指标）
A2 结果 绩效 （57.3）	B4 公平 （31.1）	C13 学前教育入园率（3.1）	/
		C14 公办（普惠性）幼儿园比例（3.1）	/
		C15 九年义务教育巩固率（2.8）	/
		C16 义务教育办学条件校际均衡差异系数（3.1）	/
		C17 高中阶段教育毛入学率（2.8）	/
		C18 随迁子女与户籍学生享受同等待遇的比例（3.1）	/
		C19 建立学生资助制度（3.4）	/
		C20 残疾儿童少年接受教育比例（3.1）	/
		/	C21 实行阳光招生（3.1）
		/	C22 农村留守儿童关爱服务体系和救助保护机制（3.4）
		C23 规范化幼儿园比例（2.9）	/
		C24 义务教育标准化学校比例（2.9）	/
	B5 质量 （26.2）	C25 开齐开足国家规定课程的学校比例（2.4）	/
		/	C26 中小学生减负效果（2.6）
		/	C27 学校提供课程的丰富性（2.6）
		C28 学生近视率（2.6）	/
		C29 学生学业水平考试合格率（2.4）	/
		/	C30 德育艺术实践课程开设水平（2.4）
		C31 学生体质健康合格率（2.6）	/
		C32 专任教师学历达标率（2.6）	/

续上表

一级指标	二级指标	三级指标	
指标名称	指标名称	指标名称（客观指标）	指标名称（主观指标）
A3 关系 绩效 (12.3)	B6 政治性 (6.0)	/	C33 县级党委牵头建立教育工作领导协调机制（3.0）
		/	C34 中央、省、市教育法律法规政策的贯彻执行（3.0）
	B7 回应性 (2.7)	/	C35 教育热点难点问题的解决（1.35）
		/	C36 教育热点问题信息发布制度（1.35）
	B8 满意 (3.6)	/	C37 社会公众对县级政府教育工作满意度（1.8）
		/	C38 校长教师对县级政府教育工作满意度（1.8）

第五节　评分标准及数据来源

为了能够对县级政府教育管理绩效进行标准化、可操作化的评价，需要统一评分标准。由于各个评价指标量纲不同，需要对数据进行无量纲化处理才能进行操作化评价，即设定具有操作性的评价标准。指标标准系统是用来判断该项指标达成度的尺度。评价标准是对评价指标的进一步完善。在实际操作过程中，评分标准对三级指标得分以及整个绩效得分都产生重要影响。县级政府教育管理绩效评价指标体系如进入实证阶段，还需制定统一的评分标准，使评价指标具有可测、可比和可操作性。因此，确定评价标准是打分的前提要求。

一、指标评分标准说明

本研究所构建的指标体系采用客观评价和主观评价相结合的方式。客观指标是反映客观社会现象的指标。由于客观评价指标完全以客观数据为基础，在实际评价操作中完全不受评价者主观因素影响，公平客观且简便易行，受到诸多推崇。但单一运用客观指标进行评价不可避免具有诸多不足，如客观指标只能测量“结果”，并不监测“过程”。单一运用客观指标评价教育更是具有缺陷，例如运用纸笔测试所获得的学业成绩往往只能看到分数，而并不能对受教育者的情感、态度、价值观以及在接受教育过程中所获得的发展进行评价。在教育评价实践中，主观评价必不可少。主观评价指标不能直接用数据来进行度量，而是凭评价者的感受进行评价，容易产生光环效应、近期效应、对比效应、邻近性偏见等问题。

本研究拟采用客观评价和主观评价相结合的方式。无论是客观评价指标还是主观评价指标，指标评分标准首先需要进行量化处理，特别是对主观评价指标进行量化。对于可以直接量化的客观评价指标，可以直接计算得分。一是采用绝对比较法。将某个具体三级指标实际值与该指标标准值或目标值进行对比，然后赋分。这个标准值或目标值可以是预先确定好的。二是采用相对比较法。将某个具体三级指标的实际值与其他被评对象对应指标进行比较，确定相对位置，以此得到具体指标的得分。

对于不能直接量化的主观指标，依据主观指标属性采用分值评分、分级评分或比较得分的方式。其中，主观评价指标采用量表分级评价，交由专家根据个人经验做出评分。为操作更加规范，主观指标采用分级评分。被评为“非常优秀”，得分为 100 分；被评为“优秀”，得分为 90 分；被评为“良好”，得分为 80 分；被评为“中等”，得分 70 分；被评为“合格”，得分 60 分；被评为“不合格”，得分 60 分以下。为保证一定区分度，建议专家打分时分数以 10 的倍数形式出现。对“社会公众对县级政府教育工作满意度”“校长教师对县级政府教育工作满意度”2 项主观指标，则单独制定调查问卷，进行抽样、实地调查。对于满意度指标，一般通过抽样调查方式取得满意度评价指标的分值。调查内容设计由公众最关心、最容易感知到的与县级政府绩效直接相关问题为佳。问卷可采用李克特量表，由调查对象根据个人感受对县级政府教育管理绩效的满意程度直接评分，无须具体评分标准。

二、具体指标评分标准

根据以上思路，结合三级指标释义，本研究制定的客观评价指标评分标准，具体如表 5－24 所示。

表 5 – 24　客观评价指标说明及评分标准

三级指标（客观）	指标说明和评分标准
1. 财政教育支出占公共财政支出的比例	本项指标主要用来评价县级政府教育投入经费规模。 本项指标满分为 100 分。达到全省平均水平得 60 分，排名每增加 1 位，加 10 分；未达到全国或全省评价水平得 60 分以下
2. 财政教育支出预算增长比例	本项指标主要用来评价县级政府财政教育支出增长速度。 本项指标满分为 100 分。达到全省评价水平得 60 分，排名每增加 1 位，加 10 分；未达到全国或全省评价水平得 60 以下
3. 教育用地纳入年度国有建设用地供应计划	本项指标主要用来评价县级政府是否能保证教育用地。 本项指标满分为 100 分。县级政府将教育用地纳入年度国有建设用地供应计划得 100 分；反之得 0 分
4. 生师比	本项指标主要用来评价县级政府是否保障教育人力资源投入。 本项指标满分为 100 分。分幼儿园、小学、初中、普通高中、职业学校 5 个学段，每个学段生师比的第 1 名得 5 个点，第 2 名得 4 个点，第 3 名得 2 个点，第 4 名得 1 个点，第 5 名不得点数。最后计算结果，点数第 1 名的为 100 分，第 2 名的 90 分，第 3 名的 80 分，第 4 名的 70 分，第 5 名的 60 分
5. 教师平均工资收入水平不低于或高于当地公务员平均工资收入水平	本项指标主要用来评价县级政府对教育人才资源重视程度。 本项指标满分为 100 分。教师平均工资收入水平不低于或高于当地公务员平均工资收入水平得 100 分；教师平均工资收入水平低于当地公务员平均工资收入水平得 0 分
6. 学前教育入园率	本项指标主要用来评价适龄儿童学前教育入学机会。 本项指标满分为 100 分。达到全省平均水平得 60 分，排名每增加 1 位，加 10 分；未达到全国或全省评价水平得 60 分以下
7. 公办（普惠性）幼儿园比例	本项指标主要用来评价县级政府对学期教育的投入力度。 本项指标满分为 100 分。达到全国或全省平均比例得 80 分，排名每增加 1 位，加 10 分；未达到全省评价水平得 60 分以下
8. 九年义务教育巩固率	本项指标主要用来评价九年义务教育普及情况。 本项指标满分为 100 分。达到全省平均水平得 60 分，排名每增加 1 位，加 10 分；未达到全省评价水平得 60 分以下

续上表

三级指标（客观）	指标说明和评分标准
9. 义务教育办学条件校际均衡差异系数	本项指标主要用来评价县级政府义务教育均衡发展水平。 本项指标满分为100分。达到全省平均水平得60分，排名每增加1位，加10分；未达到全省评价水平得60分以下
10. 高中阶段教育毛入学率	本项指标主要用来评价学生接受高中阶段教育的机会。 本项指标满分为100分。达到全省平均水平得60分，排名每增加1位，加10分；未达到全省评价水平得60分以下
11. 随迁子女与户籍学生享受同等待遇的比例	本项指标主要用来评价县级政府执行“两为主”政策情况。 本项指标满分为100分。达到全省平均水平得60分，排名每增加1位，加10分；未达到全省评价水平得60分以下
12. 建立学生资助制度	本项指标主要用来评价县级政府是否建立学生资助制度。 本项指标满分为100分。建立学生资助制度并有效运行的得100分；反之，得0分
13. 残疾儿童少年接受教育比例	本项指标主要用来评价县级政府对残疾儿童少年接受教育的保障力度。 本项指标满分为100分。达到全省平均水平得60分，排名每增加1位，加10分；未达到全国或全省评价水平得60分以下
14. 规范化幼儿园比例	本项指标主要用来评价县域内学前教育办学水平。 本项指标满分为100分。达到全省平均水平得60分，排名每增加1位，加10分；未达到全省评价水平得60分以下
15. 义务教育标准化学校比例	本项指标主要用来评价县域内义务教育办学基本情况。 本项指标满分为100分。达到全省平均水平得80分，排名每增加1位，加5分；未达到全省评价水平得60分，低于20个百分点及以上的得0分
16. 开齐开足国家规定课程的学校比例	本项指标主要用来评价县域内学校执行规定课程的执行情况。 本项指标满分为100分。县域内全部学校开齐开足国家规定课程得100分；反之，得0分
17. 学生近视率	本项指标主要用来评价县域内学生视力情况。 本项指标满分为100分。低于全国或全省平均水平得80分，排名每增加1位，加5分；等于或高于全省评价水平得60分，高于20个百分点及以上的得0分

续上表

三级指标（客观）	指标说明和评分标准
18. 学生学业水平考试合格率	本项指标主要用来评价县域内学生学业水平情况。 本项指标满分为 100 分。达到全国或全省平均水平得 80 分，排名每增加 1 位，加 5 分；未达到全省评价水平得 60 分，低于 20 个百分点及以上的得 0 分
19. 学生体质健康合格率	本项指标主要用来评价县域内学生体质健康情况。 本项指标满分为 100 分。达到全国或全省平均水平得 80 分，排名每增加 1 位，加 5 分；未达到全省评价水平得 60 分，低于 20 个百分点及以上的得 0 分
20. 专任教师学历达标率	本项指标主要用来评价县域内教师学历达标情况。 本项指标满分为 100 分。小学、初中、普通高中、职业学校 4 个学段专任教师学历达标率全部高于全省平均水平得 100 分；有 3 个学段专任教师学历达标率高于全省平均水平得 90 分；有 2 个学段专任教师学历达标率高于全省平均水平得 80 分；有 1 个学段专任教师学历达标率高于全省平均水平得 70 分；全部 4 个学段生师比低于全省平均水平得 60 分

三、数据来源

数据来源是影响指标体系是否具有可操作性的重要因素。本研究实证部分的数据主要来源可分为三个方面：客观评价指标、主观评价指标和满意度评价指标。

（一）客观数据来源

客观指标数据有两类，包括来自于政府网站、教育统计年鉴的数据，以及政府或教育行政部门发布的数据等。对于统计口径不一的数据，尽可能收集相关数据再进行转换。还有一类客观指标信息数据比较容易获取，包括“教育用地纳入年度国有建设用地供应计划”“教师平均工资收入水平不低于或高于当地公务员平均工资收入水平”“建立学生资助制度”等 3 个指标，只需查询了解是否建立该项制度或调查确认相关信息即可。有就得 100 分，没有就得 0 分。

（二）主观数据来源

主观评价指标可分为专家评议和满意度调查两类。本研究已设计了 18 个主观指标评价县级政府教育管理绩效。18 个主观指标中，属于需要专家打分的有 16 个，还有 2 个指标是满意度评价，需要邀请调查对象进行评价。对于专家评议指标，需设计一份专题调查问卷，请专家逐一对 16 个主观评价指标打分。为了保证一定的区分度及便于计算，每项指标满分 100 分。10 分代表最低分，100 分表示最高分。每 10 分为一档，即得分全部为 10 的整数倍，如 100 分、90 分、80 分等。

（1）专家评议指标。要准确收集评价专家对县级政府教育管理绩效评价的前提是设计一份科学、简易可行的调查问卷并选择合理的对象，对调查问卷中的问题予以评价，请调查者根据评价内容做出判断选择。

（2）满意度调查指标。主要采用电话调查的方式。满意度指标有 2 个，包括社会公众对县级政府教育工作满意度、校长教师对县级政府教育工作满意度。本研究将“社会公众对县级政府教育工作满意度”对象限定在学生家长，他们对教育最为关心、熟悉，对相关教育政策感知较多。

第六章　结论与建议

第一节　研究结论

追求并创造公共价值应当成为提升政府教育管理绩效的前行方向。本研究主要回答了以下几个问题。

一、县级政府教育管理绩效公共价值账户包含了多个不同的具体价值元素

本研究借鉴扎根理论“贴标签”技术方法，采集县级政府教育工作评价价值取向后，根据新公共服务理论、公共价值管理理论等最新治理理论发展补充必要的价值元素。在此基础上，开展专家访谈，对价值元素进行完善。最后，实现对县级政府教育管理绩效评价的公共价值所包含价值元素的识别，具体包括公共责任、（教育）法治、（教育）民主、（教育）公平、（教育）质量、政治性、回应性、满意等8项。随着社会发展，这些具体价值元素仍可以不断发展、改变。

二、县级政府教育管理绩效公共价值账户中价值元素存在先后顺序及一定的结构

本研究引入“关系绩效”概念，形成县级政府教育管理绩效评价的

“过程绩效—结果绩效—关系绩效”三维分析框架，对价值元素进行分类。运用层次分析法构建不同价值元素“两两比较”的矩阵，邀请专家对这些价值元素“两两比较”后进行权重分配，实现对公共价值账户中不同价值元素的排序，先后顺序是：（教育）公平、（教育）质量、公共责任、法治、政治性、民主、满意、回应性。

三、县级政府教育管理绩效评价公共价值账户的价值元素可以测量

在参考借鉴已有的评价指标基础上遴选合适的三级指标，并设计调查问卷请专家对三级指标进行遴选，构建起一个包括 3 个一级指标、8 个二级指标、38 个三级指标的县级政府教育管理绩效评价指标体系。实现对县级政府教育管理绩效公共价值账户 8 个价值元素的测量。

第二节　政策建议

公共管理学科怀有强烈的“经世济民”情怀。根据本研究的理论研究和实证研究来提高地方政府教育管理绩效、解决中国社会实践问题，具有重要价值。

一、重视教育利益主体的参与

“共同构建”“多元参与”已成现代绩效评价的价值选择。从我国县级政府教育工作评价实践看，如何让教育利益相关者的利益诉求能得到充分表达是需要重点解决的问题。从制度建立伊始，我国县级政府教育督政的主体就是上级政府及其委派的机构。上级政府作为指标体制的主要制定者及评价主体，对整个评价全部过程有着高度强控制，并按自身的教育价值取向进行价值选择。尽管评价指向的是“正义”方向，但不可避免评价的价值取向相对封闭，价值取向来源主体相对单一，缺失了利益相关者特别是评价对象以及不同教育主体的参与协商，不符合现代评价理念。对县级政府教育管理绩效进行评价不单单是上级政府独享的权力，也是第三方组织以及社会公众的权力。作为绩效评价的主要制度设计者，政府需要在评价方案制定、评价指标选择、评价组织实施、评价结果运用等多个方面主动广泛征求意见，积极并持续与专家、校长教师、学生家长、社会人士互动和对话，主动邀请教育

利益相关方等参与评价的全过程。

二、重视教育利益主体的价值协商

社会本质是多元的，不同教育利益相关者对教育的认知理解都有其出发点，利益诉求并不相同，做出的价值选择也必然多样。承认、关注、回应不同教育利益主体的价值取向，倾听利益相关者的意见并予以应答。让每一个利益相关者群体都能根据自身的价值观，用自己内在的语言说出自己的看法、主张、兴趣或意见。这就可以解决价值多元化的问题，因为所有的价值观都可以展现出来。① 第四代评价理论认为，评价应关注、承认不同利益主体的不同价值标准，评价过程中应充分听取不同利益相关者的意见，评价实质是评价的多元参与者特别是评价者与被评价者相互协商最后形成一致观点的过程。共同构建（joint constructivist）、全面参与（full participation）、协商（negotiation）等成为第四代评价理论的关键词。② 在此基础上，强调“回应模式”（responsive model），对各方面利益相关者的主张、担心及问题等予以应答。

三、打破县级政府与其他层级政府的教育职责同构

本研究的评价对象是“县级政府”。在设计“公共责任”价值元素评价指标时，明显感到划清县级政府与其他层级政府在发展基础教育方面的各自教育职责并不容易。我国有中央、省、地级市、县（区）、镇（街道）五级政府。这五个层级政府都有教育职责。政府间的机构设置及所负责事项呈“上下对应”关系，每一层级政府所负责的事项包括教育在内大体相似。理想状态下，不同层级政府所管理教育事项的内容或方式有别于其他层级政府，五个层级政府权责明确，各有分工，协同提供教育公共产品与服务，但我国各级政府在教育公共事务上往往存在职责同构问题。职责同构往往会带来各级政府在提供教育公共服务上职责不清，财权、事权划分不匹配等问题。我国在21世纪初正式确立“以县为主”的义务教育管理体制后，各级

---

① GUBA E G, LINCOLN Y S. Fourth Generation Evaluation: An “Interview” with Egon G. Guba and Yvonna S. Lincoln [J]. Evaluation Journal of Australasia, 1990, 2 (3): 314.

② 埃贡·G. 古贝，伊冯娜·S. 林肯. 第四代评估 [M]. 秦霖，等译. 北京：中国人民大学出版社，2008：1-23.

政府发展基础教育的权力、责任一直处于一种调整、磨合状态之中，现有法律法规对各级政府教育职责、权限只做了笼统、原则性的表述，并没有做出清晰规定。这就为各级地方政府在教育责任博弈方面提供了空间。容易导致不同层级政府、同级政府不同部门在多个方面教育职责权限不清，极大影响政府提供教育公共产品或服务的质量和效率。因此，打破县级政府与其他层级政府的教育职责同构，形成不同层级政府教育权责明确、各有分工、协同提供教育公共产品与服务的教育“善治”体系，是需要解决好的实际问题。

第三节 研究创新

本研究尝试构建一个地方政府教育管理绩效评价的框架，并推进公共价值管理理论研究在绩效评价中的运用及延伸。将事实评价与价值评价有机结合，围绕公共价值构建地方政府教育管理绩效评价模型及指标体系是一个全新视角，也是本研究可能的创新所在。同时，除构建评价模型及指标体系这条“明线”外，研究“暗线”关注的是公共价值问题，包括县级政府教育管理绩效评价公共价值的理解、识别、结构问题及测量问题。本研究在充分吸收、借鉴相关研究成果的基础上，可能在以下几个方面有所突破。

一、构建了基于公共价值的县级政府教育管理绩效评价理论分析框架

首次构建了地方政府教育管理绩效评价的理论分析框架。现有的研究多是聚集于宏观政府绩效评价方面，对地方政府教育工作的评价多以教育督政的评价模式进行，并未真正建立一个地方政府教育管理绩效评价的分析框架，也未开展相关实践。本研究基于价值在绩效评价中的内核作用，系统构建了基于公共价值的“过程绩效—结果绩效—关系绩效”的三维分析框架，构建了县级政府教育管理绩效评价的评价模型及指标体系，对县级政府教育管理绩效进行了系统研究，为开展政府教育管理绩效评价实践提供了指导。

二、运用混合研究方法完成县级政府教育管理绩效评价公共价值的识别、排序、测量

只有对公共价值进行识别、测量、排序才能知晓公共价值的实现程度，

才能引导政府、社会组织及公众创造公共价值。对于公共价值如何识别、测量，学者们也开始关注，但还处在一个讨论阶段。此外，教育不同于一般的社会活动，教育活动的复杂性特点如教育需要更注重隐性的、长期的发展等，决定了教育管理绩效评价比其他一般组织或者企业的绩效评价更难测量。现有公共价值研究也多基于思辨、经验式研究，迫切需要调查研究范式。在人文社科领域，采用定性、主观构建的指标体系比较常见，主要依靠的是专家的专业经验确定指标的维度及相应的评价指标。本研究采用定性研究和定量研究相结合的混合研究方法，并尽可能发挥两种范式的各自优势。本研究首先运用文献研究法完成文献综述、概念界定、理论基础以及理论分析框架；其次，运用扎根理论的技术方法完成县级政府教育管理绩效评价公共价值中的价值元素识别；接着，设计调查问卷对三级指标进行遴选，完成价值元素的测量；最后，运用层次分析法，设计矩阵问卷对一级指标、二级指标进行权重赋权，完成价值元素的排序。其中，本研究的前半部分主要采用定性研究方法，后半部分主要采用定量研究方法。指标体系的构建建立在大量数据采集基础上，避免主观构建的指标体系过于依赖专家个人的经验、认知，以至出现偏颇，遭到质疑。

三、实现了绩效评价价值范式的转换

由传统的重科学主义、控制型评价的县级政府教育工作评价范式转向价值协商范式。传统县级政府教育工作评价基于管理主义实施制度设计，对达到组织设定的目标发挥重要作用。但多年的实践亦表明，仅注重经济理性及技术理性的绩效评价还远远不够，且组织效率的提升并不一定会带来公众满意度的提高，群众对政府的信任感也同样如此。地方政府教育管理绩效追求绩效产出的公共性、责任性、开放性等多元价值明显具有不同于传统县级政府教育工作评价的特征，单一结果导向必定不能达到绩效评价的目的。现代政府应追求并创造公共价值，政府绩效的改进不仅要关注组织效率的提升，更重要的是要寻求在不同情境下公共价值的创造和实现。因此，根据社会环境和公众需求的变迁研究公共价值，就成为县级政府教育管理绩效评价的关键。需要将公共价值的实现作为绩效评价的核心，抛弃以一元价值为取向或相对单一价值取向的做法，县级政府教育管理绩效评价转而向着更加复杂、多元、科学的目标前行。

第四节　研究不足及展望

一、研究的不足

政府教育管理绩效评价属于管理学、教育学学科交叉的研究主题，过程中采用定性研究和定量研究相结合方式，具有挑战性。在研究过程中尽可能借鉴相关理论，运用混合研究方法，但依然存在以下不足。

（一）缺乏对评价模型的验证性分析

本研究还缺乏对县级政府教育管理绩效评价模型的验证性分析。一般来说，完成探索性因素分析后，如能进行验证性因素分析，根据所获得的数据对因素之间的关系做进一步解释，研究就会更好。本研究根据探索性分析建构了县级政府教育管理绩效的评价模型，但评价模型是否科学合理，囿于评价对象的特殊性，以个人力量难以选取大规模的样本进行评价，没有开展验证性因素分析。因此，对相关因素之间的关系，无法根据数据进行探索，如“关系绩效”是如何成为“过程绩效”“结果绩效”与县级政府教育管理绩效整体表现之间的“变量”？到底影响有多大？等等。

（二）实证研究有待进一步优化

有的客观评价数据可能存在采集困难。一是现有的部分数据统计口径不一，或根本就没有相关数据。以“学生学业水平考试合格率”为例，由于指标需要用来横向对比，理想情况下某个中高年级学生的各科学业成就的大规模抽样调查或监测成绩的数据最佳，但通常缺少此类数据。二是数据信息获取不易。第三方组织开展评价只能从政府网站、公开的文献、信息平台等获取信息数据。由于本研究的评价对象是县级政府，评价内容涉及面广，诸多敏感信息数据只在政府内部掌握，例如教师工资、学生学业成绩等。因此，某些方面的评价只能采取代替指标或者进行主观评价指标代替。三是部分评价指标的价值指向判断问题。有的评价指标指向不止一个价值元素。如“生师比”指标，既可以指向“公共责任”价值元素，即县级政府有责任配齐配足教师；也可以指向“质量”价值元素。从第五章中的三级指标隶属度数据及专家的反馈可以了解到，教师数量不足影响教育质量。有专家反馈，我国不少地方还不能足额配齐专任教师，且与西方发达国家特别是经合组织成员国差距较大。四是主观评价面临着需要耗费大量的人力物力等问题。如对“满意度”调查，通常需要大样本量，编制专题问卷才能进行实施。

（三）评价模型及指标体系在实操中还需不断完善

对于评价模型来说，研究所构建的“过程绩效—结果绩效—关系绩效”只是提供一个一般意义上的理论分析性框架。我国幅员辽阔、人口众多，各地经济社会发展差异巨大，基础教育改革发展所处的阶段也不尽相同。公共价值具有复杂的历史社会情境性及差异性，不同社会、不同制度、不同时空、不同场域都会带来公共价值的变迁。当外部环境发展变化时，价值元素集合的数量、重要程度以及价值之间关系会发生变迁。因此，作为一个一般分析框架，还需要根据县域经济社会发展不同阶段及教育改革发展状况，将评价模型进行演化，形成适应的分析维度，选择合适的评价指标。同时，不同区域的统计口径可能不一，以“教育经费投入”为例，除了本研究中的两个指标，其实相似功能的数据也可，如用教育经费投入占区域 GDP 的百分比同样可以衡量县级政府对教育经费投入的履职。

（四）价值元素如何测量仍需深化研究

尽管本研究采用系列程序、多种方法完成对公共价值账户中的价值元素的测量，包括尝试对价值元素的内涵概念进行辨析、借鉴其他评价指标、调查专家意见等。但由于价值元素概念的抽象性以及教育自身作用功能发挥的滞后性、隐藏性，如何实现准确测量仍然是最大的挑战。以“效率”价值元素评价为例，绩效评价运动兴起之初，目的就是借鉴企业管理及技术，提高效率。“效率”价值取向关注的是县级政府的教育资源投入和使用、转化是否达到一个优化状态，是否可能进一步改进。经济学家法瑞尔（Farrell）提出了技术效率和配置效率的概念。技术效率是指在企业或部门在一定的投入水平下获得最大产出的能力。配置效率是指为获得最大产出或最低成本，各种资源配置达到最佳比例的能力。从目前我国政府教育工作评价来看，主要关注的是“技术效率”，即在一定的教育资源投入水平下获得最大的教育产出。配置效率是指为获得最大教育产出，各种教育资源如何配置达到更佳比例，既包括教育资源投入总体规模，也包含在既定投入下，教育资源应如何分配，配置多少以及配置效果如何。如教育资源的“纵向”配置，在不同学段，包括学前教育、义务教育、高中教育的分配；教育资源的“横向”配置，包括教育硬件、教育信息化资源、教师人力资源的分配；此外，还有教育资源在不同“点或面”的配置，即在不同学校或不同区域的分配；等等。“效率”是一个复杂的概念，如何测量、评价仍是一个具有挑战性的问题。

尽管“效率”价值最后内化并表现为“结果绩效”，也设计了“教育行政审批限时办结效率”评价，但只是县级政府的教育行政效率，还远不能体现“效率”的内涵。

二、后续研究计划

总体而言，本研究所构建的基于公共价值的县级政府教育管理绩效评价模型及指标体系为一家之言，特别在以下方面还需要提升，包括：关注公共价值管理理论等公共行政理论的最新进展，不断改进完善评价模型；加深对教育及教育评价的认知理解，科学选择评价指标；根据我国不同区域教育发展差异，设计更有针对性的评价指标体系；减少主观评价指标的设置，适当增加客观评价指标，并充分利用已有的数据实现有效减少现场评价带来的大量烦琐工作；等等。以县级政府教育管理绩效评价相关研究为代表，如何将公共价值融入我国绩效评价实践值得深入进行持续研究。

附　　录

附录1 “县级政府教育管理绩效评价”访谈提纲

尊敬的领导、专家：

您好！首先感谢您能接受本次访谈。本次访谈希望能了解县级政府教育管理绩效相关情况。您的个人信息以及访谈中所获取的观点仅供研究使用，将严格保密。

您的参与对项目研究具有重要意义，感谢您的大力支持！

（1）对于区域教育发展评价及县级政府教育督政评价，您认为哪些方面的评价内容比较重要？请结合您的个人研究方向或经验举例说明。

（2）如对县级政府教育管理绩效进行评价，您认为：

①应坚持哪些价值取向或价值标准？请举例说明。（请列举2~5个及以上。如不能很好回答，可做提示，如教育公平、质量等，然后紧接提下一个问题）

②以下价值取向或价值标准，您比较看重的是哪些？并请说明理由。（如有需要，对其中的名词如“回应性”做出解释）

（A）政治性；（B）公共责任；（C）有限（政府）；（D）廉洁（政府）；（E）法治（政府）；（F）公开（政府）；（G）（教育）公平；（H）（教育）普及；（I）（教育）质量；（J）民主；（K）满意；（L）回应性；（M）效率；（N）其他。

附录2 “县级政府教育管理绩效评价” 调查问卷

尊敬的领导、专家：

您好！本问卷希望能了解如何有效评价县级政府教育管理绩效，研制评价指标体系。问卷仅供研究使用，调查的过程和结果严格保密。

请根据个人意见，对下列指标的重要性进行打分。5 分、4 分、3 分、2 分、1 分分别表示“极其重要”“很重要”“重要”“不太重要”“不重要”。请您根据个人经验对所列指标的重要程度不同进行打分，在对应的空格处打“√”即可。如您认为有其他重要的指标没有纳入，请填写在最后的空白处。此外，本研究所涉及的评价均指向基础教育。

您的参与对项目研究具有重要意义，感谢您的大力支持！

项目组

1. 个人基本资料

您的身份是：

①公务员 ②专家学者 ③校长或教师 ④社会人士

您的年龄是：

①30 岁以下 ②30 ~ 39 岁 ③40 ~ 49 岁 ④50 ~ 59 岁 ⑤60 岁以上

您的学历是：

①专科及以下 ②本科 ③研究生

如您是专家学者或科研人员，您的职称是：

①正高级 ②副高级 ③中级 ④初级

2. 指标打分

下列评价指标，您认为它们对县级政府教育管理绩效的重要程度如何？（5 分制，请在相应数值上打“√”）

评价指标的重要程度判断表

序号	题目	极其重要	很重要	重要	不太重要	不重要
		5 分	4 分	3 分	2 分	1 分
1	财政教育支出占公共财政支出的比例					
2	财政教育支出预算增长比例					
3	教育用地纳入年度国有建设用地供应计划					
4	每百名学生拥有教学用终端数					
5	生师比					
6	教师平均工资收入水平不低于或高于当地公务员平均工资收入水平					
7	中央、省、市教育法律法规政策的贯彻执行					
8	编制各类教育专项规划					
9	相关部门教育工作协调机制					
10	学校周边安全环境					
11	教育督导机构相对独立					
12	学校按章程自主办学					
13	教育行政审批项目数量					
14	教育行政审批限时办结效率					
15	教育类行政审批和公共服务事项统一实行服务中心窗口办理					
16	教育政务公开制度					
17	教育行政部门公务人员违法违纪率					
18	重大教育决策的专家、公众参与					
19	重大教育民生决策咨询听证率					
20	中小学校民主制度建设					
21	学前教育入园率					
22	规范化幼儿园比例					
23	公办（普惠性）幼儿园比例					

续上表

序号	题目	极其重要	很重要	重要	不太重要	不重要
		5 分	4 分	3 分	2 分	1 分
24	实行阳光招生					
25	义务教育标准化学校比例					
26	九年义务教育巩固率					
27	义务教育办学条件校际均衡差异系数					
28	高中阶段教育毛入学率					
29	随迁子女与户籍学生享受同等待遇的比例					
30	家庭经济困难学生受帮扶比例					
31	建立学生资助制度					
32	残疾儿童少年接受教育比例					
33	义务教育教师合理流动比例					
34	农村留守儿童关爱服务体系和救助保护机制					
35	以游戏为基本活动开展幼儿教育教学					
36	学校规模和班额符合标准比例					
37	开齐开足国家规定课程的学校比例					
38	中小学生学业负担指数					
39	学校提供课程的丰富性					
40	学生近视率					
41	学生学业水平考试合格率					
42	德育艺术实践课程开设水平					
43	普通高中学业水平考试合格率					
44	学生体质健康合格率					
45	专任教师学历达标率					
46	名校长、名师培养效果					
47	社会公众对县级政府教育工作满意度					

续上表

序号	题目	极其重要	很重要	重要	不太重要	不重要
		5 分	4 分	3 分	2 分	1 分
48	校长教师对县级政府教育工作满意度					
49	学生家长对县级政府教育工作满意度					
50	县级党委牵头建立教育工作领导协调机制					
51	中小学幼儿园校党建工作管理体制					
52	各级各类学校党组织覆盖率					
53	教育热点难点问题的解决					
54	教育热点问题信息发布制度					
55	群众教育信访工作制度					
56	群众网上办事平台的建立					
补充						

附录 3 “县级政府教育管理绩效评价研究指标分类”调查问卷

尊敬的专家：

您好！本人正在开展县级政府教育管理绩效评价研究。需要请您判断以下的三级指标分类是否恰当。如果恰当，请直接打“√”；如果您认为以下三级指标分类或指标表述不恰当，请重新选择所属的二级指标并在空白处直接填上所属的二级指标编号即可，或者重新提出您的修改建议。非常感谢您的支持！

部分二级指标说明。①“法治”。在此处，“法治”的内涵包含法治（政府）、有限（政府）、公开透明（政府）、廉洁（政府）等。②“政治性”。此处，“政治性”指的是坚持执政党领导即中国共产党的领导，具体表现在坚持党对教育的领导，包括遵循党的教育方针、路线、政策等。③“回应性”。此处，“回应性”指政府对民众对于政策变革的接纳和对民众要求做出的反应，并采取积极措施解决问题。

指标分类判断表

二级指标	三级指标	是否属于该二级指标
1. 公共责任	(1) 财政教育支出占公共财政支出的比例	
	(2) 财政教育支出预算增长比例	
	(3) 教育用地纳入年度国有建设用地供应计划	
	(4) 生师比	
	(5) 教师平均工资收入水平不低于或高于当地公务员平均工资收入水平	
	(6) 学校周边安全环境	
2. 法治	(7) 学校按章程自主办学	
	(8) 教育行政审批限时办结效率	
	(9) 教育政务公开执行情况	
	(10) 教育系统廉政建设成效	
3. 民主	(11) 重大教育民生决策咨询听证制度执行	
	(12) 中小学校民主制度建设	
4. 公平	(13) 学前教育入园率	
	(14) 公办（普惠性）幼儿园比例	
	(15) 九年义务教育巩固率	
	(16) 义务教育办学条件校际均衡差异系数	
	(17) 高中阶段教育毛入学率	
	(18) 随迁子女与户籍学生享受同等待遇的比例	
	(19) 建立学生资助制度	
	(20) 残疾儿童少年接受教育比例	
	(21) 实行阳光招生	
	(22) 农村留守儿童关爱服务体系和救助保护机制	

续上表

二级指标	三级指标	是否属于该二级指标
5. 质量	(23) 规范化幼儿园比例	
	(24) 义务教育标准化学校比例	
	(25) 开齐开足国家规定课程的学校比例	
	(26) 中小学生减负效果	
	(27) 学校提供课程的丰富性	
	(28) 学生近视率	
	(29) 学生学业水平考试合格率	
	(30) 德育艺术实践课程开设水平	
	(31) 学生体质健康合格率	
	(32) 专任教师学历达标率	
6. 政治性	(33) 县级党委牵头建立教育工作领导协调机制	
	(34) 中央、省、市教育法律法规政策的贯彻执行	
7. 回应性	(35) 教育热点难点问题的解决	
	(36) 教育热点问题信息发布制度	
8. 满意	(37) 社会公众对县级政府教育工作满意度	
	(38) 教师对县级政府教育工作满意度	

附录 4 “县级政府教育管理绩效评价指标体系权重” 调查问卷

尊敬的专家：

您好！本人正在开展县级政府教育管理绩效评价研究。为确定相关评价指标的权重，需要根据您对相关问题的理解，完成本调查问卷。非常感谢您的合作！

1. 评分标准

数字标度的说明如表 1 所示。

表 1　评分标准及说明

标度	重要程度	说明
1	同等重要	两因素具有相同的重要性
3	稍微重要	两因素相比，一个因素比另一个因素稍微重要
5	比较重要	两因素比较，一个因素比另一个因素比较重要
7	十分重要	两因素比较，一个因素比另一个因素十分重要
9	绝对重要	两因素比较，一个因素比另一个因素绝对重要
2，4，6，8	两相邻程度的中间值	介于 1，3，5，7，9 之间的中间评判值
倒数	反比较	两因素反过来比较

2. 评分示例

以表 2 中的“A1 过程绩效”和“A2 结果绩效”比较为例，如 A1 过程绩效/A2 结果绩效 = 1，则“A1 过程绩效”与“A2 结果绩效”比较而言，两者同等重要；如 A1 过程绩效/A2 结果绩效 = 3，则“A1 过程绩效”与“A2 结果绩效”比较而言，前者稍微重要；如 A1 过程绩效/A2 结果绩效 = 5，则“A1 过程绩效”与“A2 结果绩效”比较而言，前者比较重要；以此类推。反之，如 A1 过程绩效/A2 结果绩效 = 1/3，则“A1 过程绩效”与“A2 结果绩效”比较而言，后者稍微重要；如 A1 过程绩效/A2 结果绩效 = 1/5，则“A1 过程绩效”与“A2 结果绩效”比较而言，后者比较重要；以此类推。

3. 调查问卷

请您按照评分标准对问卷中因素进行两两比较并做出评分，只需对表格中有阴影的方格打分即可。

表 2　县级政府教育管理绩效评价一级指标的判断矩阵表

县级政府教育管理绩效	A1 过程绩效	A2 结果绩效	A3 关系绩效
A1 过程绩效	1		
A2 结果绩效		1	

续上表

县级政府教育管理绩效	A1 过程绩效	A2 结果绩效	A3 关系绩效
A3 关系绩效			1

注：此处“关系绩效”指，不是直接的生产和服务活动，而是构成组织的社会、心理背景的行为，包括自愿的行为、组织公民行为、组织奉献精神以及与特定作业无关的绩效行为。

表 3　县级政府教育管理绩效评价中“过程绩效”二级指标的判断矩阵表

A1 过程绩效	B1 公共责任	B2 法治	B3 民主
B1 公共责任	1		
B2 法治		1	
B3 民主			1

注：此处“法治”包含有限（政府）、公开透明（政府）、廉洁（政府）、效率（政府）等。

表 4　县级政府教育管理绩效评价中“结果绩效”二级指标的判断矩阵表

A2 结果绩效	B4 公平	B5 质量	
B4 公平	1		
B5 质量		1	

注：公平指的是教育公平；质量指的是教育质量。

表 5　县级政府教育管理绩效评价中“关系绩效”二级指标的判断矩阵表

A3 关系绩效	B6 满意	B7 政治性	B8 回应性
B6 满意	1		
B7 政治性		1	
B8 回应性			1

注：此处“政治性”指的是坚持执政党领导即中国共产党的领导，具体表现在坚持党对教育的领导，包括遵循党的教育方针、路线、政策等。“回应性”意味着政府对民众对于政策变革的接纳和对民众要求做出的反应，并采取积极措施解决问题。

附录5　县级政府教育管理绩效评价专家评议表

尊敬的先生/女士：

您好！本人正在开展县级政府教育管理绩效评价研究。所收集的各项数据仅用于对研究所建立的模型及指标体系进行实测。问卷采用匿名填写方式，数据收集完毕后对评价对象也会以匿名方式处理且相关信息不对外公开。请放心填写。

请按照自己真实的想法和所了解的真实情况对所列指标展开评议。感谢您的大力支持！

县级政府教育管理绩效评价专家评议表

评议指标	优秀	良好	中等	合格	不合格
1. 学校周边安全环境					
2. 学校按章程自主办学					
3. 教育行政审批限时办结效率					
4. 教育政务公开执行情况					
5. 教育系统廉政建设成效					
6. 重大教育民生决策咨询听证制度执行					
7. 学校民主制度建设					
8. 实行阳光招生					
9. 农村留守儿童关爱服务体系和救助保护机制					
10. 中小学生减负效果					
11. 学校提供课程的丰富性					
12. 德育艺术实践课程开设水平					
13. 县级党委牵头建立教育工作领导协调机制					
14. 中央、省、市教育法律法规政策的贯彻执行					
15. 教育热点难点问题的解决					
16. 教育热点问题信息发布情况					

附录6 县级政府教育管理绩效评价指标体系

县级政府教育管理绩效评价指标体系

一级指标	二级指标	三级指标
A1 过程绩效	B1 公共责任	C1 财政教育支出占公共财政支出的比例
		C2 财政教育支出预算增长比例
		C3 教育用地纳入年度国有建设用地供应计划
		C4 生师比
		C5 教师平均工资收入水平不低于或高于当地公务员平均工资收入水平
		C6 学校周边安全环境
	B2 法治	C7 学校按章程自主办学
		C8 教育行政审批限时办结效率
		C9 教育政务公开执行情况
		C10 教育系统廉政建设成效
	B3 民主	C11 重大教育民生决策咨询听证制度执行
		C12 学校民主制度建设
A2 结果绩效	B4 公平	C13 学前教育入园率
		C14 公办（普惠性）幼儿园比例
		C15 九年义务教育巩固率
		C16 义务教育办学条件校际均衡差异系数
		C17 高中阶段教育毛入学率
		C18 随迁子女与户籍学生享受同等待遇的比例
		C19 建立学生资助制度
		C20 残疾儿童少年接受教育比例
		C21 实行阳光招生
		C22 农村留守儿童关爱服务体系和救助保护机制

续上表

一级指标	二级指标	三级指标
A2 结果绩效	B5 质量	C23 规范化幼儿园比例
		C24 义务教育标准化学校比例
		C25 开齐开足国家规定课程的学校比例
		C26 中小学生减负效果
		C27 学校提供课程的丰富性
		C28 学生近视率
		C29 学生学业水平考试合格率
		C30 德育艺术实践课程开设水平
		C31 学生体质健康合格率
		C32 专任教师学历达标率
A3 关系绩效	B6 政治性	C33 县级党委牵头建立教育工作领导协调机制
		C34 中央、省、市教育法律法规政策的贯彻执行
	B7 回应性	C35 教育热点难点问题的解决
		C36 教育热点问题信息发布制度
	B8 满意	C37 社会公众对县级政府教育工作满意度
		C38 校长教师对县级政府教育工作满意度

参考文献

一、专著

［1］马克·莫尔. 创造公共价值：政府战略管理［M］. 北京：清华大学出版社，2003.

［2］威廉·N. 邓恩. 公共政策分析导论［M］. 谢明，等译. 4 版. 北京：中国人民大学出版社，2011.

［3］马俊峰. 价值论的视野［M］. 武汉：武汉大学出版社，2010.

［4］安秀梅，等. 政府绩效评估体系研究：从政府公共支出的角度创设政府绩效评估体系［M］. 北京：中国财经经济出版社，2009.

［5］卓越. 公共部门绩效评估［M］. 北京：中国人民大学出版社，2011.

［6］格罗弗·斯塔林. 公共部门管理［M］. 陈宪，等译. 上海：上海译文出版社，2003.

［7］范柏乃. 政府绩效评估与管理［M］. 上海：复旦大学出版社，2007.

［8］陈玉琨. 教育评价学［M］. 北京：人民教育出版社，1999.

［9］阿里·哈拉契米. 政府业绩与质量测评：问题与经验［M］. 张梦中，等译校. 广州：中山大学出版社，2003.

［10］帕特里夏·基利，等. 公共部门标杆管理［M］. 张定淮，译校. 北京：中国人民大学出版社，2002.

［11］马国贤. 政府绩效管理［M］. 上海：复旦大学出版社，2005.

［12］张男星，等. 高等学校绩效评价论［M］. 北京：教育科学出版

社，2012.

［13］包国宪，道格拉斯·摩根. 政府绩效管理学［M］. 北京：高等教育出版社，2015.

［14］珍妮特·V. 登哈特，罗伯特·B. 登哈特. 新公共服务：服务而不是掌舵［M］. 丁煌，译. 北京：中国人民大学出版社，2004.

［15］裴娣娜. 教育研究方法导论［M］. 合肥：安徽教育出版社，1995.

［16］陈向明. 质的研究方法与社会科学研究［M］. 北京：教育科学出版社，2000.

［17］弗朗索瓦·佩鲁. 新发展观［M］. 张宁，丰子义，译. 北京：华夏出版社，1987.

［18］欧文·E. 休斯. 公共管理导论［M］. 彭和平，等译. 北京：中国人民大学出版社，2001.

［19］俞可平. 全球化：全球治理［M］. 北京：社会科学文献出版社，2003.

［20］道格拉斯·C. 诺思. 经济史中的结构与变迁［M］. 陈郁，罗华平，等译. 上海：三联书店，1994.

［21］柯武刚，史曼飞. 制度经济学：社会秩序与公共政策［M］. 韩朝华，译. 北京：商务印书馆，2000.

［22］约翰·罗尔斯. 正义论［M］. 何怀宏，等译. 北京：中国社会科学出版社，2009.

［23］埃贡·G. 古贝，伊冯娜·S. 林肯. 第四代评估［M］. 秦霖，等译. 北京：中国人民大学出版社，2008.

［24］黄小平. 基于素质结构模型的科技创新型人才评价［M］. 北京：中国社会科学出版社，2017.

［25］风笑天. 社会研究方法［M］. 北京：中国人民大学出版社，2018.

［26］胡中锋. 教育科学研究方法［M］. 北京：清华大学出版社，2011.

［27］威廉·维尔斯马，斯蒂芬·G. 于尔斯. 教育研究方法导论［M］. 袁振国，主译. 北京：教育科学出版社，2010.

［28］朱丽叶·M. 科宾，安塞尔姆·L. 施特劳斯. 质性研究的基础：形成扎根理论的程序与方法［M］. 朱光明，译. 重庆：重庆大学出版社，2015.

［29］刘雯雯. 公共价值生成机制研究：社会行为的视角［M］. 北京：

经济管理出版社，2018.

［30］董礼胜. 西方公共行政学理论评析：工具理性与价值理性的分野与整合［M］. 北京：社会科学文献出版社，2015.

［31］斯蒂芬·奥斯本. 新公共治理？——公共治理理论和实践方面的新观点［M］. 包国宪，等译. 北京：科学出版社，2017.

［32］冉景亮. 公共服务项目评价体系：基于创造公共价值视角的研究［M］. 北京：中国社会科学出版社，2017.

［33］曹堂哲，罗海元，孙静. 政府绩效测量与评估方法：系统、过程与工具［M］. 北京：经济科学出版社，2017.

［34］杜兴洋. 公共教育支出绩效评价研究［M］. 武汉：湖北人民出版社，2014.

［35］楼世洲. 区域教育可持续发展指标体系研究［M］. 北京：教育科学出版社，2012.

［36］段晖. 教育指标的政策逻辑：理论、经验与政策设计［M］. 北京：化学工业出版社，2017.

［37］高书国. 教育指标体系：大数据时代的战略工具［M］. 北京：北京师范大学出版社，2015.

［38］宋敏. 公共行政的价值反思与理性重构：西方新公共学研究［M］. 济南：山东大学出版社，2014.

［39］王文建，夏金华. 治理理论研究新探［M］. 北京：科学出版社，2018.

［40］王浦劬，臧雷振. 治理理论与实践：经典议题研究新解［M］. 北京：中央编译出版社，2017.

［41］刘笑霞. 我国政府绩效评价理论框架之构建：基于公共受托责任理论的分析［M］. 厦门：厦门大学出版社，2011.

［42］卡尔·D. 格利克曼，等. 教育督导学：一种发展性视角［M］. 黄崴，主译. 北京：中国人民大学出版社，2014.

［43］黄崴. 教育督导学［M］. 北京：中国人民大学出版社，2011.

［44］张茂聪，杜文静. 县域基础教育政策评估研究：基于评估内容体系的构建［M］. 济南：山东教育出版社，2015.

［45］王璐. 教育督导与评价制度比较研究［M］. 北京：人民教育出版社，2018.

［46］涂文涛. 教育督导新论［M］. 北京：人民教育出版社，2015.

［47］凌飞飞. 当代中国教育督导历史研究［M］. 北京：中国社会科学出版社 2016.

［48］王璐. 英国教育督导与评价：制度、理念与发展［M］. 北京：高等教育出版社，2010.

［49］苏君阳. 教育督导学［M］. 北京：北京师范大学出版社，2012.

［50］孙河川. 教育督导评估指标体系的国际比较研究［M］. 北京：中国书籍出版社，2019.

［51］胡中锋. 教育评价学［M］. 北京：中国人民大学出版社，2016.

［52］王致和. 高等学校教育评估［M］. 北京：北京师范大学出版社，1995.

［53］樊梅. 公共价值视野下的社会综合发展［M］. 北京：中国社会科学出版社，2017.

［54］朱庆芳，吴寒光. 社会指标体系［M］. 北京：中国社会科学出版社，2001.

二、期刊

［1］阮青. 价值取向：概念、形成与社会功能［J］. 中共天津市委党校学报，2010（5）.

［2］王学军，张弘. 公共价值的研究路径与前沿问题［J］. 公共管理学报，2013（2）.

［3］包国宪，王学军. 以公共价值为基础的政府绩效治理：源起、架构与研究问题［J］. 公共管理学报，2012（2）.

［4］钟柏昌，李艺. 教育绩效管理论纲［J］. 教育学报，2009（1）.

［5］韩兆柱，翟文康. 公共价值管理理论及其在中国语境下的应用研究［J］. 公共管理与政策评论，2016（4）.

［6］金生鈜. 公共价值教育何以必要［J］. 华中师范大学学报（人文社会科学版），2010（4）.

［7］汪辉勇. 价值、公共性与公共价值［J］. 东莞理工学院学报，2007（4）.

［8］胡敏中. 论公共价值［J］. 北京师范大学学报（社会科学版），2008（1）.

［9］孙志麟. 教育指标的概念模式［J］. 教育政策论坛，2000，3（1）.

［10］邬志辉. 教育指标：概念的争议［J］. 东北师大学报（哲学社会科学版），2007（4）.

［11］卓越. 政府绩效评估指标设计的类型和方法［J］. 中国行政管理，2007（2）.

［12］董焱，王秀军，张珏. 教育现代化发展评价指标体系研究［J］.

教育发展研究，2012（21）.

[13] 范柏乃，朱华. 我国地方政府绩效评价体系的构建和实际测度[J]. 政治学研究，2005（1）.

[14] 倪星. 地方政府绩效评估指标的设计与筛选 [J]. 武汉大学学报（哲学社会科学版），2007（2）.

[15] 兰州大学中国地方政府绩效评价中心课题组. 兰州试验：第三方政府绩效评价新探索 [J]. 上海城市管理职业技术学院学报，2005（3）.

[16] 徐玲. 国际教育指标体系的分析与思考 [J]. 教育科学，2004，20（2）.

[17] 何艳玲. "公共价值管理"：一个新的公共行政学范式 [J]. 政治学研究，2009（6）.

[18] 杨娟，刘亚荣，王善迈. "以县为主"政策中县级政府责任探析[J]. 教育发展研究，2009（12）.

[19] 俞可平. 治理和善治引论 [J]. 马克思主义与现实，1999（5）.

[20] 韩兆柱，郭红霞. 公共价值管理理论的研究进展与前瞻 [J]. 河北大学学报（哲学社会科学版），2017（6）.

[21] 孙斐. 地方政府绩效评价的价值分类与结构 [J]. 兰州大学学报（社会科学版），2018（4）.

[22] 尤建新，王波. 基于公众价值的地方政府绩效评估模式 [J]. 中国行政管理，2005（12）.

[23] 靳希斌. 政府教育管理职能转变与公共教育财政体制建构 [J]. 现代教育管理，2011（10）.

[24] 孙斐. 基于公共价值创造的网络治理绩效评价框架构建 [J]. 武汉大学学报（哲学社会科学版），2017（6）.

[25] 刘复兴. 政府的基本教育责任：供给"公平"的教育政策 [J]. 北京师范大学学报，2008（4）.

[26] 阮成武. 论社会建设中的政府教育职能 [J]. 中国教育学刊，2009（3）.

[27] 王学军，韩志青. 从测量到治理：构建公共价值创造的整合分析模型 [J]. 上海行政学院学报，2017（6）.

[28] 涂端午，魏巍. 什么是好的教育政策 [J]. 教育研究，2014（1）.

[29] 樊梅. 地方政府在追求怎样的公共价值：来自10省政府工作报告（2000—2013年）的证据 [J]. 甘肃行政学院学报，2017（6）.

[30] 陈向明. 扎根理论在中国教育研究中的运用探索 [J]. 北京大学

教育评论，2015（1）.
［31］贾哲敏. 扎根理论在公共管理研究中的应用：方法与实践［J］. 中国行政管理，2015（3）.
［32］王学军，王子琦. 追寻“公共价值”的价值［J］. 公共管理与政策评论，2019（3）.
［33］秦玉友. 教育指标研制的学理问题省思［J］. 东北师大学报（哲学社会科学版），2007（4）.
［34］涂端午. 教育政策文本分析及其应用［J］. 复旦教育论坛，2009(5).
［35］孙斐，黄卉. 公共价值的类型、关系与结构研究［J］. 甘肃行政学院学报，2015（6）.
［36］马宝成. 试论政府绩效评估的价值取向［J］. 中国行政管理，2001（5）.
［37］臧乃康. 科学发展观视阈下政府绩效评估价值选择［J］. 长白学刊，2007（3）.
［38］盛明科. 论当前我国政府绩效评估价值取向的重塑［J］. 行政论坛，2004（6）.
［39］廖晓明，孙莉. 论我国地方政府绩效评估中的价值取向［J］. 中国行政管理，2010（4）.
［40］王学军，韦林. 公共价值研究的几个重要问题［J］. 公共行政评论，2018（6）.
［41］杨博，谢光远. 论“公共价值管理”：一种后新公共管理理论的超越与限度［J］. 政治学研究，2014（6）.

三、学位论文

［1］廖晓明. 中国政府绩效评估的价值取向变迁研究［D］. 武汉：武汉大学，2013.
［2］江易华. 县级政府基本公共服务绩效评估指标体系的理论构建与实证检测研究［D］. 武汉：华中师范大学，2009.
［3］许可. 我国地方政府绩效评估的价值取向研究［D］. 郑州：河南大学，2007.
［4］何志强. 法治政府绩效评价指标体系研究［D］. 广州：华南理工大学，2016.
［5］胡伶. 公共治理范式下的地方教育行政职能转变研究［D］. 上海：华东师范大学，2010.

[6] 安晓敏. 教育公平指标体系研究 [D]. 长春：东北师范大学，2008.

[7] 张珉. “新农合”运行绩效评价体系研究 [D]. 南昌：江西财经大学，2016.

[8] 彭国甫. 地方政府公共事业的管理绩效评价与治理对策研究 [D]. 长沙：湖南大学，2004.

[9] 盛明科. 服务型政府绩效评估体系构建与制度安排研究 [D]. 长沙：湘潭大学，2008.

[10] 肖超. 公共品政府供给的绩效评价研究 [D]. 南昌：江西财经大学，2014.